PINHOK™
LANGUAGES

www.pinhok.com

Introduction

This Book

This vocabulary book contains more than 3000 words and phrases and is organized by topic to make it easier for you to pick what to learn first. On top of that, the second half of the book contains two index sections that can be used as basic dictionaries to look up words in either of the two languages. This book is well suited for learners of all levels who are looking for an extensive resource to improve their vocabulary or are interested in learning vocabularies in one particular area of interest.

Learning Community

If you find this book helpful, do us and other fellow learners a favour and leave a comment wherever you bought this book explaining how you use this book in your learning process. Your thoughts and experiences can help and have a positive impact on numerous other language learners around the world. We are looking forward to your stories and thank you in advance for your insights!

Pinhok Languages

Pinhok Languages strives to create language learning products that support learners around the world in their mission of learning a new language. In doing so, we combine best practice from various fields and industries to come up with innovative products and material.

The Pinhok Team hopes this book can help you with your learning process and gets you to your goal faster. Should you be interested in finding out more about us, please go to our website www.pinhok.com. For feedback, error reports, criticism or simply a quick "hi", please also go to our website and use the contact form.

Disclaimer of Liability

THIS BOOK IS PROVIDED "AS IS", WITHOUT WARRANTY OF ANY KIND, EXPRESS OR IMPLIED, INCLUDING BUT NOT LIMITED TO THE WARRANTIES OF MERCHANTABILITY, FITNESS FOR A PARTICULAR PURPOSE AND NONINFRINGEMENT. IN NO EVENT SHALL THE AUTHORS OR COPYRIGHT HOLDERS BE LIABLE FOR ANY CLAIM, DAMAGES OR OTHER LIABILITY, WHETHER IN AN ACTION OF CONTRACT, TORT OR OTHERWISE, ARISING FROM, OUT OF OR IN CONNECTION WITH THE BOOK OR THE USE OR OTHER DEALINGS IN THE BOOK.

Copyright © 2019 Pinhok.com. All Rights Reserved

Table of Contents

Topics

Animals: 7
Sport: 11
Geography: 16
Numbers: 24
Body: 30
Adjective: 34
Verb: 40
House: 45
Food: 51
Life: 61
Transport: 69
Culture: 75
School: 79
Nature: 85
Clothes: 96
Chemist: 101
City: 103
Health: 109
Business: 114
Things: 122
Phrases: 126

Index

English - Greek: 131
Greek - English: 185

Animals

Mammals

dog	(ο) σκύλος (skýlos)
cat	(η) γάτα (gáta)
rabbit	(το) κουνέλι (kounéli)
cow	(η) αγελάδα (ageláda)
sheep	(το) πρόβατο (próvato)
pig	(ο) χοίρος (choíros)
horse	(το) άλογο (álogo)
monkey	(η) μαϊμού (maïmoú)
bear	(η) αρκούδα (arkoúda)
lion	(το) λιοντάρι (liontári)
tiger	(η) τίγρη (tígri)
panda	(το) πάντα (pánta)
giraffe	(η) καμηλοπάρδαλη (kamilopárdali)
camel	(η) καμήλα (kamíla)
elephant	(ο) ελέφαντας (eléfantas)
wolf	(ο) λύκος (lýkos)
rat	(ο) αρουραίος (arouraíos)
mouse (animal)	(το) ποντίκι (pontíki)
zebra	(η) ζέβρα (zévra)
hippo	(ο) ιπποπόταμος (ippopótamos)
polar bear	(η) πολική αρκούδα (polikí arkoúda)
rhino	(ο) ρινόκερος (rinókeros)
kangaroo	(το) καγκουρό (kankouró)
leopard	(η) λεοπάρδαλη (leopárdali)
cheetah	(ο) γατόπαρδος (gatópardos)
donkey	(ο) γάιδαρος (gáidaros)
ant-eater	(ο) μυρμηγκοφάγος (myrminkofágos)
buffalo	(το) βουβάλι (vouváli)
deer	(το) ελάφι (eláfi)

squirrel	(ο) σκίουρος (skíouros)
elk	(το) μεγάλο ελάφι (megálo eláfi)
piglet	(το) γουρουνάκι (gourounáki)
bat	(η) νυχτερίδα (nychterída)
fox	(η) αλεπού (alepoú)
hamster	(το) χάμστερ (chámster)
guinea pig	(το) ινδικό χοιρίδιο (indikó choirídio)
koala	(το) κοάλα (koála)
lemur	(ο) λεμούριος (lemoúrios)
meerkat	(η) σουρικάτα (sourikáta)
raccoon	(το) ρακούν (rakoún)
tapir	(ο) τάπιρος (tápiros)
bison	(ο) βίσονας (vísonas)
goat	(η) κατσίκα (katsíka)
llama	(το) λάμα (láma)
red panda	(το) κόκκινο πάντα (kókkino pánta)
bull	(ο) ταύρος (távros)
hedgehog	(ο) σκαντζόχοιρος (skantzóchoiros)
otter	(η) ενυδρίδα (enydrída)

Birds

pigeon	(το) περιστέρι (peristéri)
duck	(η) πάπια (pápia)
seagull	(ο) γλάρος (gláros)
chicken (animal)	(το) κοτόπουλο (kotópoulo)
cockerel	(ο) κόκορας (kókoras)
goose	(η) χήνα (chína)
owl	(η) κουκουβάγια (koukouvágia)
swan	(ο) κύκνος (kýknos)
penguin	(ο) πιγκουίνος (pinkouínos)
crow	(το) κοράκι (koráki)
turkey	(η) γαλοπούλα (galopoúla)

ostrich	(η) στρουθοκάμηλος (strouthokámilos)
stork	(ο) πελαργός (pelargós)
chick	(το) κοτοπουλάκι (kotopouláki)
eagle	(ο) αετός (aetós)
raven	(το) κοράκι (koráki)
peacock	(το) παγώνι (pagóni)
pelican	(ο) πελεκάνος (pelekános)
parrot	(ο) παπαγάλος (papagálos)
magpie	(η) καρακάξα (karakáxa)
flamingo	(το) φλαμίνγκο (flamín'nko)
falcon	(το) γεράκι (geráki)

Insects

fly	(η) μύγα (mýga)
butterfly	(η) πεταλούδα (petaloúda)
bug	(το) ζουζούνι (zouzoúni)
bee	(η) μέλισσα (mélissa)
mosquito	(το) κουνούπι (kounoúpi)
ant	(το) μυρμήγκι (myrmínki)
dragonfly	(η) λιβελούλα (liveloúla)
grasshopper	(η) ακρίδα (akrída)
caterpillar	(η) κάμπια (kámpia)
wasp	(η) σφήκα (sfíka)
moth	(ο) σκώρος (skóros)
bumblebee	(η) αγριομέλισσα (agriomélissa)
termite	(ο) τερμίτης (termítis)
cricket	(ο) γρύλος (grýlos)
ladybird	(η) πασχαλίτσα (paschalítsa)
praying mantis	(το) αλογάκι της παναγίας (alogáki tis panagías)

Marine Animals

fish (animal)	(το) ψάρι (psári)

whale	(η) φάλαινα (fálaina)
shark	(ο) καρχαρίας (karcharías)
dolphin	(το) δελφίνι (delfíni)
seal	(η) φώκια (fókia)
jellyfish	(η) μέδουσα (médousa)
squid	(το) καλαμάρι (kalamári)
octopus	(το) χταπόδι (chtapódi)
turtle	(η) χελώνα (chelóna)
sea horse	(ο) ιππόκαμπος (ippókampos)
sea lion	(το) θαλάσσιο λιοντάρι (thalássio liontári)
walrus	(ο) θαλάσσιος ίππος (thalássios íppos)
shell	(το) κοχύλι (kochýli)
starfish	(ο) αστερίας (asterías)
killer whale	(η) όρκα (órka)
crab	(ο) κάβουρας (kávouras)
lobster	(ο) αστακός (astakós)

Reptiles & More

snail	(το) σαλιγκάρι (salinkári)
spider	(η) αράχνη (aráchni)
frog	(ο) βάτραχος (vátrachos)
snake	(το) φίδι (fídi)
crocodile	(ο) κροκόδειλος (krokódeilos)
tortoise	(η) χελώνα (chelóna)
scorpion	(ο) σκορπιός (skorpiós)
lizard	(η) σαύρα (sávra)
chameleon	(ο) χαμαιλέοντας (chamailéontas)
tarantula	(η) ταραντούλα (tarantoúla)
gecko	(η) σαύρα γκέκο (sávra nkéko)
dinosaur	(ο) δεινόσαυρος (deinósavros)

Sport

Summer

tennis	(η) αντισφαίριση (antisfaírisi)
badminton	(το) μπάντμιντον (bántminton)
boxing	(η) πυγμαχία (pygmachía)
golf	(το) γκολφ (nkolf)
running	(το) τρέξιμο (tréximo)
cycling	(η) ποδηλασία (podilasía)
gymnastics	(η) ενόργανη γυμναστική (enórgani gymnastikí)
table tennis	(η) επιτραπέζια αντισφαίριση (epitrapézia antisfaírisi)
weightlifting	(η) άρση βαρών (ársi varón)
long jump	(το) άλμα εις μήκος (álma eis míkos)
triple jump	(το) άλμα εις τριπλούν (álma eis triploún)
modern pentathlon	(το) μοντέρνο πένταθλο (montérno péntathlo)
rhythmic gymnastics	(η) ρυθμική γυμναστική (rythmikí gymnastikí)
hurdles	(ο) δρόμος μετ' εμποδίων (drómos met' empodíon)
marathon	(ο) μαραθώνιος (marathónios)
pole vault	(το) άλμα επί κοντώ (álma epí kontó)
high jump	(το) άλμα εις ύψος (álma eis ýpsos)
shot put	(η) σφαιροβολία (sfairovolía)
javelin throw	(ο) ακοντισμός (akontismós)
discus throw	(η) δισκοβολία (diskovolía)
karate	(το) καράτε (karáte)
triathlon	(το) τρίαθλο (tríathlo)
taekwondo	(το) ταε κβον ντο (tae kvon nto)
sprint	(το) σπριντ (sprint)
show jumping	(η) υπερπήδηση εμποδίων (yperpídisi empodíon)
shooting	(η) σκοποβολή (skopovolí)
wrestling	(η) πάλη (páli)
mountain biking	(η) ορεινή ποδηλασία (oreiní podilasía)
judo	(το) τζούντο (tzoúnto)

hammer throw	(η) σφυροβολία (sfyrovolía)
fencing	(η) ξιφασκία (xifaskía)
archery	(η) τοξοβολία (toxovolía)
track cycling	(η) ποδηλασία πίστας (podilasía pístas)

Winter

skiing	(το) σκι (ski)
snowboarding	(η) χιονοσανίδα (chionosanída)
ice skating	(η) παγοδρομία (pagodromía)
ice hockey	(το) χόκεϊ επί πάγου (chókeï epí págou)
figure skating	(το) καλλιτεχνικό πατινάζ (kallitechnikó patináz)
curling	(το) κέρλινγκ (kérlin'nk)
Nordic combined	(το) βόρειο σύνθετο (vóreio sýntheto)
biathlon	(το) δίαθλο (diathlo)
luge	(το) λουτζ (loutz)
bobsleigh	(το) αγωνιστικό έλκηθρο (agonistikó élkithro)
short track	(το) πατινάζ ταχύτητας μικρής πίστας (patináz tachýtitas mikrís pístas)
skeleton	(το) σκέλετον (skéleton)
ski jumping	(το) άλμα με σκι (álma me ski)
cross-country skiing	(το) σκι αντοχής (ski antochís)
ice climbing	(η) αναρρίχηση σε πάγο (anarríchisi se págo)
freestyle skiing	(το) ελεύθερο σκι (eléfthero ski)
speed skating	(το) πατινάζ ταχύτητας (patináz tachýtitas)

Team

football	(το) ποδόσφαιρο (podósfairo)
basketball	(η) καλαθοσφαίριση (kalathosfaírisi)
volleyball	(η) πετοσφαίριση (petosfaírisi)
cricket	(το) κρίκετ (kríket)
baseball	(το) μπέιζμπολ (béizmpol)
rugby	(το) ράγκμπι (ránkmpi)
handball	(η) χειροσφαίριση (cheirosfaírisi)

polo	(το) πόλο (pólo)
lacrosse	(το) λακρός (lakrós)
field hockey	(το) χόκεϊ επί χόρτου (chókeï epí chórtou)
beach volleyball	(το) μπιτς βόλεϊ (bits vóleï)
Australian football	(το) αυστραλιανό ποδόσφαιρο (afstralianó podósfairo)
American football	(το) αμερικάνικο ποδόσφαιρο (amerikániko podósfairo)

Water

swimming	(η) κολύμβηση (kolýmvisi)
water polo	(η) υδατοσφαίριση (ydatosfaírisi)
diving (into the water)	(οι) καταδύσεις (katadýseis)
surfing	(το) σέρφινγκ (sérfin'nk)
rowing	(η) κωπηλασία (kopilasía)
synchronized swimming	(η) συγχρονισμένη κολύμβηση (synchronisméni kolýmvisi)
diving (under the water)	(οι) καταδύσεις (katadýseis)
windsurfing	(η) ιστιοσανίδα (istiosanída)
sailing	(η) ιστιοπλοΐα (istioploḯa)
waterskiing	(το) θαλάσσιο σκι (thalássio ski)
rafting	(το) ράφτινγκ (ráftin'nk)
cliff diving	(οι) καταδύσεις από βράχο (katadýseis apó vrácho)
canoeing	(το) κανό (kanó)

Motor

car racing	(ο) αγώνας αυτοκινήτων (agónas aftokiníton)
rally racing	(το) ράλι (ráli)
motorcycle racing	(ο) αγώνας μοτοσυκλέτας (agónas motosyklétas)
motocross	(το) μοτοκρός (motokrós)
Formula 1	(η) φόρμουλα 1 (fórmoula 1)
kart	(το) καρτ (kart)
jet ski	(το) τζετ σκι (tzet ski)

Other

hiking	(η) πεζοπορία (pezoporía)
mountaineering	(ο) αλπινισμός (alpinismós)
snooker	(το) σνούκερ (snoúker)
parachuting	(η) πτώση με αλεξίπτωτο (ptósi me alexíptoto)
poker	(το) πόκερ (póker)
dancing	(ο) χορός (chorós)
bowling	(το) μπόουλινγκ (bóoulin'nk)
skateboarding	(το) σκέιτμπορντινγκ (skéitmporntin'nk)
chess	(το) σκάκι (skáki)
bodybuilding	(το) μπόντι μπίλντινγκ (bónti bílntin'nk)
yoga	(η) γιόγκα (giónka)
ballet	(το) μπαλέτο (baléto)
bungee jumping	(το) μπάντζι τζάμπινγκ (bántzi tzámpin'nk)
climbing	(η) ορειβασία (oreivasía)
roller skating	(το) πατινάζ με πατίνια (patináz me patínia)
breakdance	(το) breakdance (breakdance)
billiards	(το) μπιλιάρδο (biliárdo)

Gym

warm-up	(το) ζέσταμα (zéstama)
stretching	(οι) διατάσεις (diatáseis)
sit-ups	(οι) κοιλιακοί (koiliakoí)
push-up	(το) πουσάπ (pousáp)
squat	(το) βαθύ κάθισμα (vathý káthisma)
treadmill	(ο) διάδρομος (diádromos)
bench press	(οι) πιέσεις πάγκου (piéseis pánkou)
exercise bike	(το) ποδήλατο γυμναστικής (podílato gymnastikís)
cross trainer	(το) ελλειπτικό μηχάνημα (elleiptikó michánima)
circuit training	(η) κυκλική προπόνηση (kyklikí propónisi)
Pilates	(οι) πιλάτες (pilátes)
leg press	(η) πρέσα ποδιών (présa podión)

aerobics	(η) **αεροβική** (aerovikí)
dumbbell	(ο) **αλτήρας** (altíras)
barbell	(η) **μπάρα** (bára)
sauna	(η) **σάουνα** (sáouna)

Geography

Europe

United Kingdom	(το) Ηνωμένο Βασίλειο (Inoméno Vasíleio)
Spain	(η) Ισπανία (Ispanía)
Italy	(η) Ιταλία (Italía)
France	(η) Γαλλία (Gallía)
Germany	(η) Γερμανία (Germanía)
Switzerland	(η) Ελβετία (Elvetía)
Albania	(η) Αλβανία (Alvanía)
Andorra	(η) Ανδόρα (Andóra)
Austria	(η) Αυστρία (Afstría)
Belgium	(το) Βέλγιο (Vélgio)
Bosnia	(η) Βοσνία (Vosnía)
Bulgaria	(η) Βουλγαρία (Voulgaría)
Denmark	(η) Δανία (Danía)
Estonia	(η) Εσθονία (Esthonía)
Faroe Islands	(οι) Νήσοι Φερόες (Nísoi Feróes)
Finland	(η) Φινλανδία (Finlandía)
Gibraltar	(το) Γιβραλτάρ (Givraltár)
Greece	(η) Ελλάδα (Elláda)
Ireland	(η) Ιρλανδία (Irlandía)
Iceland	(η) Ισλανδία (Islandía)
Kosovo	(το) Κόσοβο (Kósovo)
Croatia	(η) Κροατία (Kroatía)
Latvia	(η) Λετονία (Letonía)
Liechtenstein	(το) Λιχτενστάιν (Lichtenstáin)
Lithuania	(η) Λιθουανία (Lithouanía)
Luxembourg	(το) Λουξεμβούργο (Louxemvoúrgo)
Malta	(η) Μάλτα (Málta)
Macedonia	(η) Μακεδονία (Makedonía)
Moldova	(η) Μολδαβία (Moldavía)

Monaco	(το) Μονακό (Monakó)
Montenegro	(το) Μαυροβούνιο (Mavrovoúnio)
Netherlands	(η) Ολλανδία (Ollandía)
Norway	(η) Νορβηγία (Norvigía)
Poland	(η) Πολωνία (Polonía)
Portugal	(η) Πορτογαλία (Portogalía)
Romania	(η) Ρουμανία (Roumanía)
San Marino	(το) Σαν Μαρίνο (San Maríno)
Sweden	(η) Σουηδία (Souidía)
Serbia	(η) Σερβία (Servía)
Slovakia	(η) Σλοβακία (Slovakía)
Slovenia	(η) Σλοβενία (Slovenía)
Czech Republic	(η) Τσεχία (Tsechía)
Turkey	(η) Τουρκία (Tourkía)
Ukraine	(η) Ουκρανία (Oukranía)
Hungary	(η) Ουγγαρία (Oungaría)
Vatican City	(το) Βατικανό (Vatikanó)
Belarus	(η) Λευκορωσία (Lefkorosía)
Cyprus	(η) Κύπρος (Kýpros)

Asia

China	(η) Κίνα (Kína)
Russia	(η) Ρωσία (Rosía)
India	(η) Ινδία (Indía)
Singapore	(η) Σιγκαπούρη (Sinkapoúri)
Japan	(η) Ιαπωνία (Iaponía)
South Korea	(η) Νότια Κορέα (Nótia Koréa)
Afghanistan	(το) Αφγανιστάν (Afganistán)
Armenia	(η) Αρμενία (Armenía)
Azerbaijan	(το) Αζερμπαϊτζάν (Azermpaïtzán)
Bahrain	(το) Μπαχρέιν (Bachréin)
Bangladesh	(το) Μπανγκλαντές (Ban'nklantés)

Bhutan	(το) Μπουτάν (Boután)
Brunei	(το) Μπρουνέι (Brounéi)
Georgia	(η) Γεωργία (Georgía)
Hong Kong	(το) Χονγκ Κονγκ (Chon'nk Kon'nk)
Indonesia	(η) Ινδονησία (Indonisía)
Iraq	(το) Ιράκ (Irák)
Iran	(το) Ιράν (Irán)
Israel	(το) Ισραήλ (Israíl)
Yemen	(η) Υεμένη (Yeméni)
Jordan	(η) Ιορδανία (Iordanía)
Cambodia	(η) Καμπότζη (Kampótzi)
Kazakhstan	(το) Καζακστάν (Kazakstán)
Qatar	(το) Κατάρ (Katár)
Kyrgyzstan	(η) Κιργιζία (Kirgizía)
Kuwait	(το) Κουβέιτ (Kouvéit)
Laos	(το) Λάος (Láos)
Lebanon	(ο) Λίβανος (Lívanos)
Macao	(το) Μακάο (Makáo)
Malaysia	(η) Μαλαισία (Malaisía)
Maldives	(οι) Μαλδίβες (Maldíves)
Mongolia	(η) Μογγολία (Mongolía)
Burma	(η) Βιρμανία (Virmanía)
Nepal	(το) Νεπάλ (Nepál)
North Korea	(η) Βόρεια Κορέα (Vóreia Koréa)
Oman	(το) Ομάν (Omán)
East Timor	(το) Ανατολικό Τιμόρ (Anatolikó Timór)
Pakistan	(το) Πακιστάν (Pakistán)
Palestine	(η) Παλαιστίνη (Palaistíni)
Philippines	(οι) Φιλιππίνες (Filippínes)
Saudi Arabia	(η) Σαουδική Αραβία (Saoudikí Aravía)
Sri Lanka	(η) Σρι Λάνκα (Sri Lán'ka)
Syria	(η) Συρία (Syría)

Tajikistan	(το) Τατζικιστάν (Tatzikistán)
Taiwan	(η) Ταϊβάν (Taïván)
Thailand	(η) Ταϊλάνδη (Taïlándi)
Turkmenistan	(το) Τουρκμενιστάν (Tourkmenistán)
Uzbekistan	(το) Ουζμπεκιστάν (Ouzmpekistán)
United Arab Emirates	(τα) Ηνωμένα Αραβικά Εμιράτα (Inoména Araviká Emiráta)
Vietnam	(το) Βιετνάμ (Vietnám)

America

The United States of America	(οι) Ηνωμένες Πολιτείες της Αμερικής (Inoménes Politeíes tis Amerikís)
Mexico	(το) Μεξικό (Mexikó)
Canada	(ο) Καναδάς (Kanadás)
Brazil	(η) Βραζιλία (Vrazilía)
Argentina	(η) Αργεντίνη (Argentíni)
Chile	(η) Χιλή (Chilí)
Antigua and Barbuda	(η) Αντίγκουα και Μπαρμπούντα (Antínkoua kai Barmpoúnta)
Aruba	(η) Αρούμπα (Aroúmpa)
The Bahamas	(οι) Μπαχάμες (Bachámes)
Barbados	(τα) Μπαρμπάντος (Barmpántos)
Belize	(η) Μπελίζ (Belíz)
Bolivia	(η) Βολιβία (Volivía)
Cayman Islands	(οι) Νήσοι Καίυμαν (Nísoi Kaíyman)
Costa Rica	(η) Κόστα Ρίκα (Kósta Ríka)
Dominica	(η) Δομινίκα (Dominíka)
Dominican Republic	(η) Δομινικανή Δημοκρατία (Dominikaní Dimokratía)
Ecuador	(το) Εκουαδόρ (Ekouadór)
El Salvador	(το) Ελ Σαλβαδόρ (El Salvadór)
Falkland Islands	(οι) Νήσοι Φώκλαντ (Nísoi Fóklant)
Grenada	(η) Γρενάδα (Grenáda)
Greenland	(η) Γροιλανδία (Groilandía)
Guatemala	(η) Γουατεμάλα (Gouatemála)

Sierra Leone	(η) Σιέρα Λεόνε (Siéra Leóne)
Zimbabwe	(η) Ζιμπάμπουε (Zimpámpoue)
Somalia	(η) Σομαλία (Somalía)
Sudan	(το) Σουδάν (Soudán)
South Sudan	(το) Νότιο Σουδάν (Nótio Soudán)
Swaziland	(η) Σουαζιλάνδη (Souazilándi)
Tanzania	(η) Τανζανία (Tanzanía)
Togo	(το) Τόγκο (Tónko)
Chad	(το) Τσαντ (Tsant)
Tunisia	(η) Τυνησία (Tynisía)
Uganda	(η) Ουγκάντα (Ounkánta)
Central African Republic	(η) Κεντροαφρικανική Δημοκρατία (Kentroafrikanikí Dimokratía)

Oceania

Australia	(η) Αυστραλία (Afstralía)
New Zealand	(η) Νέα Ζηλανδία (Néa Zilandía)
Fiji	(τα) Φίτζι (Fítzi)
American Samoa	(η) Αμερικανική Σαμόα (Amerikanikí Samóa)
Cook Islands	(οι) Νήσοι Κουκ (Nísoi Kouk)
French Polynesia	(η) Γαλλική Πολυνησία (Gallikí Polynisía)
Kiribati	(το) Κιριμπάτι (Kirimpáti)
Marshall Islands	(οι) Νήσοι Μάρσαλ (Nísoi Mársal)
Micronesia	(η) Μικρονησία (Mikronisía)
Nauru	(το) Ναουρού (Naouroú)
New Caledonia	(η) Νέα Καληδονία (Néa Kalidonía)
Niue	(το) Νιούε (Nioúe)
Palau	(το) Παλάου (Paláou)
Papua New Guinea	(η) Παπούα Νέα Γουινέα (Papoúa Néa Gouinéa)
Solomon Islands	(τα) Νησιά του Σολομώντα (Nisiá tou Solomónta)
Samoa	(η) Σαμόα (Samóa)
Tonga	(η) Τόνγκα (Tón'nka)
Tuvalu	(το) Τουβαλού (Touvaloú)

| Vanuatu | (το) **Βανουάτου** (Vanouátou) |

Numbers

0-20

0	μηδέν (midén)
1	ένα (éna)
2	δύο (dýo)
3	τρία (tría)
4	τέσσερα (téssera)
5	πέντε (pénte)
6	έξι (éxi)
7	επτά (eptá)
8	οκτώ (októ)
9	εννέα (ennéa)
10	δέκα (déka)
11	έντεκα (énteka)
12	δώδεκα (dódeka)
13	δεκατρία (dekatría)
14	δεκατέσσερα (dekatéssera)
15	δεκαπέντε (dekapénte)
16	δεκαέξι (dekaéxi)
17	δεκαεπτά (dekaeptá)
18	δεκαοκτώ (dekaoktó)
19	δεκαεννέα (dekaennéa)
20	είκοσι (eíkosi)

21-100

21	είκοσι ένα (eíkosi éna)
22	είκοσι δύο (eíkosi dýo)
26	είκοσι έξι (eíkosi éxi)
30	τριάντα (triánta)
31	τριάντα ένα (triánta éna)
33	τριάντα τρία (triánta tría)
37	τριάντα επτά (triánta eptá)

40	σαράντα (saránta)
41	σαράντα ένα (saránta éna)
44	σαράντα τέσσερα (saránta téssera)
48	σαράντα οκτώ (saránta októ)
50	πενήντα (peninta)
51	πενήντα ένα (peninta éna)
55	πενήντα πέντε (peninta pénte)
59	πενήντα εννέα (peninta ennéa)
60	εξήντα (exínta)
61	εξήντα ένα (exínta éna)
62	εξήντα δύο (exinta dýo)
66	εξήντα έξι (exínta éxi)
70	εβδομήντα (evdomínta)
71	εβδομήντα ένα (evdomínta éna)
73	εβδομήντα τρία (evdomínta tría)
77	εβδομήντα επτά (evdomínta eptá)
80	ογδόντα (ogdónta)
81	ογδόντα ένα (ogdónta éna)
84	ογδόντα τέσσερα (ogdónta téssera)
88	ογδόντα οκτώ (ogdónta októ)
90	ενενήντα (enenínta)
91	ενενήντα ένα (enenínta éna)
95	ενενήντα πέντε (enenínta pénte)
99	ενενήντα εννιά (enenínta enniá)
100	εκατό (ekató)

101-1000

101	εκατόν ένα (ekatón éna)
105	εκατόν πέντε (ekatón pénte)
110	εκατόν δέκα (ekatón déka)
151	εκατόν πενήντα ένα (ekatón peninta éna)
200	διακόσια (diakósia)

202	διακόσια δύο (diakósia dýo)
206	διακόσια έξι (diakósia éxi)
220	διακόσια είκοσι (diakósia eíkosi)
262	διακόσια εξήντα δύο (diakósia exínta dýo)
300	τριακόσια (triakósia)
303	τριακόσια τρία (triakósia tría)
307	τριακόσια επτά (triakósia eptá)
330	τριακόσια τριάντα (triakósia triánta)
373	τριακόσια εβδομήντα τρία (triakósia evdomínta tría)
400	τετρακόσια (tetrakósia)
404	τετρακόσια τέσσερα (tetrakósia téssera)
408	τετρακόσια οκτώ (tetrakósia októ)
440	τετρακόσια σαράντα (tetrakósia saránta)
484	τετρακόσια ογδόντα τέσσερα (tetrakósia ogdónta téssera)
500	πεντακόσια (pentakósia)
505	πεντακόσια πέντε (pentakósia pénte)
509	πεντακόσια εννέα (pentakósia ennéa)
550	πεντακόσια πενήντα (pentakósia penínta)
595	πεντακόσια ενενήντα πέντε (pentakósia enenínta pénte)
600	εξακόσια (exakósia)
601	εξακόσια ένα (exakósia éna)
606	εξακόσια έξι (exakósia éxi)
616	εξακόσια δεκαέξι (exakósia dekaéxi)
660	εξακόσια εξήντα (exakósia exínta)
700	επτακόσια (eptakósia)
702	επτακόσια δύο (eptakósia dýo)
707	επτακόσια επτά (eptakósia eptá)
727	επτακόσια είκοσι επτά (eptakósia eíkosi eptá)
770	επτακόσια εβδομήντα (eptakósia evdomínta)
800	οκτακόσια (oktakósia)
803	οκτακόσια τρία (oktakósia tria)

808	οκτακόσια οκτώ (oktakósia októ)
838	οκτακόσια τριάντα οκτώ (oktakósia triánta októ)
880	οκτακόσια ογδόντα (oktakósia ogdónta)
900	εννιακόσια (enniakósia)
904	εννιακόσια τέσσερα (enniakósia téssera)
909	εννιακόσια εννέα (enniakósia ennéa)
949	εννιακόσια σαράντα εννέα (enniakósia saránta ennéa)
990	εννιακόσια ενενήντα (enniakósia enenínta)
1000	χίλια (chília)

1001-10000

1001	χίλια ένα (chília éna)
1012	χίλια δώδεκα (chília dódeka)
1234	χίλια διακόσια τριάντα τέσσερα (chília diakósia triánta téssera)
2000	δύο χιλιάδες (dýo chiliádes)
2002	δύο χιλιάδες δύο (dýo chiliádes dýo)
2023	δύο χιλιάδες είκοσι τρία (dýo chiliádes eíkosi tría)
2345	δύο χιλιάδες τριακόσια σαράντα πέντε (dýo chiliádes triakósia saránta pénte)
3000	τρεις χιλιάδες (treis chiliádes)
3003	τρεις χιλιάδες τρία (treis chiliádes tría)
3034	τρεις χιλιάδες τριάντα τέσσερα (treis chiliádes triánta téssera)
3456	τρεις χιλιάδες τετρακόσια πενήντα έξι (treis chiliádes tetrakósia penínta éxi)
4000	τέσσερις χιλιάδες (tésseris chiliádes)
4004	τέσσερις χιλιάδες τέσσερα (tésseris chiliádes téssera)
4045	τέσσερις χιλιάδες σαράντα πέντε (tésseris chiliádes saránta pénte)
4567	τέσσερις χιλιάδες πεντακόσια εξήντα επτά (tésseris chiliádes pentakósia exínta eptá)
5000	πέντε χιλιάδες (pénte chiliádes)
5005	πέντε χιλιάδες πέντε (pénte chiliádes pénte)
5056	πέντε χιλιάδες πενήντα έξι (pénte chiliádes penínta éxi)

5678	πέντε χιλιάδες εξακόσια εβδομήντα οκτώ (pénte chiliádes exakósia evdomínta októ)
6000	έξι χιλιάδες (éxi chiliádes)
6006	έξι χιλιάδες έξι (éxi chiliádes éxi)
6067	έξι χιλιάδες εξήντα επτά (éxi chiliádes exinta eptá)
6789	έξι χιλιάδες επτακόσια ογδόντα εννέα (éxi chiliádes eptakósia ogdónta ennéa)
7000	επτά χιλιάδες (eptá chiliádes)
7007	επτά χιλιάδες επτά (eptá chiliádes eptá)
7078	επτά χιλιάδες εβδομήντα οκτώ (eptá chiliádes evdomínta októ)
7890	επτά χιλιάδες οκτακόσια ενενήντα (eptá chiliádes oktakósia eneninta)
8000	οκτώ χιλιάδες (októ chiliádes)
8008	οκτώ χιλιάδες οκτώ (októ chiliádes októ)
8089	οκτώ χιλιάδες ογδόντα εννέα (októ chiliádes ogdónta ennéa)
8901	οκτώ χιλιάδες εννιακόσια ένα (októ chiliádes enniakósia éna)
9000	εννέα χιλιάδες (ennéa chiliádes)
9009	εννέα χιλιάδες εννέα (ennéa chiliádes ennéa)
9012	εννέα χιλιάδες δώδεκα (ennéa chiliádes dódeka)
9090	εννέα χιλιάδες ενενήντα (ennéa chiliádes eneninta)
10.000	δέκα χιλιάδες (déka chiliádes)

> 10000

10.001	δέκα χιλιάδες ένα (déka chiliádes éna)
20.020	είκοσι χιλιάδες είκοσι (eíkosi chiliádes eíkosi)
30.300	τριάντα χιλιάδες τριακόσια (triánta chiliádes triakósia)
44.000	σαράντα τέσσερις χιλιάδες (saránta tésseris chiliádes)
100.000	εκατό χιλιάδες (ekató chiliádes)
500.000	πεντακόσιες χιλιάδες (pentakósies chiliádes)
1.000.000	ένα εκατομμύριο (éna ekatommýrio)
6.000.000	έξι εκατομμύρια (éxi ekatommýria)
10.000.000	δέκα εκατομμύρια (déka ekatommýria)

70.000.000	εβδομήντα εκατομμύρια (evdomínta ekatommýria)
100.000.000	εκατό εκατομμύρια (ekató ekatommýria)
800.000.000	οκτακόσια εκατομμύρια (oktakósia ekatommýria)
1.000.000.000	ένα δισεκατομμύριο (éna disekatommýrio)
9.000.000.000	εννέα δισεκατομμύρια (ennéa disekatommýria)
10.000.000.000	δέκα δισεκατομμύρια (déka disekatommýria)
20.000.000.000	είκοσι δισεκατομμύρια (eíkosi disekatommýria)
100.000.000.000	εκατό δισεκατομμύρια (ekató disekatommýria)
300.000.000.000	τριακόσια δισεκατομμύρια (triakósia disekatommýria)
1.000.000.000.000	ένα τρισεκατομμύριο (éna trisekatommýrio)

Body

Head

nose	(η) μύτη (mýti)
eye	(το) μάτι (máti)
ear	(το) αυτί (aftí)
mouth	(το) στόμα (stóma)
tooth	(το) δόντι (dónti)
lip	(το) χείλος (cheílos)
hair	(η) τρίχα (trícha)
beard	(τα) γένια (génia)
forehead	(το) μέτωπο (métopo)
eyebrow	(το) φρύδι (frýdi)
eyelashes	(οι) βλεφαρίδες (vlefarídes)
pupil	(η) κόρη (kóri)
cheek	(το) μάγουλο (mágoulo)
chin	(το) πηγούνι (pigoúni)
dimple	(το) λακκάκι (lakkáki)
wrinkle	(η) ρυτίδα (rytída)
freckles	(οι) φακίδες (fakídes)
tongue	(η) γλώσσα (glóssa)
nostril	(το) ρουθούνι (routhoúni)
temple	(οι) κρόταφος (krótafos)

Body Parts

head	(το) κεφάλι (kefáli)
arm	(το) χέρι (chéri)
hand	(το) χέρι (chéri)
leg	(το) πόδι (pódi)
knee	(το) γόνατο (gónato)
foot	(το) πόδι (pódi)
belly	(η) κοιλιά (koiliá)
belly button	(ο) αφαλός (afalós)

bosom	(το) στήθος (stíthos)
chest	(ο) θώρακας (thórakas)
elbow	(ο) αγκώνας (ankónas)
nipple	(η) θηλή (thilí)
shoulder	(ο) ώμος (ómos)
neck	(ο) λαιμός (laimós)
bottom	(ο) πισινός (pisinós)
nape	(ο) αυχένας (afchénas)
back (part of body)	(η) πλάτη (pláti)
waist	(η) μέση (mési)

Hand & Foot

finger	(το) δάχτυλο (dáchtylo)
thumb	(ο) αντίχειρας (antícheiras)
fingernail	(το) νύχι (nýchi)
toe	(το) δάχτυλο του ποδιού (dáchtylo tou podioú)
heel	(η) φτέρνα (ftérna)
palm	(η) παλάμη (palámi)
wrist	(ο) καρπός (karpós)
fist	(η) γροθιά (grothiá)
Achilles tendon	(ο) αχίλλειος τένοντας (achílleios ténontas)
index finger	(ο) δείκτης (deíktis)
middle finger	(το) μεσαίο δάχτυλο (mesaío dáchtylo)
ring finger	(ο) παράμεσος (parámesos)
little finger	(το) μικρό δάχτυλο (mikró dáchtylo)

Bones & More

bone (part of body)	(το) οστό (ostó)
muscle	(ο) μυς (mys)
tendon	(ο) τένοντας (ténontas)
vertebra	(ο) σπόνδυλος (spóndylos)
pelvis	(η) λεκάνη (lekáni)

breastbone	(το) στέρνο (stérno)
rib	(το) πλευρό (plevró)
collarbone	(η) κλείδα (kleída)
skeleton	(ο) σκελετός (skeletós)
skull	(το) κρανίο (kranío)
shoulder blade	(η) ωμοπλάτη (omopláti)
kneecap	(η) επιγονατίδα (epigonatida)
cartilage	(ο) χόνδρος (chóndros)
jawbone	(η) γνάθος (gnáthos)
nasal bone	(το) ρινικό οστό (rinikó ostó)
spine	(η) σπονδυλική στήλη (spondylikí stíli)
ankle	(ο) αστράγαλος (astrágalos)
bone marrow	(ο) μυελός των οστών (myelós ton ostón)

Organs

heart	(η) καρδιά (kardiá)
lung	(ο) πνεύμονας (pnévmonas)
liver	(το) συκώτι (sykóti)
kidney	(ο) νεφρός (nefrós)
vein	(η) φλέβα (fléva)
artery	(η) αρτηρία (artiría)
stomach	(το) στομάχι (stomáchi)
intestine	(το) έντερο (éntero)
bladder	(η) ουροδόχος κύστη (ourodóchos kýsti)
brain	(ο) εγκέφαλος (enkéfalos)
anus	(ο) πρωκτός (proktós)
appendix	(η) σκωληκοειδής απόφυση (skolikoeidís apófysi)
spleen	(η) σπλήνα (splína)
oesophagus	(ο) οισοφάγος (oisofágos)
nerve	(το) νεύρο (névro)
spinal cord	(ο) νωτιαίος μυελός (notiaíos myelós)
pancreas	(το) παγκρέας (pankréas)

gall bladder	(η) **χοληδόχος κύστη** (cholidóchos kýsti)
colon	(το) **παχύ έντερο** (pachý éntero)
small intestine	(το) **λεπτό έντερο** (leptó éntero)
windpipe	(η) **τραχεία** (tracheía)
diaphragm	(το) **διάφραγμα** (diáfragma)
duodenum	(το) **δωδεκαδάκτυλο** (dodekadáktylo)

Reproduction

testicle	(ο) **όρχις** (órchis)
penis	(το) **πέος** (péos)
prostate	(ο) **προστάτης** (prostátis)
ovary	(η) **ωοθήκη** (oothíki)
oviduct	(η) **σάλπιγγα** (sálpinga)
uterus	(η) **μήτρα** (mítra)
ovum	(το) **ωάριο** (oário)
sperm	(το) **σπέρμα** (spérma)
scrotum	(το) **όσχεο** (óscheo)
clitoris	(η) **κλειτορίδα** (kleitorída)
vagina	(ο) **κόλπος** (kólpos)

Adjective

Colours

white	λευκό (lefkó)
black	μαύρο (mávro)
grey	γκρί (nkrí)
green	πράσινο (prásino)
blue	μπλε (ble)
red	κόκκινο (kókkino)
pink	ροζ (roz)
orange (colour)	πορτοκάλι (portokáli)
purple	μωβ (mov)
yellow	κίτρινο (kitrino)
brown	καφέ (kafé)
beige	μπεζ (bez)

Basics

heavy	βαρύς (varýs)
light (weight)	ελαφρύς (elafrýs)
correct	σωστός (sostós)
difficult	δύσκολος (dýskolos)
easy	εύκολος (éfkolos)
wrong	λάθος (láthos)
many	πολλά (pollá)
few	λίγα (liga)
new	νέος (néos)
old (not new)	παλιός (paliós)
slow	αργός (argós)
quick	γρήγορος (grígoros)
poor	φτωχός (ftochós)
rich	πλούσιος (ploúsios)
funny	αστείος (asteíos)
boring	βαρετός (varetós)

fair	δίκαιος (díkaios)
unfair	άδικος (ádikos)

Feelings

good	καλός (kalós)
bad	κακός (kakós)
weak	αδύναμος (adýnamos)
happy	χαρούμενος (charoúmenos)
sad	λυπημένος (lypiménos)
strong	δυνατός (dynatós)
angry	θυμωμένος (thymoménos)
healthy	υγιής (ygiís)
sick	άρρωστος (árrostos)
hungry	πεινασμένος (peinasménos)
thirsty	διψασμένος (dipsasménos)
full (from eating)	χορτάτος (chortátos)
proud	υπερήφανος (yperífanos)
lonely	μοναχικός (monachikós)
tired	κουρασμένος (kourasménos)
safe (adjective)	ασφαλής (asfalís)

Space

short (length)	κοντός (kontós)
long	μακρύς (makrýs)
round	στρογγυλός (strongylós)
small	μικρός (mikrós)
big	μεγάλος (megálos)
square (adjective)	τετράγωνος (tetrágonos)
twisting	στριφογυριστός (strifogyristós)
straight (line)	ευθύς (efthýs)
high	ψηλός (psilós)
low	χαμηλός (chamilós)

steep	απότομος (apótomos)
flat	επίπεδος (epipedos)
shallow	ρηχός (richós)
deep	βαθύς (vathýs)
broad	ευρύς (evrýs)
narrow	στενός (stenós)
huge	τεράστιος (terástios)

Place

right	δεξιά (dexiá)
left	αριστερά (aristerá)
above	από πάνω (apó páno)
back (position)	πίσω (piso)
front	μπροστά (brostá)
below	από κάτω (apó káto)
here	εδώ (edó)
there	εκεί (ekeí)
close	κοντά (kontá)
far	μακριά (makriá)
inside	μέσα (mésa)
outside	έξω (éxo)
beside	δίπλα (dípla)
north	βόρεια (vóreia)
east	ανατολικά (anatoliká)
south	νότια (nótia)
west	δυτικά (dytiká)

Things

cheap	φθηνός (fthinós)
expensive	ακριβός (akrivós)
full (not empty)	γεμάτος (gemátos)
hard	σκληρός (sklirós)

soft	μαλακός (malakós)
empty	άδειος (ádeios)
light (colour)	φωτεινός (foteinós)
dark	σκοτεινός (skoteinós)
clean	καθαρός (katharós)
dirty	βρώμικος (vrómikos)
boiled	βρασμένος (vrasménos)
raw	ωμός (omós)
strange	παράξενος (paráxenos)
sour	ξινός (xinós)
sweet	γλυκός (glykós)
salty	αλμυρός (almyrós)
hot (spicy)	καυτερός (kafterós)
juicy	χυμώδης (chymódis)

People

short (height)	κοντός (kontós)
tall	ψηλός (psilós)
slim	λεπτός (leptós)
young	νέος (néos)
old (not young)	γέρος (géros)
plump	παχύς (pachýs)
skinny	κοκαλιάρης (kokaliáris)
chubby	παχουλός (pachoulós)
cute	χαριτωμένος (charitoménos)
clever	έξυπνος (éxypnos)
evil	κακός (kakós)
well-behaved	φρόνιμος (frónimos)
cool	άνετος (ánetos)
worried	ανήσυχος (anísychos)
surprised	έκπληκτος (ékpliktos)
sober	νηφάλιος (nifálios)

drunk	μεθυσμένος (methysménos)
blind	τυφλός (tyflós)
mute	βουβός (vouvós)
deaf	κουφός (koufós)
guilty	ένοχος (énochos)
friendly	φιλικός (filikós)
busy	απασχολημένος (apascholiménos)
bloody	αιματηρός (aimatirós)
pale	χλωμός (chlomós)
strict	αυστηρός (afstirós)
holy	άγιος (ágios)
beautiful	όμορφος (ómorfos)
silly	ανόητος (anóitos)
crazy	τρελός (trelós)
ugly	άσχημος (áschimos)
handsome	όμορφος (ómorfos)
greedy	άπληστος (áplistos)
generous	γενναιόδωρος (gennaiódoros)
brave	γενναίος (gennaíos)
shy	ντροπαλός (ntropalós)
lazy	τεμπέλης (tempélis)
sexy	σέξι (séxi)
stupid	χαζός (chazós)

Outside

cold (adjective)	κρύος (krýos)
hot (temperature)	ζεστός (zestós)
warm	θερμός (thermós)
silent	σιωπηλός (siopilós)
quiet	ήσυχος (ísychos)
loud	θορυβώδης (thoryvódis)
wet	βρεγμένος (vregménos)

dry	στεγνός (stegnós)
windy	ανεμώδης (anemódis)
cloudy	συννεφιασμένος (synnefiasménos)
foggy	ομιχλώδης (omichlódis)
rainy	βροχερός (vrocherós)
sunny	ηλιόλουστος (ilióloustos)

Verb

Basics

to open (e.g. a door)	ανοίγω (anoígo)
to close	κλείνω (kleíno)
to sit	κάθομαι (káthomai)
to turn on	ανάβω (anávo)
to turn off	σβήνω (svíno)
to stand	στέκομαι (stékomai)
to lie	ξαπλώνω (xaplóno)
to come	έρχομαι (érchomai)
to think	σκέφτομαι (skéftomai)
to know	ξέρω (xéro)
to fail	αποτυγχάνω (apotyncháno)
to win	κερδίζω (kerdízo)
to lose	χάνω (cháno)
to live	ζω (zo)
to die	πεθαίνω (pethaíno)

Action

to take	παίρνω (paírno)
to put	βάζω (vázo)
to find	βρίσκω (vrísko)
to smoke	καπνίζω (kapnízo)
to steal	κλέβω (klévo)
to kill	σκοτώνω (skotóno)
to fly	πετάω (petáo)
to carry	μεταφέρω (metaféro)
to rescue	σώζω (sózo)
to burn	καίω (kaío)
to injure	τραυματίζω (travmatízo)
to attack	επιτίθεμαι (epitíthemai)
to defend	αμύνομαι (amýnomai)

to fall	πέφτω (péfto)
to vote	ψηφίζω (psifízo)
to choose	επιλέγω (epilégo)
to gamble	στοιχηματίζω (stoichimatízo)
to shoot	πυροβολώ (pyrovoló)
to saw	πριονίζω (prionízo)
to drill	τρυπάω (trypáo)
to hammer	σφυρηλατώ (sfyrilató)

Body

to eat	τρώω (tróo)
to drink	πίνω (píno)
to talk	μιλάω (miláo)
to laugh	γελάω (geláo)
to cry	κλαίω (klaío)
to sing	τραγουδάω (tragoudáo)
to walk	περπατώ (perpató)
to watch	παρακολουθώ (parakolouthó)
to work	δουλεύω (doulévo)
to breathe	αναπνέω (anapnéo)
to smell	μυρίζω (myrízo)
to listen	ακούω (akoúo)
to lose weight	χάνω βάρος (cháno város)
to gain weight	παίρνω βάρος (paírno város)
to shrink	συρρικνώνομαι (syrriknónomai)
to grow	μεγαλώνω (megalóno)
to smile	χαμογελάω (chamogeláo)
to whisper	ψιθυρίζω (psithyrízo)
to touch	αγγίζω (angízo)
to shiver	τρέμω (trémo)
to bite	δαγκώνω (dankóno)
to swallow	καταπίνω (katapíno)

to deliver	παραδίδω (paradído)

Home

to sleep	κοιμάμαι (koimámai)
to dream	ονειρεύομαι (oneirévomai)
to wait	περιμένω (periméno)
to clean	καθαρίζω (katharízo)
to wash	πλένω (pléno)
to cook	μαγειρεύω (mageirévo)
to play	παίζω (paizo)
to travel	ταξιδεύω (taxidévo)
to enjoy	απολαμβάνω (apolamváno)
to bake	ψήνω (psíno)
to fry	τηγανίζω (tiganízo)
to boil	βράζω (vrázo)
to pray	προσεύχομαι (proséfchomai)
to rest	ξεκουράζομαι (xekourázomai)
to lock	κλειδώνω (kleidóno)
to open (unlock)	ανοίγω (anoígo)
to celebrate	γιορτάζω (giortázo)
to dry	στεγνώνω (stegnóno)
to fish	ψαρεύω (psarévo)
to take a shower	κάνω ντους (káno ntous)
to iron	σιδερώνω (sideróno)
to vacuum	σκουπίζω (skoupízo)
to paint	ζωγραφίζω (zografízo)

House

Parts

door	(η) πόρτα (pórta)
window (building)	(το) παράθυρο (paráthyro)
wall	(ο) τοίχος (toíchos)
roof	(η) στέγη (stégi)
elevator	(το) ασανσέρ (asansér)
stairs	(οι) σκάλες (skáles)
toilet (at home)	(η) τουαλέτα (toualéta)
attic	(η) σοφίτα (sofíta)
basement	(το) υπόγειο (ypógeio)
solar panel	(τα) ηλιακά πάνελ (iliaká pánel)
chimney	(η) καμινάδα (kamináda)
fifth floor	(ο) πέμπτος όροφος (pémptos órofos)
first floor	(ο) πρώτος όροφος (prótos órofos)
ground floor	(το) ισόγειο (isógeio)
first basement floor	(το) πρώτο υπόγειο (próto ypógeio)
second basement floor	(το) δεύτερο υπόγειο (déftero ypógeio)
living room	(το) σαλόνι (salóni)
bedroom	(η) κρεβατοκάμαρα (krevatokámara)
kitchen	(η) κουζίνα (kouzína)
corridor	(ο) διάδρομος (diádromos)
front door	(η) εξώπορτα (exóporta)
bathroom	(το) μπάνιο (bánio)
workroom	(το) εργαστήριο (ergastírio)
nursery	(το) βρεφικό δωμάτιο (vrefikó domátio)
floor	(το) πάτωμα (pátoma)
ceiling	(το) ταβάνι (taváni)
garage door	(η) γκαραζόπορτα (nkarazóporta)
garage	(το) γκαράζ (nkaráz)
garden	(ο) κήπος (kípos)

balcony	(το) μπαλκόνι (balkóni)
terrace	(η) ταράτσα (tarátsa)

Devices

TV set	(η) τηλεόραση (tileórasi)
remote control	(το) τηλεχειριστήριο (tilecheiristírio)
security camera	(η) κάμερα ασφαλείας (kámera asfaleías)
rice cooker	(ο) μαγειρευτής ρυζιού (mageireftis ryzioú)
router	(ο) δρομολογητής (dromologitís)
heating	(η) θέρμανση (thérmansi)
washing machine	(το) πλυντήριο (plyntírio)
fridge	(το) ψυγείο (psygeío)
freezer	(ο) καταψύκτης (katapsýktis)
microwave	(ο) φούρνος μικροκυμάτων (foúrnos mikrokymáton)
oven	(ο) φούρνος (foúrnos)
cooker	(η) κουζίνα (kouzina)
cooker hood	(ο) απορροφητήρας (aporrofitíras)
dishwasher	(το) πλυντήριο πιάτων (plyntírio piáton)
kettle	(ο) βραστήρας (vrastíras)
mixer	(το) μίξερ (mixer)
electric iron	(το) σίδερο (sídero)
toaster	(η) φρυγανιέρα (fryganiéra)
hairdryer	(το) πιστολάκι μαλλιών (pistoláki mallión)
ironing table	(η) σιδερώστρα (sideróstra)
vacuum cleaner	(η) ηλεκτρική σκούπα (ilektrikí skoúpa)
coffee machine	(η) καφετιέρα (kafetiéra)
air conditioner	(το) κλιματιστικό (klimatistikó)
satellite dish	(το) δορυφορικό πιάτο (doryforikó piáto)
fan	(ο) ανεμιστήρας (anemistíras)
radiator	(το) καλοριφέρ (kalorifér)
sewing machine	(η) ραπτομηχανή (raptomichaní)

Kitchen

spoon	(το) κουτάλι (koutáli)
fork	(το) πιρούνι (piroúni)
knife	(το) μαχαίρι (machaíri)
plate	(το) πιάτο (piáto)
bowl	(το) μπολ (bol)
glass	(το) ποτήρι (potíri)
cup (for cold drinks)	(η) κούπα (koúpa)
garbage bin	(ο) κάδος σκουπιδιών (kádos skoupidión)
chopstick	(το) ξυλάκι (xyláki)
light bulb	(η) λάμπα (lámpa)
pan	(το) τηγάνι (tigáni)
pot	(η) κατσαρόλα (katsaróla)
ladle	(η) κουτάλα (koutála)
cup (for hot drinks)	(το) φλιτζάνι (flitzáni)
teapot	(η) τσαγιέρα (tsagiéra)
grater	(ο) τρίφτης (tríftis)
cutlery	(τα) μαχαιροπίρουνα (machairopírouna)
tap	(η) βρύση (vrýsi)
sink	(ο) νεροχύτης (nerochýtis)
wooden spoon	(η) ξύλινη κουτάλα (xýlini koutála)
chopping board	(το) ξύλο κοπής (xýlo kopís)
sponge	(το) σφουγγάρι (sfoungári)
corkscrew	(το) τιρμπουσόν (tirmpousón)

Bedroom

bed	(το) κρεβάτι (kreváti)
alarm clock	(το) ξυπνητήρι (xypnitíri)
curtain	(η) κουρτίνα (kourtína)
bedside lamp	(το) φωτιστικό κομοδίνου (fotistikó komodínou)
wardrobe	(η) ντουλάπα (ntoulápa)
drawer	(το) συρτάρι (syrtári)

bunk bed	(η) κουκέτα (koukéta)
desk	(το) γραφείο (grafeío)
cupboard	(το) ντουλάπι (ntoulápi)
shelf	(το) ράφι (ráfi)
blanket	(η) κουβέρτα (kouvérta)
pillow	(το) μαξιλάρι (maxilári)
mattress	(το) στρώμα (stróma)
night table	(το) κομοδίνο (komodíno)
cuddly toy	(το) μαλακό παιχνίδι (malakó paichnídi)
bookshelf	(το) ράφι βιβλιοθήκης (ráfi vivliothíkis)
lamp	(η) λάμπα (lámpa)
safe (for money)	(το) χρηματοκιβώτιο (chrimatokivótio)
baby monitor	(η) ενδοεπικοινωνία μωρού (endoepikoinonia moroú)

Bathroom

broom	(η) σκούπα (skoúpa)
shower	(το) ντους (ntous)
mirror	(ο) καθρέφτης (kathréftis)
scale	(η) ζυγαριά (zygariá)
bucket	(ο) κουβάς (kouvás)
toilet paper	(το) χαρτί υγείας (chartí ygeías)
basin	(ο) νιπτήρας (niptíras)
towel	(η) πετσέτα (petséta)
tile	(το) πλακάκι (plakáki)
toilet brush	(το) πιγκάλ (pinkál)
soap	(το) σαπούνι (sapoúni)
bath towel	(η) πετσέτα μπάνιου (petséta bániou)
bathtub	(η) μπανιέρα (baniéra)
shower curtain	(η) κουρτίνα μπάνιου (kourtína bániou)
laundry	(τα) άπλυτα (áplyta)
laundry basket	(το) καλάθι άπλυτων (kaláthi áplyton)
peg	(το) μανταλάκι (mantaláki)

washing powder	(το) απορρυπαντικό (aporrypantikó)

Living room

chair	(η) καρέκλα (karékla)
table	(το) τραπέζι (trapézi)
clock	(το) ρολόι (rolói)
calendar	(το) ημερολόγιο (imerológio)
picture	(η) εικόνα (eikóna)
carpet	(το) χαλί (chalí)
sofa	(ο) καναπές (kanapés)
power outlet	(η) πρίζα (príza)
coffee table	(το) τραπεζάκι σαλονιού (trapezáki saloniú)
houseplant	(το) φυτό σπιτιού (fytó spitiú)
shoe cabinet	(η) παπουτσοθήκη (papoutsothíki)
light switch	(ο) διακόπτης φωτός (diakóptis fotós)
stool	(το) σκαμπό (skampó)
rocking chair	(η) κουνιστή καρέκλα (kounistí karékla)
door handle	(το) χερούλι πόρτας (cheroúli pórtas)
tablecloth	(το) τραπεζομάντηλο (trapezomántilo)
blind	(οι) περσίδες (persídes)
keyhole	(η) κλειδαρότρυπα (kleidarótrypa)
smoke detector	(ο) ανιχνευτής καπνού (anichneftís kapnoú)

Garden

neighbour	(ο) γείτονας (geítonas)
axe	(το) τσεκούρι (tsekoúri)
saw	(το) πριόνι (prióni)
ladder	(η) σκάλα (skála)
fence	(η) περίφραξη (perífraxi)
swimming pool (garden)	(η) πισίνα (pisína)
deck chair	(η) ξαπλώστρα (xaplóstra)
mailbox (for letters)	(το) γραμματοκιβώτιο (grammatokivótio)

pond	(η) λιμνούλα (limnoúla)
shed	(το) υπόστεγο (ypóstego)
flower bed	(το) παρτέρι (partéri)
lawn mower	(η) μηχανή γκαζόν (michaní nkazón)
rake	(η) τσουγκράνα (tsounkrána)
shovel	(το) φτυάρι (ftyári)
water can	(το) ποτιστήρι (potistíri)
wheelbarrow	(η) χειράμαξα (cheirámaxa)
hose	(η) μάνικα (mánika)
pitchfork	(το) δίκρανο (díkrano)
loppers	(το) κλαδευτήρι (kladeftíri)
flower pot	(η) γλάστρα (glástra)
hedge	(ο) φράχτης (fráchtis)
tree house	(το) δεντρόσπιτο (dentróspito)
hoe	(η) τσάπα (tsápa)
chainsaw	(το) αλυσοπρίονο (alysopriono)
kennel	(το) σκυλόσπιτο (skylóspito)
bell	(το) κουδούνι (koudoúni)
greenhouse	(το) θερμοκήπιο (thermokípio)

Food

Dairy Products

egg	(το) αυγό (avgó)
milk	(το) γάλα (gála)
cheese	(το) τυρί (tyrí)
butter	(το) βούτυρο (voútyro)
yoghurt	(το) γιαούρτι (giaoúrti)
ice cream	(το) παγωτό (pagotó)
cream (food)	(η) κρέμα (kréma)
sour cream	(η) κρέμα γάλακτος (kréma gálaktos)
whipped cream	(η) σαντιγί (santigí)
egg white	(το) ασπράδι αυγού (asprádi avgoú)
yolk	(ο) κρόκος αυγού (krókos avgoú)
boiled egg	(το) βραστό αυγό (vrastó avgó)
buttermilk	(το) βουτυρόγαλα (voutyrógala)
feta	(η) φέτα (féta)
mozzarella	(η) μοτσαρέλα (motsaréla)
parmesan	(η) παρμεζάνα (parmezána)
milk powder	(η) σκόνη γάλακτος (skóni gálaktos)

Meat & Fish

meat	(το) κρέας (kréas)
fish (to eat)	(το) ψάρι (psári)
steak	(η) μπριζόλα (brizóla)
sausage	(το) λουκάνικο (loukániko)
bacon	(το) μπέικον (béikon)
ham	(το) ζαμπόν (zampón)
lamb	(το) αρνίσιο (arnísio)
pork	(το) χοιρινό (choirinó)
beef	(το) βοδινό (vodinó)
chicken (meat)	(το) κοτόπουλο (kotópoulo)
turkey	(η) γαλοπούλα (galopoúla)

salami	(το) σαλάμι (salámi)
game	(το) κρέας από κυνήγι (kréas apó kynígi)
veal	(το) μοσχαρίσιο (moscharísio)
fat meat	(το) λιπαρό κρέας (liparó kréas)
lean meat	(το) άπαχο κρέας (ápacho kréas)
minced meat	(ο) κιμάς (kimás)
salmon	(ο) σολομός (solomós)
tuna	(ο) τόνος (tónos)
sardine	(η) σαρδέλα (sardéla)
fishbone	(το) ψαροκόκαλο (psarokókalo)
bone (food)	(το) οστό (ostó)

Vegetables

lettuce	(το) μαρούλι (maroúli)
potato	(η) πατάτα (patáta)
mushroom	(το) μανιτάρι (manitári)
garlic	(το) σκόρδο (skórdo)
cucumber	(το) αγγούρι (angoúri)
onion	(το) κρεμμύδι (kremmýdi)
corn	(το) καλαμπόκι (kalampóki)
pea	(το) μπιζέλι (bizéli)
bean	(το) φασόλι (fasóli)
celery	(το) σέλινο (sélino)
okra	(η) μπάμια (bámia)
bamboo (food)	(το) μπαμπού (bampoú)
Brussels sprouts	(τα) λαχανάκια βρυξελλών (lachanákia vryxellón)
spinach	(το) σπανάκι (spanáki)
turnip cabbage	(το) γογγύλι (gongýli)
broccoli	(το) μπρόκολο (brókolo)
cabbage	(το) λάχανο (láchano)
artichoke	(η) αγκινάρα (ankinára)
cauliflower	(το) κουνουπίδι (kounoupídi)

pepper (vegetable)	(η) πιπεριά (piperiá)
chili	(το) τσίλι (tsíli)
courgette	(το) κολοκύθι (kolokýthi)
radish	(το) ραπανάκι (rapanáki)
carrot	(το) καρότο (karóto)
sweet potato	(η) γλυκοπατάτα (glykopatáta)
aubergine	(η) μελιτζάνα (melitzána)
ginger	(το) τζίντζερ (tzíntzer)
spring onion	(το) φρέσκο κρεμμυδάκι (frésko kremmydáki)
leek	(το) πράσο (práso)
truffle	(η) τρούφα (troúfa)
pumpkin	(η) κολοκύθα (kolokýtha)
lotus root	(η) ρίζα λωτού (ríza lotoú)

Fruits & More

apple	(το) μήλο (mílo)
banana	(η) μπανάνα (banána)
pear	(το) αχλάδι (achládi)
tomato	(η) τομάτα (tomáta)
orange (food)	(το) πορτοκάλι (portokáli)
lemon	(το) λεμόνι (lemóni)
strawberry	(η) φράουλα (fráoula)
pineapple	(ο) ανανάς (ananás)
water melon	(το) καρπούζι (karpoúzi)
grapefruit	(το) γκρέιπφρουτ (nkréipfrout)
lime	(το) λάιμ (láim)
peach	(το) ροδάκινο (rodákino)
apricot	(το) βερίκοκο (veríkoko)
plum	(το) δαμάσκηνο (damáskino)
cherry	(το) κεράσι (kerási)
blackberry	(το) βατόμουρο (vatómouro)
cranberry	(το) κράνμπερι (kránmperi)

blueberry	(το) **μύρτιλο** (mýrtilo)
raspberry	(το) **σμέουρο** (sméouro)
currant	(το) **φραγκοστάφυλο** (frankostáfylo)
sugar melon	(το) **πεπόνι** (pepóni)
grape	(το) **σταφύλι** (stafýli)
avocado	(το) **αβοκάντο** (avokánto)
kiwi	(το) **ακτινίδιο** (aktinídio)
lychee	(το) **λίτσι** (lítsi)
papaya	(η) **παπάγια** (papágia)
mango	(το) **μάνγκο** (mán'nko)
pistachio	(το) **φιστίκι** (fistíki)
cashew	(το) **κάσιους** (kásious)
peanut	(το) **αράπικο φιστίκι** (arápiko fistíki)
hazelnut	(το) **φουντούκι** (fountoúki)
walnut	(το) **καρύδι** (karýdi)
almond	(το) **αμύγδαλο** (amýgdalo)
coconut	(η) **καρύδα** (karýda)
date (food)	(ο) **χουρμάς** (chourmás)
fig	(το) **σύκο** (sýko)
raisin	(η) **σταφίδα** (stafída)
olive	(η) **ελιά** (eliá)
pit	(το) **κουκούτσι** (koukoútsi)
peel	(η) **φλούδα** (floúda)
jackfruit	(το) **τζάκφρουτ** (tzákfrout)

Spices

salt	(το) **αλάτι** (aláti)
pepper (spice)	(το) **πιπέρι** (pipéri)
curry	(το) **κάρι** (kári)
vanilla	(η) **βανίλια** (vanília)
nutmeg	(το) **μοσχοκάρυδο** (moschokárydo)
paprika	(η) **πάπρικα** (páprika)

cinnamon	(η) κανέλα (kanéla)
lemongrass	(το) μελισσόχορτο (melissóchorto)
fennel	(το) μάραθο (máratho)
thyme	(το) θυμάρι (thymári)
mint	(η) μέντα (ménta)
chive	(το) σχοινόπρασο (schoinópraso)
marjoram	(η) μαντζουράνα (mantzouránα)
basil	(ο) βασιλικός (vasilikós)
rosemary	(το) δενδρολίβανο (dendrolívano)
dill	(ο) άνηθος (ánithos)
coriander	(ο) κόλιανδρος (kóliandros)
oregano	(η) ρίγανη (rígani)

Products

flour	(το) αλεύρι (alévri)
sugar	(η) ζάχαρη (záchari)
rice	(το) ρύζι (rýzi)
bread	(το) ψωμί (psomí)
noodle	(το) νουντλ (nountl)
oil	(το) λάδι (ládi)
soy	(η) σόγια (sógia)
wheat	(το) σιτάρι (sitári)
oat	(η) βρώμη (vrómi)
sugar beet	(το) ζαχαρότευτλο (zacharóteftlo)
sugar cane	(το) ζαχαροκάλαμο (zacharokálamo)
rapeseed oil	(το) κραμβέλαιο (kramvélaio)
sunflower oil	(το) ηλιέλαιο (iliélaio)
olive oil	(το) ελαιόλαδο (elaiólado)
peanut oil	(το) φυστικέλαιο (fystikélaio)
soy milk	(το) γάλα σόγιας (gála sógias)
corn oil	(το) καλαμποκέλαιο (kalampokélaio)
vinegar	(το) ξύδι (xýdi)

yeast	(η) μαγιά (magiá)
baking powder	(το) μπέικιν πάουντερ (béikin páounter)
gluten	(η) γλουτένη (glouténi)
tofu	(το) τόφου (tófou)
icing sugar	(η) ζάχαρη άχνη (záchari áchni)
granulated sugar	(η) κρυσταλλική ζάχαρη (krystallikí záchari)
vanilla sugar	(η) ζάχαρη βανίλιας (záchari vanílias)
tobacco	(ο) καπνός (kapnós)

Breakfast

honey	(το) μέλι (méli)
jam	(η) μαρμελάδα (marmeláda)
peanut butter	(το) φυστικοβούτυρο (fystikovoútyro)
nut	(ο) ξηρός καρπός (xirós karpós)
oatmeal	(η) βρώμη (vrómi)
cereal	(τα) δημητριακά (dimitriaká)
maple syrup	(το) σιρόπι σφενδάμου (sirópi sfendámou)
chocolate cream	(η) κρέμα σοκολάτα (kréma sokoláta)
porridge	(ο) χυλός (chylós)
baked beans	(τα) ψημένα φασόλια (psiména fasólia)
scrambled eggs	(η) ομελέτα (omeléta)
muesli	(το) μούσλι (moúsli)
fruit salad	(η) φρουτοσαλάτα (froutosaláta)
dried fruit	(το) αποξηραμένο φρούτο (apoxiraméno froúto)

Sweet Food

cake	(το) κέικ (kéik)
cookie	(το) μπισκότο (biskóto)
muffin	(το) μάφιν (máfin)
biscuit	(το) μπισκότο (biskóto)
chocolate	(η) σοκολάτα (sokoláta)
candy	(η) καραμέλα (karaméla)

doughnut	(το) ντόνατ (ntónat)
brownie	(το) μπράουνι (bráouni)
pudding	(η) πουτίγκα (poutínka)
custard	(η) κρέμα (kréma)
cheesecake	(το) τσίζκεϊκ (tsízkeïk)
crêpe	(η) κρέπα (krépa)
croissant	(το) κρουασάν (krouasán)
pancake	(η) τηγανίτα (tiganíta)
waffle	(η) βάφλα (váfla)
apple pie	(η) μηλόπιτα (milópita)
marshmallow	(το) μαρσμέλοου (marsméloou)
chewing gum	(η) τσίχλα (tsíchla)
fruit gum	(η) τσίχλα φρούτων (tsíchla froúton)
liquorice	(η) γλυκόριζα (glykóriza)
caramel	(η) καραμέλα (karaméla)
candy floss	(το) μαλλί της γριάς (mallí tis griás)
nougat	(το) μαντολάτο (mantoláto)

Drinks

water	(το) νερό (neró)
tea	(το) τσάι (tsái)
coffee	(ο) καφές (kafés)
coke	(η) κόκα κόλα (kóka kóla)
milkshake	(το) μιλκσέικ (milkséik)
orange juice	(η) πορτοκαλάδα (portokaláda)
soda	(η) σόδα (sóda)
tap water	(το) νερό της βρύσης (neró tis vrýsis)
black tea	(το) μαύρο τσάι (mávro tsái)
green tea	(το) πράσινο τσάι (prásino tsái)
milk tea	(το) τσάι με γάλα (tsái me gála)
hot chocolate	(η) ζεστή σοκολάτα (zestí sokoláta)
cappuccino	(ο) καπουτσίνο (kapoutsíno)

espresso	(ο) εσπρέσο (espréso)
mocha	(η) μόκα (móka)
iced coffee	(ο) παγωμένος καφές (pagoménos kafés)
lemonade	(η) λεμονάδα (lemonáda)
apple juice	(ο) χυμός μήλου (chymós mílou)
smoothie	(το) σμούθι (smoúthi)
energy drink	(το) ενεργειακό ποτό (energeiakó potó)

Alcohol

wine	(το) κρασί (krasí)
beer	(η) μπύρα (býra)
champagne	(η) σαμπάνια (sampánia)
red wine	(το) κόκκινο κρασί (kókkino krasí)
white wine	(το) λευκό κρασί (lefkó krasí)
gin	(το) τζιν (tzin)
vodka	(η) βότκα (vótka)
whiskey	(το) ουίσκι (ouíski)
rum	(το) ρούμι (roúmi)
brandy	(το) μπράντι (bránti)
cider	(ο) μηλίτης (milítis)
tequila	(η) τεκίλα (tekíla)
cocktail	(το) κοκτέιλ (koktéil)
martini	(το) μαρτίνι (martíni)
liqueur	(το) λικέρ (likér)
sake	(το) σάκε (sáke)
sparkling wine	(ο) αφρώδης οίνος (afródis oínos)

Meals

soup	(η) σούπα (soúpa)
salad	(η) σαλάτα (saláta)
dessert	(το) επιδόρπιο (epidórpio)
starter	(το) ορεκτικό (orektikó)

side dish	(το) συνοδευτικό (synodeftikó)
snack	(το) σνακ (snak)
breakfast	(το) πρωινό (proinó)
lunch	(το) μεσημεριανό (mesimerianó)
dinner	(το) δείπνο (deípno)
picnic	(το) πικνίκ (pikník)
seafood	(τα) θαλασσινά (thalassiná)
street food	(το) φαγητό του δρόμου (fagitó tou drómou)
menu	(το) μενού (menoú)
tip	(το) φιλοδώρημα (filodórima)
buffet	(ο) μπουφές (boufés)

Western Food

pizza	(η) πίτσα (pítsa)
spaghetti	(τα) μακαρόνια (makarónia)
potato salad	(η) πατατοσαλάτα (patatosaláta)
mustard	(η) μουστάρδα (moustárda)
barbecue	(το) μπάρμπεκιου (bármpekiou)
steak	(η) μπριζόλα (brizóla)
roast chicken	(το) ψητό κοτόπουλο (psitó kotópoulo)
pie	(η) πίτα (píta)
meatball	(ο) κεφτές (keftés)
lasagne	(τα) λαζάνια (lazánia)
fried sausage	(το) τηγανητό λουκάνικο (tiganitó loukániko)
skewer	(το) σουβλάκι (souvláki)
goulash	(το) γκούλας (nkoúlas)
roast pork	(το) ψητό χοιρινό (psitó choirinó)
mashed potatoes	(ο) πουρές πατάτας (pourés patátas)

Asian Food

sushi	(το) σούσι (soúsi)
spring roll	(το) σπρινγκ ρολ (sprin'nk rol)

instant noodles	(τα) στιγμιαία νουντλς (stigmiaía nountls)
fried noodles	(τα) τηγανητά νούντλς (tiganitá noúntls)
fried rice	(το) τηγανητό ρύζι (tiganitó rýzi)
ramen	(το) ράμεν (rámen)
dumpling	(το) ντάμπλινγκ (ntámplin'nk)
dim sum	(το) ντίμ σάμ (ntim sám)
hot pot	(το) φοντύ (fontý)
Beijing duck	(η) πάπια Πεκίνου (pápia Pekínou)

Fast Food

burger	(το) μπέργκερ (bérnker)
French fries	(οι) τηγανητές πατάτες (tiganités patátes)
chips	(τα) πατατάκια (patatákia)
tomato sauce	(η) σάλτσα ντομάτας (sáltsa ntomátas)
mayonnaise	(η) μαγιονέζα (magionéza)
popcorn	(τα) ποπκόρν (popkórn)
hamburger	(το) χάμπουργκερ (chámpournker)
cheeseburger	(το) τσίζμπεργκερ (tsízmpernker)
hot dog	(το) χοτ ντογκ (chot ntonk)
sandwich	(το) σάντουιτς (sántouits)
chicken nugget	(η) κοτομπουκιά (kotompoukiá)
fish and chips	(το) ψάρι και πατάτες (psári kai patátes)
kebab	(το) κεμπάπ (kempáp)
chicken wings	(οι) φτερούγες κοτόπουλου (fteroúges kotópoulou)
onion ring	(το) δαχτυλίδι κρεμμυδιού (dachtylídi kremmydioú)
potato wedges	(οι) κυδωνάτες πατάτες (kydonátes patátes)
nachos	(τα) νάτσος (nátsos)

Life
Holiday

luggage	(οι) αποσκευές (aposkevés)
hotel	(το) ξενοδοχείο (xenodocheío)
passport	(το) διαβατήριο (diavatírio)
tent	(η) σκηνή (skiní)
sleeping bag	(ο) υπνόσακος (ypnósakos)
backpack	(το) σακίδιο (sakídio)
room key	(το) κλειδί δωματίου (kleidí domatíou)
guest	(ο) επισκέπτης (episképtis)
lobby	(η) αίθουσα αναμονής (aíthousa anamonís)
room number	(ο) αριθμός δωματίου (arithmós domatíou)
single room	(το) μονόκλινο δωμάτιο (monóklino domátio)
double room	(το) δίκλινο δωμάτιο (díklino domátio)
dorm room	(το) δωμάτιο κοιτώνα (domátio koitóna)
room service	(η) υπηρεσία δωματίου (ypiresía domatíou)
minibar	(το) μίνι μπαρ (míni bar)
reservation	(η) κράτηση (krátisi)
membership	(η) ιδιότητα μέλους (idiótita mélous)
beach	(η) παραλία (paralía)
parasol	(η) ομπρέλα (ompréla)
camping	(η) κατασκήνωση (kataskínosi)
camping site	(ο) χώρος κατασκήνωσης (chóros kataskínosis)
campfire	(η) υπαίθρια φωτιά (ypaíthria fotiá)
air mattress	(το) στρώμα αέρος (stróma aéros)
postcard	(η) καρτ ποστάλ (kart postál)
diary	(το) ημερολόγιο (imerológio)
visa	(η) βίζα (víza)
hostel	(ο) ξενώνας (xenónas)
booking	(η) κράτηση (krátisi)
member	(το) μέλος (mélos)

Time

second (time)	(το) δευτερόλεπτο (defterólepto)
minute	(το) λεπτό (leptó)
hour	(η) ώρα (óra)
morning (6:00-9:00)	(το) πρωί (proí)
noon	(το) μεσημέρι (mesiméri)
evening	νωρίς το βράδυ (noris to vrády)
morning (9:00-11:00)	(το) πρωί (proi)
afternoon	(το) απόγευμα (apógevma)
night	(η) νύχτα (nýchta)
1:00	μία η ώρα (mía i óra)
2:05	δύο και πέντε (dýo kai pénte)
3:10	τρεις και δέκα (treis kai déka)
4:15	τέσσερις και τέταρτο (tésseris kai tétarto)
5:20	πέντε και είκοσι (pénte kai eíkosi)
6:25	έξι και είκοσι πέντε (éxi kai eíkosi pénte)
7:30	επτά και μισή (eptá kai misí)
8:35	οκτώ και τριάντα πέντε (októ kai triánta pénte)
9:40	δέκα παρά είκοσι (déka pará eíkosi)
10:45	έντεκα παρά τέταρτο (énteka pará tétarto)
11:50	δώδεκα παρά δέκα (dódeka pará déka)
12:55	μία παρά πέντε (mía pará pénte)
one o'clock in the morning	μία το πρωί (mía to proi)
two o'clock in the afternoon	δύο το απόγευμα (dýo to apógevma)
half an hour	(η) μισή ώρα (misí óra)
quarter of an hour	(το) τέταρτο της ώρας (tétarto tis óras)
three quarters of an hour	(τα) τρία τέταρτα της ώρας (tría tétarta tis óras)
midnight	(τα) μεσάνυχτα (mesánychta)
now	τώρα (tóra)

Date

the day before yesterday	προχθές (prochthés)

yesterday	εχθές (echthés)
today	σήμερα (símera)
tomorrow	αύριο (ávrio)
the day after tomorrow	μεθαύριο (methávrio)
spring	(η) άνοιξη (ánoixi)
summer	(το) καλοκαίρι (kalokaíri)
autumn	(το) φθινόπωρο (fthinóporo)
winter	(ο) χειμώνας (cheimónas)
Monday	(η) Δευτέρα (Deftéra)
Tuesday	(η) Τρίτη (Tríti)
Wednesday	(η) Τετάρτη (Tetárti)
Thursday	(η) Πέμπτη (Pémpti)
Friday	(η) Παρασκευή (Paraskeví)
Saturday	(το) Σάββατο (Sávvato)
Sunday	(η) Κυριακή (Kyriakí)
day	(η) ημέρα (iméra)
week	(η) εβδομάδα (evdomáda)
month	(ο) μήνας (mínas)
year	(το) έτος (étos)
January	(ο) Ιανουάριος (Ianouários)
February	(ο) Φεβρουάριος (Fevrouários)
March	(ο) Μάρτιος (Mártios)
April	(ο) Απρίλιος (Aprílios)
May	(ο) Μάιος (Máios)
June	(ο) Ιούνιος (Ioúnios)
July	(ο) Ιούλιος (Ioúlios)
August	(ο) Αύγουστος (Ávgoustos)
September	(ο) Σεπτέμβριος (Septémvrios)
October	(ο) Οκτώβριος (Októvrios)
November	(ο) Νοέμβριος (Noémvrios)
December	(ο) Δεκέμβριος (Dekémvrios)
century	(ο) αιώνας (aiónas)

decade	(η) δεκαετία (dekaetía)
millennium	(η) χιλιετία (chilietía)
2014-01-01	πρώτη Ιανουαρίου δύο χιλιάδες δεκατέσσερα (próti Ianouaríou dýo chiliádes dekatéssera)
2015-04-03	τρίτη Απριλίου δύο χιλιάδες δεκαπέντε (tríti Aprilíou dýo chiliádes dekapénte)
2016-05-17	δεκαεπτά Μαΐου δύο χιλιάδες δέκα έξι (dekaeptá Maḯou dýo chiliádes déka éxi)
1988-04-12	δώδεκα Απριλίου χίλια εννιακόσια ογδόντα οκτώ (dódeka Aprilíou chília enniakósia ogdónta októ)
1899-10-13	δεκατρείς Οκτώβρίου χίλια οκτακόσια ενενήντα εννέα (dekatreís Októvríou chília oktakósia enenínta ennéa)
2000-12-12	δώδεκα Δεκεμβρίου δύο χιλιάδες (dódeka Dekemvríou dýo chiliádes)
1900-11-11	έντεκα Νοεμβρίου χίλια εννιακόσια (énteka Noemvriou chília enniakósia)
2010-07-14	δεκατέσσερις Ιουλίου δύο χιλιάδες δέκα (dekatésseris Ioulíou dýo chiliádes déka)
1907-09-30	τριάντα Σεπτεμβρίου χίλια εννιακόσια επτά (triánta Septemvríou chília enniakósia eptá)
2003-02-25	είκοσι πέντε Φεβρουαρίου δύο χιλιάδες τρία (eíkosi pénte Fevrouariou dýo chiliádes tría)
last week	την προηγούμενη εβδομάδα (tin proigoúmeni evdomáda)
this week	αυτή την εβδομάδα (aftí tin evdomáda)
next week	την επόμενη εβδομάδα (tin epómeni evdomáda)
last year	πέρυσι (pérysi)
this year	φέτος (fétos)
next year	του χρόνου (tou chrónou)
last month	τον προηγούμενο μήνα (ton proigoúmeno mina)
this month	αυτό το μηνα (aftó to mina)
next month	τον επόμενο μήνα (ton epómeno mína)
birthday	(τα) γενέθλια (genéthlia)
Christmas	(τα) Χριστούγεννα (Christoúgenna)
New Year	(η) Πρωτοχρονιά (Protochroniá)
Ramadan	(το) Ραμαζάνι (Ramazáni)
Halloween	(το) Χάλοουιν (Chaloouin)

Thanksgiving (η) Ημέρα των ευχαριστιών (Iméra ton efcharistión)

Easter (το) Πάσχα (Páscha)

Relatives

daughter	(η) κόρη (kóri)
son	(ο) γιός (giós)
mother	(η) μητέρα (mitéra)
father	(ο) πατέρας (patéras)
wife	(η) σύζυγος (sýzygos)
husband	(ο) σύζυγος (sýzygos)
grandfather (paternal)	(ο) παππούς (pappoús)
grandfather (maternal)	(ο) παππούς (pappoús)
grandmother (paternal)	(η) γιαγιά (giagiá)
grandmother (maternal)	(η) γιαγιά (giagiá)
aunt	(η) θεία (theía)
uncle	(ο) θείος (theíos)
cousin (male)	(ο) ξάδερφος (xáderfos)
cousin (female)	(η) ξαδέρφη (xadérfi)
big brother	(ο) μεγάλος αδερφός (megálos aderfós)
little brother	(ο) μικρός αδερφός (mikrós aderfós)
big sister	(η) μεγάλη αδερφή (megáli aderfí)
little sister	(η) μικρή αδερφή (mikrí aderfí)
niece	(η) ανιψιά (anipsiá)
nephew	(ο) ανιψιός (anipsiós)
daughter-in-law	(η) νύφη (nýfi)
son-in-law	(ο) γαμπρός (gamprós)
grandson	(ο) εγγονός (engonós)
granddaughter	(η) εγγονή (engoní)
brother-in-law	(ο) κουνιάδος (kouniádos)
sister-in-law	(η) κουνιάδα (kouniáda)
father-in-law	(ο) πεθερός (petherós)
mother-in-law	(η) πεθερά (petherá)

parents	(οι) γονείς (goneís)
parents-in-law	(τα) πεθερικά (petheriká)
siblings	(τα) αδέρφια (adérfia)
grandchild	(το) εγγόνι (engóni)
stepfather	(ο) πατριός (patriós)
stepmother	(η) μητριά (mitriá)
stepdaughter	(η) θετή κόρη (thetí kóri)
stepson	(ο) θετός γιός (thetós giós)
dad	(ο) μπαμπάς (bampás)
mum	(η) μαμά (mamá)

Life

man	(ο) άνδρας (ándras)
woman	(η) γυναίκα (gynaíka)
child	(το) παιδί (paidí)
boy	(το) αγόρι (agóri)
girl	(το) κορίτσι (korítsi)
baby	(το) μωρό (moró)
love	(η) αγάπη (agápi)
job	(η) δουλειά (douleiá)
death	(ο) θάνατος (thánatos)
birth	(η) γέννηση (génnisi)
infant	(το) βρέφος (vréfos)
birth certificate	(το) πιστοποιητικό γέννησης (pistopoiitikó génnisis)
nursery	(ο) βρεφονηπιακός σταθμός (vrefonipiakós stathmós)
kindergarten	(το) νηπιαγωγείο (nipiagogeío)
primary school	(το) δημοτικό σχολείο (dimotikó scholeío)
twins	(τα) δίδυμα (dídyma)
triplets	(τα) τρίδυμα (trídyma)
junior school	(το) δημοτικό σχολείο (dimotikó scholeío)
high school	(το) λύκειο (lýkeio)
friend	(ο) φίλος (fílos)

girlfriend	(η) φίλη (fíli)
boyfriend	(ο) φίλος (fílos)
university	(το) πανεπιστήμιο (panepistímio)
vocational training	(η) επαγγελματική κατάρτιση (epangelmatiki katártisi)
graduation	(η) αποφοίτηση (apofoítisi)
engagement	(ο) αρραβώνας (arravónas)
fiancé	(ο) αρραβωνιαστικός (arravoniastikós)
fiancée	(η) αρραβωνιαστικιά (arravoniastikiá)
lovesickness	(ο) ερωτικός καημός (erotikós kaimós)
sex	(το) σεξ (sex)
engagement ring	(το) δαχτυλίδι αρραβώνων (dachtylídi arravónon)
kiss	(το) φιλί (filí)
wedding	(ο) γάμος (gámos)
divorce	(το) διαζύγιο (diazýgio)
groom	(ο) γαμπρός (gamprós)
bride	(η) νύφη (nýfi)
wedding dress	(το) νυφικό (nyfikó)
wedding ring	(η) βέρα (véra)
wedding cake	(η) γαμήλια τούρτα (gamília toúrta)
honeymoon	(ο) μήνας του μέλιτος (mínas tou mélitos)
funeral	(η) κηδεία (kideía)
retirement	(η) συνταξιοδότηση (syntaxiodótisi)
coffin	(το) φέρετρο (féretro)
corpse	(το) πτώμα (ptóma)
urn	(η) τεφροδόχος (tefrodóchos)
grave	(ο) τάφος (táfos)
widow	(η) χήρα (chíra)
widower	(ο) χήρος (chíros)
orphan	(το) ορφανό (orfanó)
testament	(η) διαθήκη (diathíki)
heir	(ο/η) κληρονόμος (klironómos)
heritage	(η) κληρονομιά (klironomiá)

gender	(το) **φύλο** (fýlo)
cemetery	(το) **νεκροταφείο** (nekrotafeio)

Transport
Car

tyre	(το) λάστιχο (lásticho)
steering wheel	(το) τιμόνι (timóni)
throttle	(το) γκάζι (nkázi)
brake	(το) φρένο (fréno)
clutch	(ο) συμπλέκτης (sympléktis)
horn	(η) κόρνα (kórna)
windscreen wiper	(ο) υαλοκαθαριστήρας (yalokatharistíras)
battery	(η) μπαταρία (bataría)
rear trunk	(το) πορτ-μπαγκάζ (port-bankáz)
wing mirror	(ο) πλαϊνός καθρέπτης (plaïnós kathréptis)
rear mirror	(ο) πίσω καθρέπτης (píso kathréptis)
windscreen	(το) παρμπρίζ (parmpríz)
bonnet	(το) καπό (kapó)
side door	(η) πλαϊνή πόρτα (plaïní pórta)
front light	(το) μπροστινό φως (brostinó fos)
bumper	(ο) προφυλακτήρας (profylaktíras)
seatbelt	(η) ζώνη ασφαλείας (zóni asfaleías)
diesel	(το) ντίζελ (ntízel)
petrol	(η) βενζίνη (venzíni)
back seat	(το) πίσω κάθισμα (píso káthisma)
front seat	(το) μπροστινό κάθισμα (brostinó káthisma)
gear shift	(ο) μοχλός ταχυτήτων (mochlós tachytíton)
automatic	(το) αυτόματο (aftómato)
dashboard	(το) ταμπλό (tampló)
airbag	(ο) αερόσακος (aerósakos)
GPS	(το) GPS (GPS)
speedometer	(το) ταχύμετρο (tachýmetro)
gear lever	(ο) μοχλός ταχυτήτων (mochlós tachytíton)
motor	(η) μηχανή (michaní)

exhaust pipe	(η) εξάτμιση (exátmisi)
hand brake	(το) χειρόφρενο (cheirófreno)
shock absorber	(το) αμορτισέρ (amortisér)
rear light	(το) πίσω φως (píso fos)
brake light	(το) φως φρένων (fos frénon)

Bus & Train

train	(το) τρένο (tréno)
bus	(το) λεωφορείο (leoforeío)
tram	(το) τραμ (tram)
subway	(το) μετρό (metró)
bus stop	(η) στάση λεωφορείου (stási leoforeíou)
train station	(ο) σιδηροδρομικός σταθμός (sidirodromikós stathmós)
timetable	(το) χρονοδιάγραμμα (chronodiágramma)
fare	(ο) ναύλος (návlos)
minibus	(το) μίνι λεωφορείο (míni leoforeío)
school bus	(το) σχολικό λεωφορείο (scholikó leoforeío)
platform	(η) αποβάθρα (apováthra)
locomotive	(η) μηχανή τρένου (michani trénou)
steam train	(το) τρένο ατμού (tréno atmoú)
high-speed train	(το) τρένο υψηλής ταχύτητας (tréno ypsilis tachýtitas)
monorail	(ο) μονόγραμμος (monógrammos)
freight train	(το) εμπορικό τρένο (emporikó tréno)
ticket office	(το) εκδοτήριο εισιτηρίων (ekdotírio eisitirion)
ticket vending machine	(ο) αυτόματος πωλητής εισιτηρίων (aftómatos politis eisitirion)
railtrack	(οι) γραμμές τρένου (grammés trénou)

Plane

airport	(το) αεροδρόμιο (aerodrómio)
emergency exit (on plane)	(η) έξοδος κινδύνου (éxodos kindýnou)
helicopter	(το) ελικόπτερο (elikóptero)

wing	(το) φτερό (fteró)
engine	(ο) κινητήρας (kinitíras)
life jacket	(το) σωσίβιο γιλέκο (sosívio giléko)
cockpit	(το) πιλοτήριο (pilotírio)
row	(η) σειρά (seirá)
window (in plane)	(το) παράθυρο (paráthyro)
aisle	(ο) διάδρομος (diádromos)
glider	(το) ανεμόπτερο (anemóptero)
cargo aircraft	(το) φορτηγό αεροσκάφος (fortigó aeroskáfos)
business class	(η) διακεκριμένη θέση (diakekriméni thési)
economy class	(η) οικονομική θέση (oikonomikí thési)
first class	(η) πρώτη θέση (próti thési)
carry-on luggage	(η) χειραποσκευή (cheiraposkeví)
check-in desk	(το) γραφείο check-in (grafeío check-in)
airline	(η) αεροπορική εταιρεία (aeroporikí etaireía)
control tower	(ο) πύργος ελέγχου (pýrgos elénchou)
customs	(το) τελωνείο (teloneío)
arrival	(η) άφιξη (áfixi)
departure	(η) αναχώρηση (anachórisi)
runway	(ο) διάδρομος απογείωσης (diádromos apogeíosis)

Ship

harbour	(το) λιμάνι (limáni)
container	(το) κοντέινερ (kontéiner)
container ship	(το) φορτηγό πλοίο (fortigó ploío)
yacht	(το) γιοτ (giot)
ferry	(το) πορθμείο (porthmeío)
anchor	(η) άγκυρα (ánkyra)
rowing boat	(η) βάρκα κωπηλασίας (várka kopilasías)
rubber boat	(η) φουσκωτή βάρκα (fouskotí várka)
mast	(το) κατάρτι (katárti)
life buoy	(το) σωσίβιο (sosívio)

sail	(το) ιστίο (istío)
radar	(το) ραντάρ (rantár)
deck	(το) κατάστρωμα (katástroma)
lifeboat	(η) σωσίβια λέμβος (sosívia lémvos)
bridge	(η) γέφυρα (géfyra)
engine room	(το) μηχανοστάσιο (michanostásio)
cabin	(η) καμπίνα (kampína)
sailing boat	(το) ιστιοφόρο (istiofóro)
submarine	(το) υποβρύχιο (ypovrýchio)
aircraft carrier	(το) αεροπλανοφόρο (aeroplanofóro)
cruise ship	(το) κρουαζιερόπλοιο (krouazieróploio)
fishing boat	(η) ψαρόβαρκα (psaróvarka)
pier	(η) αποβάθρα (apováthra)
lighthouse	(ο) φάρος (fáros)
canoe	(το) κανό (kanó)

Infrastructure

road	(ο) δρόμος (drómos)
motorway	(ο) αυτοκινητόδρομος (aftokinitódromos)
petrol station	(το) βενζινάδικο (venzinádiko)
traffic light	(το) φανάρι (fanári)
construction site	(το) εργοτάξιο (ergotáxio)
car park	(ο) χώρος στάθμευσης (chóros státhmefsis)
traffic jam	(το) μποτιλιάρισμα (botiliárisma)
intersection	(η) διασταύρωση (diastávrosi)
toll	(τα) διόδια (diódia)
overpass	(η) πεζογέφυρα (pezogéfyra)
underpass	(η) υπόγεια διάβαση (ypógeia diávasi)
one-way street	(ο) μονόδρομος (monódromos)
pedestrian crossing	(η) διάβαση πεζών (diávasi pezón)
speed limit	(το) όριο ταχύτητας (ório tachýtitas)
roundabout	(ο) κυκλικός κόμβος (kyklikós kómvos)

parking meter	(το) παρκόμετρο (parkómetro)
car wash	(το) πλυντήριο αυτοκινήτων (plyntírio aftokiníton)
pavement	(το) πεζοδρόμιο (pezodrómio)
rush hour	(η) ώρα αιχμής (óra aichmís)
street light	(ο) οδικός φωτισμός (odikós fotismós)

Others

car	(το) αυτοκίνητο (aftokínito)
ship	(το) πλοίο (ploío)
plane	(το) αεροπλάνο (aeropláno)
bicycle	(το) ποδήλατο (podílato)
taxi	(το) ταξί (taxí)
lorry	(το) φορτηγό (fortigó)
snowmobile	(το) μηχανοκίνητο έλκηθρο (michanokínito élkithro)
cable car	(το) τελεφερίκ (teleferík)
classic car	(το) κλασικό αυτοκίνητο (klasikó aftokínito)
limousine	(η) λιμουζίνα (limouzína)
motorcycle	(η) μοτοσυκλέτα (motosykléta)
motor scooter	(το) σκούτερ (skoúter)
tandem	(το) διπλό ποδήλατο (dipló podílato)
racing bicycle	(το) αγωνιστικό ποδήλατο (agonistikó podílato)
hot-air balloon	(το) αερόστατο (aeróstato)
caravan	(το) τροχόσπιτο (trochóspito)
trailer	(το) τρέιλερ (tréiler)
child seat	(το) παιδικό κάθισμα (paidikó káthisma)
antifreeze fluid	(το) αντιψυκτικό υγρό (antipsyktikó ygró)
jack	(ο) γρύλος (grýlos)
chain	(η) αλυσίδα (alysída)
air pump	(η) τρόμπα (trómpa)
tractor	(το) τρακτέρ (traktér)
combine harvester	(η) θεριζοαλωνιστική μηχανή (therizoalonistikí michaní)
excavator	(ο) εκσκαφέας (ekskaféas)

road roller	(ο) **οδοστρωτήρας** (odostrotíras)
crane truck	(το) **φορτηγό με γερανό** (fortigó me geranó)
tank	(το) **άρμα μάχης** (árma máchis)
concrete mixer	(η) **μπετονιέρα** (betoniéra)
forklift truck	(το) **περονοφόρο όχημα** (peronofóro óchima)

Culture

Cinema & TV

TV	(η) τηλεόραση (tileórasi)
cinema	(ο) κινηματογράφος (kinimatográfos)
ticket	(το) εισιτήριο (eisitírio)
comedy	(η) κωμωδία (komodía)
thriller	(το) θρίλερ (thríler)
horror movie	(η) ταινία τρόμου (tainía trómou)
western film	(η) ταινία γουέστερν (tainía gouéstern)
science fiction	(η) επιστημονική φαντασία (epistimonikí fantasía)
cartoon	(το) καρτούν (kartoún)
screen (cinema)	(η) οθόνη (othóni)
seat	(η) θέση (thési)
news	(τα) νέα (néa)
channel	(το) κανάλι (kanáli)
TV series	(η) σειρά (seirá)

Instruments

violin	(το) βιολί (violí)
keyboard (music)	(τα) πλήκτρα (plíktra)
piano	(το) πιάνο (piáno)
trumpet	(η) τρομπέτα (trompéta)
guitar	(η) κιθάρα (kithára)
flute	(το) φλάουτο (fláouto)
harp	(η) άρπα (árpa)
double bass	(το) κοντραμπάσο (kontrampáso)
viola	(η) βιόλα (vióla)
cello	(το) τσέλο (tsélo)
oboe	(το) όμποε (ómpoe)
saxophone	(το) σαξόφωνο (saxófono)
bassoon	(το) φαγκότο (fankóto)
clarinet	(το) κλαρινέτο (klarinéto)

tambourine	(το) ντέφι (ntéfi)
cymbals	(τα) κύμβαλα (kýmvala)
snare drum	(το) ταμπούρο (tampoúro)
kettledrum	(το) τύμπανο (týmpano)
triangle	(το) τρίγωνο (trígono)
trombone	(το) τρομπόνι (trompóni)
French horn	(η) γαλλική κόρνα (gallikí kórna)
tuba	(η) τούμπα (toúmpa)
bass guitar	(το) μπάσο (báso)
electric guitar	(η) ηλεκτρική κιθάρα (ilektrikí kithára)
drums	(τα) ντραμς (ntrams)
organ	(το) εκκλησιαστικό όργανο (ekklisiastikó órgano)
xylophone	(το) ξυλόφωνο (xylófono)
accordion	(το) ακορντεόν (akorenteón)
ukulele	(το) ουκουλέλε (oukoulélé)
harmonica	(η) φυσαρμόνικα (fysarmónika)

Music

opera	(η) όπερα (ópera)
orchestra	(η) ορχήστρα (orchístra)
concert	(η) συναυλία (synavlía)
classical music	(η) κλασσική μουσική (klassikí mousikí)
pop	(η) ποπ (pop)
jazz	(η) τζαζ (tzaz)
blues	(το) μπλουζ (blouz)
punk	(το) πανκ (pan'k)
rock (music)	(το) ροκ (rok)
folk music	(η) παραδοσιακή μουσική (paradosiakí mousikí)
heavy metal	(το) χέβι μετάλ (chévi metál)
rap	(η) ραπ (rap)
reggae	(η) ρέγκε (rénke)
lyrics	(οι) στίχοι (stíchoi)

melody	(η) μελωδία (melodía)
note (music)	(η) νότα (nóta)
clef	(το) μουσικό κλειδί (mousikó kleidí)
symphony	(η) συμφωνία (symfonía)

Arts

theatre	(το) θέατρο (théatro)
stage	(η) σκηνή (skiní)
audience	(το) κοινό (koinó)
painting	(η) ζωγραφική (zografikí)
drawing	(το) σχέδιο (schédio)
palette	(η) παλέτα (paléta)
brush (to paint)	(το) πινέλο (pinélo)
oil paint	(η) λαδομπογιά (ladompogiá)
origami	(το) οριγκάμι (orinkámi)
pottery	(η) αγγειοπλαστική (angeioplastikí)
woodwork	(η) ξυλουργική (xylourgikí)
sculpting	(η) γλυπτική (glyptikí)
cast	(το) καστ (kast)
play	(η) παράσταση (parástasi)
script	(το) σενάριο (senário)
portrait	(το) πορτραίτο (portraíto)

Dancing

ballet	(το) μπαλέτο (baléto)
Viennese waltz	(το) Βιεννέζικο βαλς (Viennéziko vals)
tango	(το) ταγκό (tankó)
Ballroom dance	(ο) μπολρουμ χορός (bolroum chorós)
Latin dance	(ο) Λάτιν χορός (Látin chorós)
rock 'n' roll	(το) ροκ εντ ρολ (rok ent rol)
waltz	(το) βαλς (vals)
quickstep	(το) φόξτροτ (fóxtrot)

cha-cha	(το) τσα-τσα (tsa-tsa)
jive	(το) τζάιβ (tzáiv)
salsa	(η) σάλσα (sálsa)
samba	(η) σάμπα (sámpa)
rumba	(η) ρούμπα (roúmpa)

Writing

newspaper	(η) εφημερίδα (efimerída)
magazine	(το) περιοδικό (periodikó)
advertisement	(η) διαφήμιση (diafímisi)
letter (like a, b, c)	(το) γράμμα (grámma)
character	(ο) χαρακτήρας (charaktíras)
text	(το) κείμενο (keímeno)
flyer	(το) φυλλάδιο (fylládio)
leaflet	(το) φυλλάδιο (fylládio)
comic book	(το) βιβλίο κόμικ (vivlío kómik)
article	(το) άρθρο (árthro)
photo album	(το) άλμπουμ φωτογραφιών (álmpoum fotografión)
newsletter	(το) ενημερωτικό δελτίο (enimerotikó deltío)
joke	(το) αστείο (asteío)
Sudoku	(το) σουντόκου (sountókou)
crosswords	(τα) σταυρόλεξα (stavrólexa)
caricature	(η) καρικατούρα (karikatoúra)
table of contents	(ο) πίνακας περιεχομένων (pínakas periechoménon)
preface	(ο) πρόλογος (prólogos)
content	(το) περιεχόμενο (periechómeno)
heading	(η) επικεφαλίδα (epikefalída)
publisher	(ο) εκδότης (ekdótis)
novel	(το) μυθιστόρημα (mythistórima)
textbook	(το) εγχειρίδιο (encheirídio)
alphabet	(το) αλφάβητο (alfávito)

School

Basics

book	(το) βιβλίο (vivlío)
dictionary	(το) λεξικό (lexikó)
library	(η) βιβλιοθήκη (vivliothíki)
exam	(οι) εξετάσεις (exetáseis)
blackboard	(ο) μαυροπίνακας (mavropínakas)
desk	(το) γραφείο (grafeío)
chalk	(η) κιμωλία (kimolía)
schoolyard	(η) σχολική αυλή (scholikí avlí)
school uniform	(η) σχολική στολή (scholikí stolí)
schoolbag	(η) σχολική τσάντα (scholikí tsánta)
notebook	(το) σημειωματάριο (simeiomatário)
lesson	(το) μάθημα (máthima)
homework	(η) εργασία για το σπίτι (ergasía gia to spíti)
essay	(η) έκθεση (ékthesi)
term	(το) εξάμηνο (exámino)
sports ground	(ο) αθλητικός χώρος (athlitikós chóros)
reading room	(το) αναγνωστήριο (anagnostírio)

Subjects

history	(η) ιστορία (istoría)
science	(η) επιστήμη (epistími)
physics	(η) φυσική (fysikí)
chemistry	(η) χημεία (chimeía)
art	(η) τέχνη (téchni)
English	(τα) Αγγλικά (Angliká)
Latin	(τα) λατινικά (latiniká)
Spanish	(τα) Ισπανικά (Ispaniká)
Mandarin	(τα) Κινέζικα (Kinézika)
Japanese	(τα) Ιαπωνικά (Iaponiká)
French	(τα) Γαλλικά (Galliká)

German	(τα) Γερμανικά (Germaniká)
Arabic	(τα) Αραβικά (Araviká)
literature	(η) λογοτεχνία (logotechnía)
geography	(η) γεωγραφία (geografía)
mathematics	(τα) μαθηματικά (mathimatiká)
biology	(η) βιολογία (viología)
physical education	(η) γυμναστική (gymnastikí)
economics	(τα) οικονομικά (oikonomiká)
philosophy	(η) φιλοσοφία (filosofía)
politics	(η) πολιτική (politikí)
geometry	(η) γεωμετρία (geometría)

Stationery

pen	(το) στυλό (styló)
pencil	(το) μολύβι (molývi)
rubber	(η) σβήστρα (svístra)
scissors	(το) ψαλίδι (psalídi)
ruler	(ο) χάρακας (chárakas)
hole puncher	(ο) διακορευτής (diakoreftís)
paperclip	(ο) συνδετήρας (syndetíras)
ball pen	(το) στυλό διάρκειας (styló diárkeias)
glue	(η) κόλλα (kólla)
adhesive tape	(η) κολλητική ταινία (kollitikí tainía)
stapler	(το) συρραπτικό (syrraptikó)
oil pastel	(οι) λαδομπογιές (ladompogiés)
ink	(το) μελάνι (meláni)
coloured pencil	(η) ξυλομπογιά (xylompogiá)
pencil sharpener	(η) ξύστρα (xýstra)
pencil case	(η) κασετίνα (kasetína)

Mathematics

result	(το) αποτέλεσμα (apotélesma)

addition	(η) πρόσθεση (prósthesi)
subtraction	(η) αφαίρεση (afaíresi)
multiplication	(ο) πολλαπλασιασμός (pollaplasiasmós)
division	(η) διαίρεση (diaíresi)
fraction	(το) κλάσμα (klásma)
numerator	(ο) αριθμητής (arithmitís)
denominator	(ο) παρονομαστής (paronomastís)
arithmetic	(η) αριθμητική (arithmitikí)
equation	(η) εξίσωση (exísosi)
first	(ο) πρώτος (prótos)
second (2nd)	(ο) δεύτερος (défteros)
third	(ο) τρίτος (trítos)
fourth	(ο) τέταρτος (tétartos)
millimeter	(το) χιλιοστό (chiliostó)
centimeter	(το) εκατοστό (ekatostó)
decimeter	(το) δέκατο (dékato)
yard	(η) γιάρδα (giárda)
meter	(το) μέτρο (métro)
mile	(το) μίλι (míli)
square meter	(το) τετραγωνικό μέτρο (tetragonikó métro)
cubic meter	(το) κυβικό μέτρο (kyvikó métro)
foot	(το) πόδι (pódi)
inch	(η) ίντσα (íntsa)
0%	μηδέν τοις εκατό (midén tois ekató)
100%	εκατό τοις εκατό (ekató tois ekató)
3%	τρία τοις εκατό (tría tois ekató)

Geometry

circle	(ο) κύκλος (kýklos)
square (shape)	(το) τετράγωνο (tetrágono)
triangle	(το) τρίγωνο (trígono)
height	(το) ύψος (ýpsos)

width	(το) πλάτος (plátos)
vector	(το) διάνυσμα (diánysma)
diagonal	(η) διαγώνιος (diagónios)
radius	(η) ακτίνα (aktína)
tangent	(η) εφαπτομένη (efaptoméni)
ellipse	(η) έλλειψη (élleipsi)
rectangle	(το) ορθογώνιο (orthogónio)
rhomboid	(ο) ρομβοειδής (romvoeidís)
octagon	(το) οκτάγωνο (oktágono)
hexagon	(το) εξάγωνο (exágono)
rhombus	(ο) ρόμβος (rómvos)
trapezoid	(το) τραπεζοειδές (trapezoeidés)
cone	(ο) κώνος (kónos)
cylinder	(ο) κύλινδρος (kýlindros)
cube	(ο) κύβος (kývos)
pyramid	(η) πυραμίδα (pyramída)
straight line	(η) ευθεία (eftheía)
right angle	(η) ορθή γωνία (orthí gonía)
angle	(η) γωνία (gonía)
curve	(η) καμπύλη (kampýli)
volume	(ο) όγκος (ónkos)
area	(η) επιφάνεια (epifáneia)
sphere	(η) σφαίρα (sfaíra)

Science

gram	(το) γραμμάριο (grammário)
kilogram	(το) κιλό (kiló)
ton	(ο) τόνος (tónos)
liter	(το) λίτρο (lítro)
volt	(το) βολτ (volt)
watt	(το) βατ (vat)
ampere	(το) αμπέρ (ampér)

laboratory	(το) εργαστήριο (ergastírio)
funnel	(το) χωνί (choní)
Petri dish	(το) τρυβλίο Πέτρι (tryvlío Pétri)
microscope	(το) μικροσκόπιο (mikroskópio)
magnet	(ο) μαγνήτης (magnítis)
pipette	(το) σταγονόμετρο (stagonómetro)
filter	(το) φίλτρο (fíltro)
pound	(η) λίβρα (lívra)
ounce	(η) ουγκιά (ounkiá)
milliliter	(το) χιλιοστόλιτρο (chiliostólitro)
force	(η) δύναμη (dýnami)
gravity	(η) βαρύτητα (varýtita)
theory of relativity	(η) θεωρία της σχετικότητας (theoría tis schetikótitas)

University

lecture	(η) διάλεξη (diálexi)
canteen	(η) καντίνα (kantína)
scholarship	(η) υποτροφία (ypotrofía)
graduation ceremony	(η) τελετή αποφοίτησης (teletí apofoitisis)
lecture theatre	(το) αμφιθέατρο (amfithéatro)
bachelor	(το) πτυχίο (ptychío)
master	(το) μεταπτυχιακό (metaptychiakó)
PhD	(το) διδακτορικό (didaktorikó)
diploma	(το) δίπλωμα (díploma)
degree	(το) πτυχίο (ptychío)
thesis	(η) πτυχιακή εργασία (ptychiakí ergasía)
research	(η) έρευνα (érevna)
business school	(η) σχολή επιχειρήσεων (scholí epicheiríseon)

Characters

full stop	(η) τελεία (teleía)
question mark	(το) ερωτηματικό (erotimatikó)

exclamation mark	(το) θαυμαστικό (thavmastikó)
space	(το) κενό (kenó)
colon	(η) άνω κάτω τελεία (áno káto teleía)
comma	(το) κόμμα (kómma)
hyphen	(η) παύλα (pávla)
underscore	(η) κάτω παύλα (káto pávla)
apostrophe	(η) απόστροφος (apóstrofos)
semicolon	(η) άνω τελεία (áno teleía)
()	(η) παρένθεση (parénthesi)
/	(η) κάθετος (káthetos)
&	και (kai)
...	και τα λοιπά (kai ta loipá)
1 + 2	ένα συν δύο (éna syn dýo)
2 x 3	δύο επί τρία (dýo epí tría)
3 - 2	τρία μείον δύο (tría meíon dýo)
1 + 1 = 2	ένα και ένα κάνει δύο (éna kai éna kánei dýo)
4 / 2	τέσσερα διά δύο (téssera diá dýo)
4^2	τέσσερα στο τετράγωνο (téssera sto tetrágono)
6^3	έξι στον κύβο (éxi ston kývo)
3 to the power of 5	τρία εις την πέμπτη (tría eis tin pémpti)
3.4	τρία κόμμα τέσσερα (tría kómma téssera)
www.pinhok.com	www τελεία pinhok τελεία com (www teleía pinhok teleía com)
contact@pinhok.com	contact παπάκι pinhok τελεία com (contact papáki pinhok teleía com)
x < y	το x είναι μικρότερο από το y (to x eínai mikrótero apó to y)
x > y	το x είναι μεγαλύτερο από το y (to x eínai megalýtero apó to y)
x >= y	το x είναι μεγαλύτερο ή ίσο με το y (to x eínai megalýtero í iso me to y)
x <= y	το x είναι μικρότερο ή ίσο με το y (to x eínai mikrótero í iso me to y)

Nature

Elements

fire (general)	(η) φωτιά (fotiá)
soil	(το) χώμα (chóma)
ash	(η) τέφρα (téfra)
sand	(η) άμμος (ámmos)
coal	(το) κάρβουνο (kárvouno)
diamond	(το) διαμάντι (diamánti)
clay	(ο) πηλός (pilós)
chalk	(η) κιμωλία (kimolía)
limestone	(ο) ασβεστόλιθος (asvestólithos)
granite	(ο) γρανίτης (granítis)
ruby	(το) ρουμπίνι (roumpíni)
opal	(το) οπάλιο (opálio)
jade	(ο) νεφρίτης (nefrítis)
sapphire	(το) ζαφείρι (zafeíri)
quartz	(ο) χαλαζίας (chalazías)
calcite	(ο) ασβεστίτης (asvestítis)
graphite	(ο) γραφίτης (grafítis)
lava	(η) λάβα (láva)
magma	(το) μάγμα (mágma)

Universe

planet	(ο) πλανήτης (planítis)
star	(το) αστέρι (astéri)
sun	(ο) ήλιος (ílios)
earth	(η) γη (gi)
moon	(το) φεγγάρι (fengári)
rocket	(η) ρουκέτα (roukéta)
Mercury	(ο) Ερμής (Ermís)
Venus	(η) Αφροδίτη (Afrodíti)
Mars	(ο) Άρης (Áris)

Jupiter	(ο) Δίας (Días)
Saturn	(ο) Κρόνος (Krónos)
Neptune	(ο) Ποσειδώνας (Poseidónas)
Uranus	(ο) Ουρανός (Ouranós)
Pluto	(ο) Πλούτωνας (Ploútonas)
comet	(ο) κομήτης (komítis)
asteroid	(ο) αστεροειδής (asteroeidís)
galaxy	(ο) γαλαξίας (galaxías)
Milky Way	(ο) Γαλαξίας (Galaxías)
lunar eclipse	(η) έκλειψη σελήνης (ékleipsi selínis)
solar eclipse	(η) ηλιακή έκλειψη (iliakí ékleipsi)
meteorite	(ο) μετεωρίτης (meteorítis)
black hole	(η) μαύρη τρύπα (mávri trýpa)
satellite	(ο) δορυφόρος (doryfóros)
space station	(ο) διαστημικός σταθμός (diastimikós stathmós)
space shuttle	(το) διαστημικό λεωφορείο (diastimikó leoforeío)
telescope	(το) τηλεσκόπιο (tileskópio)

Earth (1)

equator	(ο) ισημερινός (isimerinós)
North Pole	(ο) βόρειος πόλος (vóreios pólos)
South Pole	(ο) νότιος πόλος (nótios pólos)
tropics	(οι) τροπικοί (tropikoí)
northern hemisphere	(το) βόρειο ημισφαίριο (vóreio imisfaírio)
southern hemisphere	(το) νότιο ημισφαίριο (nótio imisfairio)
longitude	(το) γεωγραφικό μήκος (geografikó mikos)
latitude	(το) γεωγραφικό πλάτος (geografikó plátos)
Pacific Ocean	(ο) Ειρηνικός Ωκεανός (Eirinikós Okeanós)
Atlantic Ocean	(ο) Ατλαντικός Ωκεανός (Atlantikós Okeanós)
Mediterranean Sea	(η) Μεσόγειος Θάλασσα (Mesógeios Thálassa)
Black Sea	(η) Μαύρη Θάλασσα (Mávri Thálassa)
Sahara	(η) Σαχάρα (Sachára)

Himalayas	(τα) Ιμαλάια (Imaláia)
Indian Ocean	(ο) Ινδικός Ωκεανός (Indikós Okeanós)
Red Sea	(η) Ερυθρά Θάλασσα (Erythrá Thálassa)
Amazon	(ο) Αμαζόνιος (Amazónios)
Andes	(οι) Άνδεις (Ándeis)
continent	(η) ήπειρος (ípeiros)

Earth (2)

sea	(η) θάλασσα (thálassa)
island	(το) νησί (nisí)
mountain	(το) βουνό (vounó)
river	(το) ποτάμι (potámi)
forest	(το) δάσος (dásos)
desert (dry place)	(η) έρημος (érimos)
lake	(η) λίμνη (límni)
volcano	(το) ηφαίστειο (ifaísteio)
cave	(το) σπήλαιο (spílaio)
pole	(ο) πόλος (pólos)
ocean	(ο) ωκεανός (okeanós)
peninsula	(η) χερσόνησος (chersónisos)
atmosphere	(η) ατμόσφαιρα (atmósfaira)
earth's crust	(ο) φλοιός της γης (floiós tis gis)
earth's core	(ο) πυρήνα της γης (pyrína tis gis)
mountain range	(η) οροσειρά (oroseirá)
crater	(ο) κρατήρας (kratíras)
earthquake	(ο) σεισμός (seismós)
tidal wave	(το) παλιρροϊκό κύμα (palirroïkó kýma)
glacier	(ο) παγετώνας (pagetónas)
valley	(η) κοιλάδα (koiláda)
slope	(η) πλαγιά (plagiá)
shore	(η) ακτή (aktí)
waterfall	(ο) καταρράκτης (katarráktis)

rock (stone)	(o) βράχος (vráchos)
hill	(o) λόφος (lófos)
canyon	(το) φαράγγι (farángi)
marsh	(το) έλος (élos)
rainforest	(το) τροπικό δάσος (tropikó dásos)
stream	(το) ρυάκι (ryáki)
geyser	(o) θερμοπίδακας (thermopídakas)
coast	(η) ακτή (aktí)
cliff	(o) γκρεμός (nkremós)
coral reef	(o) κοραλλιογενής ύφαλος (koralliogenis ýfalos)
aurora	(το) βόρειο σέλας (vóreio sélas)

Weather

rain	(η) βροχή (vrochí)
snow	(το) χιόνι (chióni)
ice	(o) πάγος (págos)
wind	(o) άνεμος (ánemos)
storm	(η) καταιγίδα (kataigída)
cloud	(το) σύννεφο (sýnnefo)
thunderstorm	(η) καταιγίδα (kataígída)
lightning	(η) αστραπή (astrapí)
thunder	(η) βροντή (vrontí)
sunshine	(η) λιακάδα (liakáda)
hurricane	(o) τυφώνας (tyfónas)
typhoon	(o) τυφώνας (tyfónas)
temperature	(η) θερμοκρασία (thermokrasia)
humidity	(η) υγρασία (ygrasía)
air pressure	(η) πίεση αέρα (píesi aéra)
rainbow	(το) ουράνιο τόξο (ouránio tóxo)
fog	(η) ομίχλη (omíchli)
flood	(η) πλημμύρα (plimmýra)
monsoon	(o) μουσώνας (mousónas)

tornado	(ο) ανεμοστρόβιλος (anemostróvilos)
centigrade	(ο) βαθμός κελσίου (vathmós kelsíou)
Fahrenheit	(ο) βαθμός Φαρενάιτ (vathmós Farenáit)
-2 °C	μείον δύο βαθμοί κελσίου (meíon dýo vathmoí kelsíou)
0 °C	μηδέν βαθμοί κελσίου (midén vathmoí kelsíou)
12 °C	δώδεκα βαθμοί κελσίου (dódeka vathmoí kelsíou)
-4 °F	μείον τέσσερις βαθμοί Φαρενάιτ (meíon tésseris vathmoí Farenáit)
0 °F	μηδέν βαθμοί Φαρενάιτ (midén vathmoí Farenáit)
30 °F	τριάντα βαθμοί Φαρενάιτ (triánta vathmoí Farenáit)

Trees

tree	(το) δέντρο (déntro)
trunk	(ο) κορμός (kormós)
root	(η) ρίζα (ríza)
leaf	(το) φύλλο (fýllo)
branch	(το) κλαδί (kladí)
bamboo (plant)	(το) μπαμπού (bampoú)
oak	(η) δρυς (drys)
eucalyptus	(ο) ευκάλυπτος (efkályptos)
pine	(το) πεύκο (péfko)
birch	(η) σημύδα (simýda)
larch	(η) λάριξ (lárix)
beech	(η) οξιά (oxiá)
palm tree	(ο) φοίνικας (foínikas)
maple	(ο) σφένδαμνος (sféndamnos)
willow	(η) ιτιά (itiá)

Plants

flower	(το) λουλούδι (louloúdi)
grass	(το) γρασίδι (grasidi)
cactus	(ο) κάκτος (káktos)
stalk	(το) κοτσάνι (kotsáni)

blossom	(το) άνθος (ánthos)
seed	(ο) σπόρος (spóros)
petal	(το) πέταλο (pétalo)
nectar	(το) νέκταρ (néktar)
sunflower	(ο) ηλίανθος (ilíanthos)
tulip	(η) τουλίπα (toulípa)
rose	(το) τριαντάφυλλο (triantáfyllo)
daffodil	(ο) ασφόδελος (asfódelos)
dandelion	(η) πικραλίδα (pikralída)
buttercup	(το) βατράχιο (vatráchio)
reed	(το) καλάμι (kalámi)
fern	(η) φτέρη (ftéri)
weed	(το) αγριόχορτο (agrióchorto)
bush	(ο) θάμνος (thámnos)
acacia	(η) ακακία (akakía)
daisy	(η) μαργαρίτα (margaríta)
iris	(η) ίρις (iris)
gladiolus	(η) γλαδιόλα (gladióla)
clover	(το) τριφύλλι (trifýlli)
seaweed	(το) φύκι (fýki)

Chemistry

gas	(το) αέριο (aério)
fluid	(το) υγρό (ygró)
solid	(το) στερεό (stereó)
atom	(το) άτομο (átomo)
metal	(το) μέταλλο (métallo)
plastic	(το) πλαστικό (plastikó)
atomic number	(ο) ατομικός αριθμός (atomikós arithmós)
electron	(το) ηλεκτρόνιο (ilektrónio)
neutron	(το) νετρόνιο (netrónio)
proton	(το) πρωτόνιο (protónio)

non-metal	(το) αμέταλλο (amétallo)
metalloid	(το) μεταλλοειδές (metalloeidés)
isotope	(το) ισότοπο (isótopo)
molecule	(το) μόριο (mório)
ion	(το) ιόν (ión)
chemical reaction	(η) χημική αντίδραση (chimikí antídrasi)
chemical compound	(η) χημική ένωση (chimikí énosi)
chemical structure	(η) χημική δομή (chimikí domí)
periodic table	(ο) περιοδικός πίνακας (periodikós pínakas)
carbon dioxide	(το) διοξείδιο του άνθρακα (dioxeídio tou ánthraka)
carbon monoxide	(το) μονοξείδιο του άνθρακα (monoxeídio tou ánthraka)
methane	(το) μεθάνιο (methánio)

Periodic Table (1)

hydrogen	(το) υδρογόνο (ydrogóno)
helium	(το) ήλιο (ílio)
lithium	(το) λίθιο (líthio)
beryllium	(το) βηρύλλιο (virýllio)
boron	(το) βόριο (vório)
carbon	(ο) άνθρακας (ánthrakas)
nitrogen	(το) άζωτο (ázoto)
oxygen	(το) οξυγόνο (oxygóno)
fluorine	(το) φθόριο (fthório)
neon	(το) νέον (néon)
sodium	(το) νάτριο (nátrio)
magnesium	(το) μαγνήσιο (magnísio)
aluminium	(το) αλουμίνιο (aloumínio)
silicon	(το) πυρίτιο (pyrítio)
phosphorus	(ο) φώσφορος (fósforos)
sulphur	(το) θείο (theío)
chlorine	(το) χλώριο (chlório)
argon	(το) αργόν (argón)

potassium	(το) κάλιο (kálio)
calcium	(το) ασβέστιο (asvéstio)
scandium	(το) σκάνδιο (skándio)
titanium	(το) τιτάνιο (titánio)
vanadium	(το) βανάδιο (vanádio)
chromium	(το) χρώμιο (chrómio)
manganese	(το) μαγγάνιο (mangánio)
iron	(ο) σίδηρος (sídiros)
cobalt	(το) κοβάλτιο (kováltio)
nickel	(το) νικέλιο (nikélio)
copper	(ο) χαλκός (chalkós)
zinc	(ο) ψευδάργυρος (psevdárgyros)
gallium	(το) γάλλιο (gállio)
germanium	(το) γερμάνιο (germánio)
arsenic	(το) αρσενικό (arsenikó)
selenium	(το) σελήνιο (selínio)
bromine	(το) βρώμιο (vrómio)
krypton	(το) κρυπτό (kryptó)
rubidium	(το) ρουβίδιο (rouvídio)
strontium	(το) στρόντιο (stróntio)
yttrium	(το) ύττριο (ýttrio)
zirconium	(το) ζιρκόνιο (zirkónio)

Periodic Table (2)

niobium	(το) νιόβιο (nióvio)
molybdenum	(το) μολυβδαίνιο (molyvdainio)
technetium	(το) τεχνήτιο (technítio)
ruthenium	(το) ρουθήνιο (routhínio)
rhodium	(το) ρόδιο (ródio)
palladium	(το) παλλάδιο (palládio)
silver	(το) ασήμι (asími)
cadmium	(το) κάδμιο (kádmio)

indium	(το) ίνδιο (índio)
tin	(ο) κασσίτερος (kassíteros)
antimony	(το) αντιμόνιο (antimónio)
tellurium	(το) τελλούριο (telloúrio)
iodine	(το) ιώδιο (iódio)
xenon	(το) ξένο (xéno)
caesium	(το) καίσιο (kaísio)
barium	(το) βάριο (vário)
lanthanum	(το) λανθάνιο (lanthánio)
cerium	(το) δημήτριο (dimítrio)
praseodymium	(το) πρασεοδύμιο (praseodýmio)
neodymium	(το) νεοδύμιο (neodýmio)
promethium	(το) προμήθειο (promítheio)
samarium	(το) σαμάριο (samário)
europium	(το) ευρώπιο (evrópio)
gadolinium	(το) γαδολίνιο (gadolínio)
terbium	(το) τέρβιο (térvio)
dysprosium	(το) δυσπρόσιο (dysprósio)
holmium	(το) όλμιο (ólmio)
erbium	(το) έρβιο (érvio)
thulium	(το) θούλιο (thoúlio)
ytterbium	(το) υττέρβιο (yttérvio)
lutetium	(το) λουτήτιο (loutítio)
hafnium	(το) άφνιο (áfnio)
tantalum	(το) ταντάλιο (tantálio)
tungsten	(το) βολφράμιο (volfrámio)
rhenium	(το) ρήνιο (rínio)
osmium	(το) όσμιο (ósmio)
iridium	(το) ιρίδιο (irídio)
platinum	(ο) λευκόχρυσος (lefkóchrysos)
gold	(ο) χρυσός (chrysós)
mercury	(ο) υδράργυρος (ydrárgyros)

Periodic Table (3)

thallium	(το) θάλλιο	(thállio)
lead	(ο) μόλυβδος	(mólyvdos)
bismuth	(το) βισμούθιο	(vismoúthio)
polonium	(το) πολώνιο	(polónio)
astatine	(το) αστάτιο	(astátio)
radon	(το) ραδόνιο	(radónio)
francium	(το) φράγκιο	(fránkio)
radium	(το) ράδιο	(rádio)
actinium	(το) ακτίνιο	(aktínio)
thorium	(το) θόριο	(thório)
protactinium	(το) πρωτακτίνιο	(protaktínio)
uranium	(το) ουράνιο	(ouránio)
neptunium	(το) ποσειδώνιο	(poseidónio)
plutonium	(το) πλουτώνιο	(ploutónio)
americium	(το) αμερίκιο	(ameríkio)
curium	(το) κούριο	(koúrio)
berkelium	(το) μπερκέλιο	(berkélio)
californium	(το) καλιφόρνιο	(kalifórnio)
einsteinium	(το) αϊνστάνιο	(aïnstánio)
fermium	(το) φέρμιο	(férmio)
mendelevium	(το) μεντελέβιο	(mentelévio)
nobelium	(το) νομπέλιο	(nompélio)
lawrencium	(το) λωρένσιο	(lorénsio)
rutherfordium	(το) ραδερφόρντιο	(raderfórntio)
dubnium	(το) ντούμπνιο	(ntoúmpnio)
seaborgium	(το) σιμπόργκιο	(simpórnkio)
bohrium	(το) μπόριο	(bório)
hassium	(το) χάσιο	(chásio)
meitnerium	(το) μαϊτνέριο	(maïtnério)
darmstadtium	(το) νταρμστάντιο	(ntarmstántio)
roentgenium	(το) ρεντγκένιο	(rentnkénio)

copernicium	(το) **κοπερνίκιο** (kopernikio)
ununtrium	(το) **νιχόνιο** (nichónio)
flerovium	(το) **φλερόβιο** (fleróvio)
ununpentium	(το) **μοσκόβιο** (moskóvio)
livermorium	(το) **λιβερμόριο** (livermório)
ununseptium	(το) **τενέσιο** (tenésio)
ununoctium	(το) **ογκανέσσιο** (onkanéssio)

Clothes

Shoes

flip-flops	(οι) **σαγιονάρες** (sagionáres)
high heels	(τα) **ψηλοτάκουνα** (psilotákouna)
trainers	(τα) **αθλητικά παπούτσια** (athlitiká papoútsia)
wellington boots	(οι) **γαλότσες** (galótses)
sandals	(τα) **σανδάλια** (sandália)
leather shoes	(τα) **δερμάτινα παπούτσια** (dermátina papoútsia)
heel	(το) **τακούνι** (takoúni)
sole	(η) **σόλα** (sóla)
lace	(το) **κορδόνι** (kordóni)
slippers	(οι) **παντόφλες** (pantófles)
bathroom slippers	(οι) **παντόφλες μπάνιου** (pantófles bániou)
football boots	(τα) **παπούτσια ποδοσφαίρου** (papoútsia podosfaírou)
skates	(τα) **πατίνια** (patínia)
hiking boots	(οι) **ορειβατικές μπότες** (oreivatikés bótes)
ballet shoes	(τα) **παπούτσια μπαλέτου** (papoútsia balétou)
dancing shoes	(τα) **παπούτσια χορού** (papoútsia choroú)

Clothes

T-shirt	(η) **κοντομάνικη μπλούζα** (kontomániki bloúza)
shorts	(το) **σορτς** (sorts)
trousers	(το) **παντελόνι** (pantelóni)
jeans	(το) **τζιν παντελονι** (tzin panteloni)
sweater	(το) **φούτερ** (foúter)
shirt	(το) **πουκάμισο** (poukámiso)
suit	(το) **κοστούμι** (kostoúmi)
dress	(το) **φόρεμα** (fórema)
skirt	(η) **φούστα** (foústa)
coat	(το) **παλτό** (paltó)
anorak	(το) **άνορακ** (ánorak)
jacket	(το) **τζάκετ** (tzáket)

leggings	(το) κολάν (kolán)
sweatpants	(η) φόρμα (fórma)
tracksuit	(η) φόρμα γυμναστικής (fórma gymnastikís)
polo shirt	(η) πόλο μπλούζα (pólo bloúza)
jersey	(η) φανέλα (fanéla)
diaper	(η) πάνα (pána)
wedding dress	(το) νυφικό (nyfikó)
bathrobe	(το) μπουρνούζι (bournoúzi)
cardigan	(η) πλεκτή ζακέτα (plektí zakéta)
blazer	(το) σακάκι (sakáki)
raincoat	(το) αδιάβροχο (adiávrocho)
evening dress	(το) βραδινό φόρεμα (vradinó fórema)
ski suit	(η) στολή σκι (stolí ski)
space suit	(η) στολή αστροναύτη (stolí astronáfti)

Underwear

bra	(το) σουτιέν (soutién)
thong	(το) στρινγκ (strin'nk)
panties	(η) κιλότα (kilóta)
underpants	(το) σώβρακο (sóvrako)
undershirt	(η) φανέλα (fanéla)
sock	(η) κάλτσα (káltsa)
pantyhose	(το) καλσόν (kalsón)
stocking	(η) κάλτσα (káltsa)
thermal underwear	(τα) ισοθερμικά εσώρουχα (isothermiká esóroucha)
pyjamas	(οι) πιζάμες (pizámes)
jogging bra	(το) αθλητικό σουτιέν (athlitikó soutién)
negligee	(το) νεγκλιζέ (nenklizé)
little black dress	(το) μικρό μαύρο φόρεμα (mikró mávro fórema)
nightie	(το) νυχτικό (nychtikó)
lingerie	(τα) εσώρουχα (esóroucha)

Accessory

glasses	(τα) γυαλιά (gyaliá)
sunglasses	(τα) γυαλιά ηλίου (gyaliá ilíou)
umbrella	(η) ομπρέλα (ompréla)
ring	(το) δαχτυλίδι (dachtylidi)
earring	(το) σκουλαρίκι (skoularíki)
wallet	(το) πορτοφόλι (portofóli)
watch	(το) ρολόι (rolói)
belt	(η) ζώνη (zóni)
handbag	(η) τσάντα (tsánta)
glove	(το) γάντι (gánti)
scarf	(το) κασκόλ (kaskól)
hat	(το) καπέλο (kapélo)
necklace	(το) κολιέ (kolié)
purse	(το) τσαντάκι (tsantáki)
knit cap	(το) πλεκτό καπέλο (plektó kapélo)
tie	(η) γραβάτα (graváta)
bow tie	(το) παπιγιόν (papigión)
baseball cap	(το) καπέλο μπέιζμπολ (kapélo béizmpol)
brooch	(η) καρφίτσα (karfítsa)
bracelet	(το) βραχιόλι (vrachióli)
pearl necklace	(το) μαργαριταρένιο περιδέραιο (margaritarénio peridéraio)
briefcase	(ο) χαρτοφύλακας (chartofýlakas)
contact lens	(ο) φακός επαφής (fakós epafís)
sun hat	(το) καπέλο ήλιου (kapélo ilíou)
sleeping mask	(η) μάσκα ύπνου (máska ýpnou)
earplug	(η) ωτοασπίδα (otoaspida)
tattoo	(το) τατουάζ (tatouáz)
bib	(η) σαλιάρα (saliára)
shower cap	(το) σκουφάκι για ντους (skoufáki gia ntous)
medal	(το) μετάλλιο (metállio)

crown	(το) στέμμα (stémma)

Sport

helmet	(το) κράνος (krános)
boxing glove	(το) γάντι πυγμαχίας (gánti pygmachías)
fin	(το) βατραχοπέδιλο (vatrachopédilo)
swim trunks	(το) μαγιό (magió)
bikini	(το) μπικίνι (bikíni)
swimsuit	(το) ολόσωμο μαγιό (olósomo magió)
shinpad	(η) επικαλαμίδα (epikalamída)
sweatband	(το) περικάρπιο (perikárpio)
swim goggles	(τα) γυαλιά κολύμβησης (gyaliá kolýmvisis)
swim cap	(το) σκουφάκι κολύμβησης (skoufáki kolýmvisis)
wetsuit	(η) στολή κολύμβησης (stolí kolýmvisis)
diving mask	(η) μάσκα καταδύσεων (máska katadýseon)

Hairstyle

curly	(τα) κατσαρά (katsará)
straight (hair)	(τα) ίσια (ísia)
bald head	(το) φαλακρό κεφάλι (falakró kefáli)
blond	(ο) ξανθός (xanthós)
brunette	(ο) μελαχρινός (melachrinós)
ginger	(ο) κοκκινομάλλης (kokkinomállis)
scrunchy	(το) λαστιχάκι μαλλιών (lasticháki mallión)
barrette	(το) κλιπ μαλλιών (klip mallión)
dreadlocks	(οι) τζίβες (tzíves)
hair straightener	(το) ισιωτικό μαλλιών (isiotikó mallión)
dandruff	(η) πιτυρίδα (pityrída)
dyed	(τα) βαμμένα (vamména)
wig	(η) περούκα (peroúka)
ponytail	(η) αλογοουρά (alogoourá)

Others

button	(το) **κουμπί** (koumpí)
zipper	(το) **φερμουάρ** (fermouár)
pocket	(η) **τσέπη** (tsépi)
sleeve	(το) **μανίκι** (maníki)
collar	(ο) **γιακάς** (giakás)
tape measure	(η) **μεζούρα** (mezoúra)
mannequin	(το) **μανεκέν** (manekén)
cotton	(το) **βαμβάκι** (vamváki)
fabric	(το) **ύφασμα** (ýfasma)
silk	(το) **μετάξι** (metáxi)
nylon	(το) **νάιλον** (náilon)
polyester	(ο) **πολυεστέρας** (polyestéras)
wool	(το) **μαλλί** (mallí)
dress size	(το) **μέγεθος ρούχου** (mégethos roúchou)
changing room	(το) **δοκιμαστήριο** (dokimastírio)

Chemist

Women

perfume	(το) άρωμα (ároma)
tampon	(το) ταμπόν (tampón)
panty liner	(το) σερβιετάκι (servietáki)
face mask	(η) μάσκα προσώπου (máska prosópou)
sanitary towel	(η) σερβιέτα (serviéta)
curling iron	(το) σίδερο για μπούκλες (sídero gia boúkles)
antiwrinkle cream	(η) αντιρυτιδική κρέμα (antirytidikí kréma)
pedicure	(το) πεντικιούρ (pentikioúr)
manicure	(το) μανικιούρ (manikioúr)

Men

razor	(το) ξυράφι (xyráfi)
shaving foam	(ο) αφρός ξυρίσματος (afrós xyrísmatos)
shaver	(η) ξυριστική μηχανή (xyristikí michaní)
condom	(το) προφυλακτικό (profylaktikó)
shower gel	(το) αφρόλουτρο (afróloutro)
nail clipper	(ο) νυχοκόπτης (nychokóptis)
aftershave	(το) άφτερ σέιβ (áfter séiv)
lubricant	(το) λιπαντικό (lipantikó)
hair gel	(το) ζελέ μαλλιών (zelé mallión)
nail scissors	(το) ψαλίδι νυχιών (psalídi nychión)
lip balm	(το) λιποζάν (lipozán)
razor blade	(η) λεπίδα ξυραφιού (lepída xyrafioú)

Daily Use

toothbrush	(η) οδοντόβουρτσα (odontóvourtsa)
toothpaste	(η) οδοντόκρεμα (odontókrema)
comb	(η) χτένα (chténa)
tissue	(το) χαρτομάντιλο (chartomántilo)
cream (pharmaceutical)	(η) κρέμα (kréma)

shampoo	(το) σαμπουάν (sampouán)
brush (for cleaning)	(η) βούρτσα (voúrtsa)
body lotion	(η) κρέμα σώματος (kréma sómatos)
face cream	(η) κρέμα προσώπου (kréma prosópou)
sunscreen	(το) αντηλιακό (antiliakó)
insect repellent	(το) εντομοαπωθητικό (entomoapothitikó)

Cosmetics

lipstick	(το) κραγιόν (kragión)
mascara	(η) μάσκαρα (máskara)
nail polish	(το) βερνίκι νυχιών (verníki nychión)
foundation	(η) βάση μέικαπ (vási méikap)
nail file	(η) λίμα νυχιών (líma nychión)
eye shadow	(η) σκιά ματιών (skiá matión)
eyeliner	(το) μολύβι ματιών (molývi matión)
eyebrow pencil	(το) μολύβι φρυδιών (molývi frydión)
facial toner	(το) τόνερ προσώπου (tóner prosópou)
nail varnish remover	(το) ασετόν για τα νύχια (asetón gia ta nýchia)
tweezers	(το) τσιμπιδάκι (tsimpidáki)
lip gloss	(το) λιπ γκλος (lip nklos)
concealer	(το) κονσίλερ (konsíler)
face powder	(η) πούδρα προσώπου (poúdra prosópou)
powder puff	(το) σφουγγαράκι πούδρας (sfoungaráki poúdras)

City

Shopping

bill	(ο) λογαριασμός (logariasmós)
cash register	(η) ταμειακή μηχανή (tameiakí michaní)
basket	(το) καλάθι (kaláthi)
market	(η) αγορά (agorá)
supermarket	(το) σούπερ μάρκετ (soúper márket)
pharmacy	(το) φαρμακείο (farmakeío)
furniture store	(το) κατάστημα επίπλων (katástima epíplon)
toy shop	(το) κατάστημα παιχνιδιών (katástima paichnidión)
shopping mall	(το) εμπορικό κέντρο (emporikó kéntro)
sports shop	(το) κατάστημα αθλητικών ειδών (katástima athlitikón eidón)
fish market	(η) ψαραγορά (psaragorá)
fruit merchant	(το) οπωροπωλείο (oporopoleío)
bookshop	(το) βιβλιοπωλείο (vivliopoleío)
pet shop	(το) κατάστημα κατοικίδιων ζώων (katástima katoikídion zóon)
second-hand shop	(το) κατάστημα μεταχειρισμένων (katástima metacheirisménon)
pedestrian area	(ο) πεζόδρομος (pezódromos)
square	(η) πλατεία (plateía)
shopping cart	(το) καλάθι αγορών (kaláthi agorón)
bar code	(ο) γραμμωτός κώδικας (grammotós kódikas)
bargain	(η) ευκαιρία (efkairía)
shopping basket	(το) καλάθι αγορών (kaláthi agorón)
warranty	(η) εγγύηση (engýisi)
bar code scanner	(ο) σαρωτής γραμμωτού κώδικα (sarotís grammotoú kódika)

Buildings

house	(το) σπίτι (spíti)
apartment	(το) διαμέρισμα (diamérisma)

skyscraper	(ο) ουρανοξύστης (ouranoxýstis)
hospital	(το) νοσοκομείο (nosokomeío)
farm	(το) αγρόκτημα (agróktima)
factory	(το) εργοστάσιο (ergostásio)
kindergarten	(το) νηπιαγωγείο (nipiagogeío)
school	(το) σχολείο (scholeío)
university	(το) πανεπιστήμιο (panepistímio)
post office	(το) ταχυδρομείο (tachydromeío)
town hall	(το) δημαρχείο (dimarcheío)
warehouse	(η) αποθήκη (apothíki)
church	(η) εκκλησία (ekklisía)
mosque	(το) τζαμί (tzami)
temple	(ο) ναός (naós)
synagogue	(η) συναγωγή (synagogi)
embassy	(η) πρεσβεία (presveía)
cathedral	(ο) καθεδρικός ναός (kathedrikós naós)
ruin	(το) ερείπιο (ereípio)
castle	(το) κάστρο (kástro)

Leisure

bar	(το) μπαρ (bar)
restaurant	(το) εστιατόριο (estiatório)
gym	(το) γυμναστήριο (gymnastírio)
park	(το) πάρκο (párko)
bench	(το) παγκάκι (pankáki)
fountain	(το) σιντριβάνι (sintriváni)
tennis court	(το) γήπεδο τένις (gípedo ténis)
swimming pool (building)	(η) πισίνα (pisina)
football stadium	(το) γήπεδο ποδοσφαίρου (gípedo podosfaírou)
golf course	(το) γήπεδο γκολφ (gípedo nkolf)
ski resort	(το) χιονοδρομικό κέντρο (chionodromikó kéntro)
botanic garden	(ο) βοτανικός κήπος (votanikós kipos)

ice rink	(το) παγοδρόμιο (pagodrómio)
night club	(το) νυχτερινό κέντρο (nychterinó kéntro)

Tourism

museum	(το) μουσείο (mouseío)
casino	(το) καζίνο (kazíno)
tourist information	(οι) τουριστικές πληροφορίες (touristikés plirofories)
toilet (public)	(η) τουαλέτα (toualéta)
map	(ο) χάρτης (chártis)
souvenir	(το) σουβενίρ (souvenír)
promenade	(ο) περίπατος (perípatos)
tourist attraction	(το) τουριστικό αξιοθέατο (touristikó axiothéato)
tourist guide	(ο) τουριστικός οδηγός (touristikós odigós)
monument	(το) μνημείο (mnimeío)
national park	(το) εθνικό πάρκο (ethnikó párko)
art gallery	(η) γκαλερί τέχνης (nkalerí téchnis)

Infrastructure

alley	(το) δρομάκι (dromáki)
manhole cover	(το) κάλυμμα φρεατίου (kálymma freatíou)
dam	(το) φράγμα (frágma)
power line	(η) γραμμή ρεύματος (grammí révmatos)
sewage plant	(η) μονάδα επεξεργασίας λυμάτων (monáda epexergasías lymáton)
avenue	(η) λεωφόρος (leofóros)
hydroelectric power station	(ο) σταθμός υδροηλεκτρικής ενέργειας (stathmós ydroilektrikís enérgeias)
nuclear power plant	(ο) πυρηνικός σταθμός ενέργειας (pyrinikós stathmós enérgeias)
wind farm	(το) αιολικό πάρκο (aiolikó párko)

Construction

hammer	(το) σφυρί (sfyrí)
nail	(το) καρφί (karfí)

pincers	(η) τανάλια (tanália)
screwdriver	(το) κατσαβίδι (katsavídi)
drilling machine	(το) τρυπάνι (trypáni)
tape measure	(η) μετροταινία (metrotainía)
brick	(το) τούβλο (toúvlo)
putty	(ο) στόκος (stókos)
scaffolding	(η) σκαλωσιά (skalosiá)
spirit level	(το) αλφάδι (alfádi)
utility knife	(το) μαχαίρι χρησιμότητας (machaíri chrisimótitas)
screw wrench	(το) βιδωτό κλειδί (vidotó kleidí)
file	(η) λίμα (líma)
smoothing plane	(η) πλάνη (pláni)
safety glasses	(τα) γυαλιά ασφαλείας (gyaliá asfaleías)
wire	(το) σύρμα (sýrma)
handsaw	(το) πριόνι χειρός (prióni cheirós)
insulating tape	(η) μονωτική ταινία (monotikí tainía)
cement	(το) τσιμέντο (tsiménto)
inking roller	(το) ρολό βαψίματος (roló vapsímatos)
paint	(η) μπογιά (bogiá)
pallet	(η) παλέτα (paléta)
cement mixer	(η) μπετονιέρα (betoniéra)
steel beam	(η) χαλύβδινη δοκός (chalývdini dokós)
roof tile	(το) κεραμίδι (keramídi)
wooden beam	(η) ξύλινη δοκός (xýlini dokós)
concrete	(το) σκυρόδεμα (skyródema)
asphalt	(η) άσφαλτος (ásfaltos)
tar	(η) πίσσα (píssa)
crane	(ο) γερανός (geranós)
steel	(το) ατσάλι (atsáli)
varnish	(το) βερνίκι (verníki)

Kids

slide	(η) τσουλήθρα (tsoulíthra)
swing	(η) κούνια (koúnia)
playground	(η) παιδική χαρά (paidikí chará)
zoo	(ο) ζωολογικός κήπος (zoologikós kípos)
roller coaster	(το) τρενάκι του λούνα παρκ (trenáki tou loúna park)
water slide	(οι) νεροτσουλήθρες (nerotsoulíthres)
sandbox	(το) αμμοδοχείο (ammodocheío)
fairground	(το) πανηγύρι (panigýri)
theme park	(το) λούνα παρκ (loúna park)
water park	(το) υδάτινο πάρκο (ydátino párko)
aquarium	(το) ενυδρείο (enydreío)
carousel	(το) καρουζέλ (karouzél)

Ambulance

ambulance	(το) ασθενοφόρο (asthenofóro)
police	(η) αστυνομία (astynomia)
firefighters	(η) πυροσβεστική (pyrosvestikí)
helmet	(το) κράνος (krános)
fire extinguisher	(ο) πυροσβεστήρας (pyrosvestíras)
fire (emergency)	(η) φωτιά (fotiá)
emergency exit (in building)	(η) έξοδος κινδύνου (éxodos kindýnou)
handcuff	(οι) χειροπέδες (cheiropédes)
gun	(το) όπλο (óplo)
police station	(το) αστυνομικό τμήμα (astynomikó tmíma)
hydrant	(ο) κρουνός (krounós)
fire alarm	(ο) συναγερμός πυρκαγιάς (synagermós pyrkagiás)
fire station	(το) πυροσβεστικό τμήμα (pyrosvestikó tmíma)
fire truck	(το) πυροσβεστικό όχημα (pyrosvestikó óchima)
siren	(η) σειρήνα (seirína)
warning light	(το) προειδοποιητικό φως (proeidopoiitikó fos)
police car	(το) περιπολικό (peripolikó)
uniform	(η) στολή (stolí)

baton (το) γκλοπ (nklop)

More

village	(το) χωριό (chorió)
suburb	(το) προάστιο (proástio)
state	(η) πολιτεία (politeía)
colony	(η) αποικία (apoikía)
region	(η) περιοχή (periochí)
district	(η) συνοικία (synoikía)
territory	(το) έδαφος (édafos)
province	(η) επαρχία (eparchía)
country	(η) χώρα (chóra)
capital	(η) πρωτεύουσα (protévousa)
metropolis	(η) μητρόπολη (mitrópoli)
central business district (CBD)	(η) κεντρική επιχειρηματική περιοχή (kentrikí epicheirimatikí periochí)
industrial district	(η) βιομηχανική περιοχή (viomichanikí periochí)

Health

Hospital

patient	(ο) ασθενής (asthenís)
visitor	(ο) επισκέπτης (episképtis)
surgery	(το) χειρουργείο (cheirourgeio)
waiting room	(η) αίθουσα αναμονής (aíthousa anamonís)
outpatient	(ο) εξωτερικός ασθενής (exoterikós asthenís)
clinic	(η) κλινική (klinikí)
visiting hours	(οι) ώρες επισκεπτηρίου (óres episkeptiríou)
intensive care unit	(η) μονάδα εντατικής θεραπείας (monáda entatikís therapeías)
emergency room	(το) δωμάτιο έκτακτης ανάγκης (domátio éktaktis anánkis)
appointment	(το) ραντεβού (rantevoú)
operating theatre	(η) αίθουσα χειρουργείου (aíthousa cheirourgeíou)
canteen	(η) καντίνα (kantína)

Medicine

pill	(το) χάπι (chápi)
capsule	(η) κάψουλα (kápsoula)
infusion	(ο) ορός (orós)
inhaler	(ο) εισπνευστήρας (eispnefstíras)
nasal spray	(το) ρινικό σπρέι (rinikó spréi)
painkiller	(το) παυσίπονο (pafsípono)
Chinese medicine	(η) κινεζική ιατρική (kinezikí iatrikí)
antibiotics	(τα) αντιβιοτικά (antiviotiká)
antiseptic	(το) αντισηπτικό (antisiptikó)
vitamin	(η) βιταμίνη (vitamíni)
powder	(η) σκόνη (skóni)
insulin	(η) ινσουλίνη (insoulíni)
side effect	(η) παρενέργεια (parenérgeia)
cough syrup	(το) σιρόπι για το βήχα (sirópi gia to vícha)

dosage	(η) δοσολογία (dosología)
expiry date	(η) ημερομηνία λήξης (imerominía líxis)
sleeping pill	(το) υπνωτικό χάπι (ypnotikó chápi)
aspirin	(η) ασπιρίνη (aspiriní)

Disease

virus	(ο) ιός (iós)
bacterium	(το) βακτήριο (vaktírio)
flu	(η) γρίπη (grípi)
diarrhea	(η) διάρροια (diárroia)
heart attack	(το) έμφραγμα (émfragma)
asthma	(το) άσθμα (ásthma)
rash	(το) εξάνθημα (exánthima)
chickenpox	(η) ανεμοβλογιά (anemovlogiá)
nausea	(η) ναυτία (naftía)
cancer	(ο) καρκίνος (karkínos)
stroke	(το) εγκεφαλικό (enkefalikó)
diabetes	(ο) διαβήτης (diavítis)
epilepsy	(η) επιληψία (epilipsía)
measles	(η) ιλαρά (ilará)
mumps	(η) παρωτίτιδα (parotítida)
migraine	(η) ημικρανία (imikranía)

Discomfort

cough	(ο) βήχας (víchas)
fever	(ο) πυρετός (pyretós)
headache	(ο) πονοκέφαλος (ponokéfalos)
stomach ache	(ο) στομαχόπονος (stomachóponos)
sunburn	(το) ηλιακό έγκαυμα (iliakó énkavma)
cold (sickness)	(το) κρυολόγημα (kryológima)
nosebleed	(η) ρινορραγία (rinorragía)
cramp	(η) κράμπα (krámpa)

eczema	(το) έκζεμα (ékzema)
high blood pressure	(η) υψηλή πίεση του αίματος (ypsilí píesi tou aímatos)
infection	(η) μόλυνση (mólynsi)
allergy	(η) αλλεργία (allergía)
hay fever	(η) αλλεργική ρινίτιδα (allergikí rinítida)
sore throat	(ο) πονόλαιμος (ponólaimos)
poisoning	(η) δηλητηρίαση (dilitiríasi)
toothache	(ο) πονόδοντος (ponódontos)
caries	(η) τερηδόνα (teridóna)
hemorrhoid	(οι) αιμορροΐδες (aimorroídes)

Tools

needle	(η) βελόνα (velóna)
syringe (tool)	(η) σύριγγα (sýringa)
bandage	(ο) επίδεσμος (epídesmos)
plaster	(ο) γύψος (gýpsos)
cast	(ο) γύψος (gýpsos)
crutch	(η) πατερίτσα (paterítsa)
wheelchair	(το) αναπηρικό καροτσάκι (anapirikó karotsáki)
fever thermometer	(το) θερμόμετρο (thermómetro)
dental brace	(τα) σιδεράκια (siderákia)
neck brace	(το) κολάρο λαιμού (koláro laimoú)
stethoscope	(το) στηθοσκόπιο (stithoskópio)
CT scanner	(ο) αξονικός τομογράφος (axonikós tomográfos)
catheter	(ο) καθετήρας (kathetíras)
scalpel	(το) νυστέρι (nystéri)
respiratory machine	(η) αναπνευστική μηχανή (anapnefstikí michaní)
blood test	(η) εξέταση αίματος (exétasi aímatos)
ultrasound machine	(η) μηχανή υπερήχων (michaní yperíchon)
X-ray photograph	(η) ακτινογραφία (aktinografía)
dental prostheses	(οι) οδοντικές προθέσεις (odontikés prothéseis)
dental filling	(το) σφράγισμα (sfrágisma)

spray	(το) σπρέι (spréi)
magnetic resonance imaging	(η) μαγνητική τομογραφία (magnitikí tomografía)

Accident

injury	(ο) τραυματισμός (travmatismós)
accident	(το) ατύχημα (atýchima)
wound	(η) πληγή (pligí)
pulse	(ο) σφυγμός (sfygmós)
fracture	(το) κάταγμα (kátagma)
bruise	(η) μελανιά (melaniá)
burn	(το) έγκαυμα (énkavma)
bite	(το) δάγκωμα (dánkoma)
electric shock	(η) ηλεκτροπληξία (ilektroplixía)
suture	(το) ράμμα (rámma)
concussion	(η) διάσειση (diáseisi)
head injury	(το) τραύμα στο κεφάλι (trávma sto kefáli)
emergency	(η) έκτακτη ανάγκη (éktakti anánki)

Departments

cardiology	(η) καρδιολογία (kardiología)
orthopaedics	(η) ορθοπεδική (orthopediki)
gynaecology	(η) γυναικολογία (gynaikología)
radiology	(η) ακτινολογία (aktinología)
dermatology	(η) δερματολογία (dermatologia)
paediatrics	(η) παιδιατρική (paidiatriki)
psychiatry	(η) ψυχιατρική (psychiatriki)
surgery	(η) χειρουργική (cheirourgiki)
urology	(η) ουρολογία (ourología)
neurology	(η) νευρολογία (nevrología)
endocrinology	(η) ενδοκρινολογία (endokrinología)
pathology	(η) παθολογία (pathología)
oncology	(η) ογκολογία (onkología)

Therapy

massage	(το) μασάζ (masáz)
meditation	(ο) διαλογισμός (dialogismós)
acupuncture	(ο) βελονισμός (velonismós)
physiotherapy	(η) φυσιοθεραπεία (fysiotherapeía)
hypnosis	(η) ύπνωση (ýpnosi)
homoeopathy	(η) ομοιοπαθητική (omoiopathitikí)
aromatherapy	(η) αρωματοθεραπεία (aromatotherapeía)
group therapy	(η) ομαδική θεραπεία (omadikí therapeía)
psychotherapy	(η) ψυχοθεραπεία (psychotherapeía)
feng shui	(το) φενγκ σούι (fen'nk soúi)
hydrotherapy	(η) υδροθεραπεία (ydrotherapeía)
behaviour therapy	(η) συμπεριφορική θεραπεία (symperiforikí therapeía)
psychoanalysis	(η) ψυχανάλυση (psychanálysi)
family therapy	(η) οικογενειακή θεραπεία (oikogeneiakí therapeía)

Pregnancy

birth control pill	(το) αντισυλληπτικό χάπι (antisylliptikó chápi)
pregnancy test	(το) τεστ εγκυμοσύνης (test enkymosýnis)
foetus	(το) έμβρυο (émvryo)
embryo	(το) έμβρυο (émvryo)
womb	(η) μήτρα (mítra)
delivery	(ο) τοκετός (toketós)
miscarriage	(η) αποβολή (apovolí)
cesarean	(η) καισαρική (kaisarikí)
episiotomy	(η) περινεοτομή (perineotomí)

Business

Company

office	(το) γραφείο (grafeío)
meeting room	(η) αίθουσα συνεδριάσεων (aíthousa synedriáseon)
business card	(η) επαγγελματική κάρτα (epangelmatikí kárta)
employee	(ο/η) υπάλληλος (ypállilos)
employer	(ο/η) εργοδότης (ergodótis)
colleague	(ο/η) συνάδελφος (synádelfos)
staff	(το) προσωπικό (prosopikó)
salary	(ο) μισθός (misthós)
insurance	(η) ασφάλεια (asfáleia)
department	(το) τμήμα (tmíma)
sales	(οι) πωλήσεις (políseis)
marketing	(το) μάρκετινγκ (márketin'nk)
accounting	(η) λογιστική (logistikí)
legal department	(το) νομικό τμήμα (nomikó tmíma)
human resources	(το) ανθρώπινο δυναμικό (anthrópino dynamikó)
IT	(η) πληροφορική (pliroforikí)
stress	(το) άγχος (ánchos)
business dinner	(το) επαγγελματικό δείπνο (epangelmatikó deípno)
business trip	(το) επαγγελματικό ταξίδι (epangelmatikó taxídi)
tax	(ο) φόρος (fóros)

Office

letter (post)	(το) γράμμα (grámma)
envelope	(ο) φάκελος (fákelos)
stamp	(το) γραμματόσημο (grammatósimo)
address	(η) διεύθυνση (diéfthynsi)
zip code	(ο) ταχυδρομικός κώδικας (tachydromikós kódikas)
parcel	(το) πακέτο (pakéto)
fax	(το) φαξ (fax)
text message	(το) γραπτό μήνυμα (graptó mínyma)

voice message	(το) φωνητικό μήνυμα (fonitikó mínyma)
bulletin board	(ο) πίνακας ανακοινώσεων (pínakas anakoinóseon)
flip chart	(ο) πίνακας παρουσιάσεων (pínakas parousiáseon)
projector	(ο) προβολέας (provoléas)
rubber stamp	(η) λαστιχένια σφραγίδα (lastichénia sfragída)
clipboard	(η) πινακίδα γραφής (pinakída grafís)
folder (physical)	(το) ντοσιέ (ntosié)
lecturer	(ο) ομιλητής (omilitís)
presentation	(η) παρουσίαση (parousíasi)
note (information)	(η) σημείωση (simeíosi)

Jobs (1)

doctor	(ο) γιατρός (giatrós)
policeman	(ο) αστυνομικός (astynomikós)
firefighter	(ο) πυροσβέστης (pyrosvéstis)
nurse	(η) νοσοκόμα (nosokóma)
pilot	(ο) πιλότος (pilótos)
stewardess	(ο) αεροσυνοδός (aerosynodós)
architect	(ο) αρχιτέκτονας (architéktonas)
manager	(ο) μάνατζερ (mánatzer)
secretary	(ο) γραμματέας (grammatéas)
general manager	(ο) γενικός διευθυντής (genikós diefthyntís)
director	(ο) διευθυντής (diefthyntís)
chairman	(ο) πρόεδρος (próedros)
judge	(ο) δικαστής (dikastís)
assistant	(ο) βοηθός (voithós)
prosecutor	(ο) εισαγγελέας (eisangeléas)
lawyer	(ο) δικηγόρος (dikigóros)
consultant	(ο) σύμβουλος (sýmvoulos)
accountant	(ο) λογιστής (logistís)
stockbroker	(ο) χρηματιστής (chrimatistís)
librarian	(ο) βιβλιοθηκάριος (vivliothikários)

teacher	(o) δάσκαλος (dáskalos)
kindergarten teacher	(o) νηπιαγωγός (nipiagogós)
scientist	(o) επιστήμονας (epistímonas)
professor	(o) καθηγητής (kathigitís)
physicist	(o) φυσικός (fysikós)
programmer	(o) προγραμματιστής (programmatistís)
politician	(o) πολιτικός (politikós)
intern	(o) εκπαιδευόμενος (ekpaidevómenos)
captain	(o) καπετάνιος (kapetánios)
entrepreneur	(o) επιχειρηματίας (epicheirimatías)
chemist	(o) χημικός (chimikós)
dentist	(o) οδοντίατρος (odontíatros)
chiropractor	(o) χειροπράκτης (cheiropráktis)
detective	(o) ντετέκτιβ (ntetéktiv)
pharmacist	(o) φαρμακοποιός (farmakopoiós)
vet	(o) κτηνίατρος (ktiníatros)
midwife	(η) μαία (maía)
surgeon	(o) χειρουργός (cheirourgós)
physician	(o) παθολόγος (pathológos)
prime minister	(o) πρωθυπουργός (prothypourgós)
minister	(o) υπουργός (ypourgós)
president (of a state)	(o) πρόεδρος (próedros)

Jobs (2)

cook	(o) μάγειρας (mágeiras)
waiter	(o) σερβιτόρος (servitóros)
barkeeper	(o) μπάρμαν (bárman)
farmer	(o) αγρότης (agrótis)
lorry driver	(o) οδηγός φορτηγού (odigós fortigoú)
train driver	(o) οδηγός τρένου (odigós trénou)
hairdresser	(o) κομμωτής (kommotís)
butcher	(o) χασάπης (chasápis)

travel agent	(ο) ταξιδιωτικός πράκτορας (taxidiotikós práktoras)
real-estate agent	(ο) μεσίτης (mesítis)
jeweller	(ο) κοσμηματοπώλης (kosmimatopólis)
tailor	(ο) ράφτης (ráftis)
cashier	(ο) ταμίας (tamías)
postman	(ο) ταχυδρόμος (tachydrómos)
receptionist	(ο) υπεύθυνος υποδοχής (ypéfthynos ypodochís)
construction worker	(ο) οικοδόμος (oikodómos)
carpenter	(ο) ξυλουργός (xylourgós)
electrician	(ο) ηλεκτρολόγος (ilektrológos)
plumber	(ο) υδραυλικός (ydravlikós)
mechanic	(ο) μηχανικός (michanikós)
cleaner	(ο) καθαριστής (katharistís)
gardener	(ο) κηπουρός (kipourós)
fisherman	(ο) ψαράς (psarás)
florist	(ο) ανθοπώλης (anthopólis)
shop assistant	(ο) υπάλληλος καταστήματος (ypállilos katastímatos)
optician	(ο) οπτικός (optikós)
soldier	(ο) στρατιώτης (stratiótis)
security guard	(ο) φύλακας (fýlakas)
bus driver	(ο) οδηγός λεωφορείου (odigós leoforeíou)
taxi driver	(ο) οδηγός ταξί (odigós taxí)
conductor	(ο) εισπράκτορας (eispráktoras)
apprentice	(ο) μαθητευόμενος (mathitevómenos)
landlord	(ο) σπιτονοικοκύρης (spitonoikokýris)
bodyguard	(ο) σωματοφύλακας (somatofýlakas)

Jobs (3)

priest	(ο) παπάς (papás)
nun	(η) μοναχή (monachí)
monk	(ο) καλόγερος (kalógeros)
photographer	(ο) φωτογράφος (fotográfos)

coach (sport)	(ο) προπονητής (proponitís)
cheerleader	(η) μαζορέτα (mazoréta)
referee	(ο) διαιτητής (diaititís)
reporter	(ο) δημοσιογράφος (dimosiográfos)
actor	(ο) ηθοποιός (ithopoiós)
musician	(ο) μουσικός (mousikós)
conductor	(ο) μαέστρος (maéstros)
singer	(ο) τραγουδιστής (tragoudistís)
artist	(ο) καλλιτέχνης (kallitéchnis)
designer	(ο) σχεδιαστής (schediastís)
model	(το) μοντέλο (montélo)
DJ	(ο) ντι τζει (nti tzei)
tour guide	(ο) ξεναγός (xenagós)
lifeguard	(ο) ναυαγοσώστης (navagosóstis)
physiotherapist	(ο) φυσιοθεραπευτής (fysiotherapeftís)
masseur	(ο) μασέρ (masér)
anchor	(ο) παρουσιαστής (parousiastís)
host	(ο) παρουσιαστής (parousiastís)
commentator	(ο) σχολιαστής (scholiastís)
camera operator	(ο) χειριστής κάμερας (cheiristís kámeras)
engineer	(ο) μηχανικός (michanikós)
thief	(ο) κλέφτης (kléftis)
criminal	(ο) εγκληματίας (enklimatías)
dancer	(ο) χορευτής (choreftís)
journalist	(ο) δημοσιογράφος (dimosiográfos)
prostitute	(η) πόρνη (pórni)
author	(ο) συγγραφέας (syngraféas)
air traffic controller	(ο) ελεγκτής εναέριας κυκλοφορίας (elenktis enaérias kykloforías)
director	(ο) σκηνοθέτης (skinothétis)
mufti	(ο) μουφτής (mouftís)
rabbi	(ο) ραβίνος (ravínos)

Technology

e-mail	(το) ηλεκτρονικό ταχυδρομείο (ilektronikó tachydromeío)
telephone	(το) τηλέφωνο (tiléfono)
smartphone	(το) έξυπνο κινητό (éxypno kinitó)
e-mail address	(η) διεύθυνση ηλεκτρονικού ταχυδρομείου (diéfthynsi ilektronikoú tachydromeíou)
website	(η) ιστοσελίδα (istoselída)
telephone number	(ο) αριθμός τηλεφώνου (arithmós tilefónou)
file	(το) αρχείο (archeío)
folder (computer)	(ο) φάκελος (fákelos)
app	(η) εφαρμογή (efarmogí)
laptop	(ο) φορητός υπολογιστής (foritós ypologistís)
screen (computer)	(η) οθόνη (othóni)
printer	(ο) εκτυπωτής (ektypotís)
scanner	(ο) σαρωτής (sarotís)
USB stick	(το) στικάκι USB (stikáki USB)
hard drive	(ο) σκληρός δίσκος (sklirós dískos)
central processing unit (CPU)	(η) κεντρική μονάδα επεξεργασίας (kentrikí monáda epexergasías)
random access memory (RAM)	(η) μνήμη τυχαίας προσπέλασης (mními tychaías prospélasis)
keyboard (computer)	(το) πληκτρολόγιο (pliktrológio)
mouse (computer)	(το) ποντίκι (pontíki)
earphone	(το) ακουστικό (akoustikó)
mobile phone	(το) κινητό τηλέφωνο (kinitó tiléfono)
webcam	(η) κάμερα διαδικτύου (kámera diadiktýou)
server	(ο) διακομιστής (diakomistís)
network	(το) δίκτυο (díktyo)
browser	(το) πρόγραμμα περιήγησης (prógramma periígisis)
inbox	(τα) εισερχόμενα (eiserchómena)
url	(η) ιστοδιεύθυνση (istodiéfthynsi)
icon	(το) εικονίδιο (eikonídio)
scrollbar	(η) γραμμή κύλισης (grammí kýlisis)

recycle bin	(ο) κάδος ανακύκλωσης (kádos anakýklosis)
chat	(η) συνομιλία (synomilía)
social media	(τα) μέσα κοινωνικής δικτύωσης (mésa koinonikís diktýosis)
signal (of phone)	(το) σήμα (sima)
database	(η) βάση δεδομένων (vási dedoménon)

Law

law	(ο) νόμος (nómos)
fine	(το) πρόστιμο (próstimo)
prison	(η) φυλακή (fylakí)
court	(το) δικαστήριο (dikastírio)
jury	(οι) ένορκοι (énorkoi)
witness	(ο) μάρτυρας (mártyras)
defendant	(ο) εναγόμενος (enagómenos)
case	(η) υπόθεση (ypóthesi)
evidence	(η) απόδειξη (apódeixi)
suspect	(ο) ύποπτος (ýpoptos)
fingerprint	(το) δακτυλικό αποτύπωμα (daktylikó apotýpoma)
paragraph	(η) παράγραφος (parágrafos)

Bank

money	(τα) χρήματα (chrímata)
coin	(το) νόμισμα (nómisma)
note (money)	(το) χαρτονόμισμα (chartonómisma)
credit card	(η) πιστωτική κάρτα (pistotikí kárta)
cash machine	(η) μηχανή μετρητών (michaní metritón)
signature	(η) υπογραφή (ypografí)
dollar	(το) δολάριο (dolário)
euro	(το) ευρώ (evró)
pound	(η) λίρα (líra)
bank account	(ο) τραπεζικός λογαριασμός (trapezikós logariasmós)
password	(ο) κωδικός (kodikós)

account number	(ο) αριθμός λογαριασμού (arithmós logariasmoú)
amount	(το) ποσό (posó)
cheque	(η) επιταγή (epitagí)
customer	(ο) πελάτης (pelátis)
savings	(η) αποταμίευση (apotamíefsi)
loan	(το) δάνειο (dáneio)
interest	(ο) τόκος (tókos)
bank transfer	(η) τραπεζική μεταφορά (trapezikí metaforá)
yuan	(το) γουάν (gouán)
yen	(το) γιέν (gién)
krone	(η) κορόνα (koróna)
dividend	(το) μέρισμα (mérisma)
share	(η) μετοχή (metochí)
share price	(η) τιμή μετοχής (timí metochís)
stock exchange	(το) χρηματιστήριο (chrimatistírio)
investment	(η) επένδυση (epéndysi)
portfolio	(το) χαρτοφυλάκιο (chartofylákio)
profit	(το) κέρδος (kérdos)
loss	(η) απώλεια (apóleia)

Things

Sport

basketball	(η) μπάλα μπάσκετ (bála básket)
football	(η) μπάλα ποδοσφαίρου (bála podosfaírou)
goal	(το) τέρμα (térma)
tennis racket	(η) ρακέτα τένις (rakéta ténis)
tennis ball	(η) μπάλα τένις (bála ténis)
net	(το) δίχτυ (dichty)
cup (trophy)	(το) τρόπαιο (trópaio)
medal	(το) μετάλλιο (metállio)
swimming pool (competition)	(η) πισίνα (pisína)
football	(η) μπάλα αμερικάνικου ποδοσφαίρου (bála amerikánikou podosfaírou)
bat	(το) ρόπαλο (rópalo)
mitt	(το) γάντι πυγμαχίας (gánti pygmachías)
gold medal	(το) χρυσό μετάλλιο (chrysó metállio)
silver medal	(το) ασημένιο μετάλλιο (asiménio metállio)
bronze medal	(το) χάλκινο μετάλλιο (chálkino metállio)
shuttlecock	(το) μπαλάκι του μπάντμιντον (baláki tou bántminton)
golf club	(η) λέσχη γκολφ (léschi nkolf)
golf ball	(η) μπάλα του γκολφ (bála tou nkolf)
stopwatch	(το) χρονόμετρο (chronómetro)
trampoline	(το) τραμπολίνο (trampolino)
boxing ring	(το) ρινγκ πυγμαχίας (rin'nk pygmachías)
mouthguard	(το) προστατευτικό στόματος (prostateftikó stómatos)
surfboard	(η) σανίδα του σερφ (sanída tou serf)
ski	(το) σκι (ski)
ski pole	(το) μπαστούνι σκι (bastoúni ski)
sledge	(το) έλκηθρο (élkithro)
parachute	(το) αλεξίπτωτο (alexíptoto)
cue	(η) στέκα (stéka)
bowling ball	(η) μπάλα μπόουλινγκ (bála bóoulin'nk)

snooker table	(το) τραπέζι μπιλιάρδου (trapézi biliárdou)
saddle	(η) σέλα (séla)
whip	(το) μαστίγιο (mastígio)
hockey stick	(το) μπαστούνι του χόκεϊ (bastoúni tou chókeï)
basket	(το) καλάθι (kaláthi)
world record	(το) παγκόσμιο ρεκόρ (pankósmio rekór)
table tennis table	(το) τραπέζι πινγκ πονγκ (trapézi pin'nk pon'nk)
puck	(ο) δίσκος χόκεϊ (dískos chókeï)

Technology

robot	(το) ρομπότ (rompót)
radio	(το) ραδιόφωνο (radiófono)
loudspeaker	(το) ηχείο (icheío)
cable	(το) καλώδιο (kalódio)
plug	(το) βύσμα (výsma)
camera	(η) φωτογραφική μηχανή (fotografikí michaní)
MP3 player	(η) συσκευή αναπαραγωγής MP3 (syskeví anaparagogís MP3)
CD player	(η) συσκευή CD (syskeví CD)
DVD player	(η) συσκευή DVD (syskeví DVD)
record player	(το) πικάπ (pikáp)
camcorder	(η) βιντεοκάμερα (vinteokámera)
power	(το) ρεύμα (révma)
flat screen	(η) επίπεδη οθόνη (epípedi othóni)
flash	(το) φλας (flas)
tripod	(το) τρίποδο (trípodo)
instant camera	(η) στιγμιαία κάμερα (stigmiaía kámera)
generator	(η) γεννήτρια (gennítria)
digital camera	(η) ψηφιακή κάμερα (psifiakí kámera)
walkie-talkie	(το) φορητό ραδιοτηλέφωνο (forító radiotiléfono)

Home

key	(το) κλειδί (kleidí)

torch	(ο) φακός (fakós)
candle	(το) κερί (kerí)
bottle	(το) μπουκάλι (boukáli)
tin	(το) τενεκεδάκι (tenekedáki)
vase	(το) βάζο (vázo)
present (gift)	(το) δώρο (dóro)
match	(το) σπίρτο (spírto)
lighter	(ο) αναπτήρας (anaptíras)
key chain	(το) μπρελόκ (brelók)
water bottle	(το) παγούρι νερού (pagoúri neroú)
thermos jug	(ο) θερμός (thermós)
rubber band	(το) λαστιχάκι (lasticháki)
birthday party	(το) πάρτι γενεθλίων (párti genethlíon)
birthday cake	(η) τούρτα γενεθλίων (toúrta genethlíon)
pushchair	(το) καροτσάκι (karotsáki)
soother	(η) πιπίλα (pipíla)
baby bottle	(το) μπιμπερό (bimperó)
hot-water bottle	(η) θερμοφόρα (thermofóra)
rattle	(η) κουδουνίστρα (koudouνίstra)
family picture	(η) οικογενειακή φωτογραφία (oikogeneiakí fotografía)
jar	(το) βαζάκι (vazáki)
bag	(η) σακούλα (sakoúla)
package	(το) πακέτο (pakéto)
plastic bag	(η) πλαστική σακούλα (plastikí sakoúla)
picture frame	(η) κορνίζα (korníza)

Games

doll	(η) κούκλα (koúkla)
dollhouse	(το) κουκλόσπιτο (kouklóspito)
puzzle	(το) παζλ (pazl)
dominoes	(το) ντόμινο (ntómino)
Monopoly	(η) Μονόπολη (Monópoli)

Tetris	(το) **τέτρις** (tétris)
bridge	(το) **μπριτζ** (britz)
darts	(τα) **βελάκια** (velákia)
card game	(το) **παιχνίδι με κάρτες** (paichnídi me kártes)
board game	(το) **επιτραπέζιο παιχνίδι** (epitrapézio paichnídi)
backgammon	(το) **τάβλι** (távli)
draughts	(η) **ντάμα** (ntáma)

Others

cigarette	(το) **τσιγάρο** (tsigáro)
cigar	(το) **πούρο** (poúro)
compass	(η) **πυξίδα** (pyxída)
angel	(ο) **άγγελος** (ángelos)

Phrases

Personal

I	εγώ (egó)
you (singular)	εσύ (esý)
he	αυτός (aftós)
she	αυτή (aftí)
we	εμείς (emeís)
you (plural)	εσείς (eseís)
they	αυτοί (aftoí)
my dog	ο σκύλος μου (o skýlos mou)
your cat	η γάτα σου (i gáta sou)
her dress	το φόρεμά της (to fóremá tis)
his car	το αυτοκίνητό του (to aftokínitó tou)
our home	το σπίτι μας (to spíti mas)
your team	η ομάδα σας (i omáda sas)
their company	η εταιρία τους (i etairía tous)
everybody	όλοι (óloi)
together	μαζί (mazí)
other	άλλα (álla)

Common

and	και (kai)
or	ή (í)
very	πολύ (polý)
all	όλα (óla)
none	κανένας (kanénas)
that	ότι (óti)
this	αυτό (aftó)
not	δεν (den)
more	περισσότερο (perissótero)
most	πλέον (pléon)
less	λιγότερο (ligótero)

because	επειδή (epeidí)
but	αλλά (allá)
already	ήδη (ídi)
again	πάλι (páli)
really	πραγματικά (pragmatiká)
if	αν (an)
although	αν και (an kai)
suddenly	ξαφνικά (xafniká)
then	τότε (tóte)
actually	βασικά (vasiká)
immediately	αμέσως (amésos)
often	συχνά (sychná)
always	πάντα (pánta)
every	κάθε (káthe)

Phrases

hi	γεια (geia)
hello	χαίρετε (chaírete)
good day	καλημέρα (kaliméra)
bye bye	γειά (geiá)
good bye	αντίο σας (antío sas)
see you later	τα λέμε αργότερα (ta léme argótera)
please	παρακαλώ (parakaló)
thank you	ευχαριστώ (efcharistó)
sorry	συγγνώμη (syngnómi)
no worries	μην ανησυχείς (min anisycheís)
don't worry	ηρέμησε (irémise)
take care	να προσέχεις (na prosécheis)
ok	εντάξει (entáxei)
cheers	εις υγείαν (eis ygeían)
welcome	καλώς ήρθατε (kalós írthate)
excuse me	με συγχωρείτε (me synchoreíte)

of course	φυσικά (fysiká)
I agree	συμφωνώ (symfonó)
relax	χαλάρωσε (chalárose)
doesn't matter	δεν έχει σημασία (den échei simasía)
I want this	θέλω αυτό (thélo aftó)
Come with me	έλα μαζί μου (éla mazí mou)
go straight	πήγαινε ευθεία (pígaine eftheía)
turn left	στρίψε αριστερά (strípse aristerá)
turn right	στρίψε δεξιά (strípse dexiá)

Questions

who	ποιος (poíos)
where	πού (poú)
what	τί (tí)
why	γιατί (giatí)
how	πώς (pós)
which	ποιο (poio)
when	πότε (póte)
how many?	πόσα; (pósa?)
how much?	πόσο; (póso?)
How much is this?	Πόσο κάνει αυτό; (Póso kánei aftó?)
Do you have a phone?	Έχεις τηλέφωνο; (Écheis tiléfono?)
Where is the toilet?	Πού είναι η τουαλέτα; (Poú einai i toualéta?)
What's your name?	Πώς σε λένε; (Pós se léne?)
Do you love me?	Με αγαπάς; (Me agapás?)
How are you?	Τί κάνεις; (Tí káneis?)
Are you ok?	Είσαι καλά; (Eisai kalá?)
Can you help me?	Μπορείτε να με βοηθήσετε; (Boreíte na me voithísete?)

Sentences

I like you	Μου αρέσεις (Mou aréseis)
I love you	Σε αγαπώ (Se agapó)

I miss you	μου λείπεις (mou leípeis)
I don't like this	Δεν μου αρέσει αυτό (Den mou arései aftó)
I have a dog	Έχω ένα σκύλο (Écho éna skýlo)
I know	Ξέρω (Xéro)
I don't know	Δεν ξέρω (Den xéro)
I don't understand	Δεν καταλαβαίνω (Den katalavaíno)
I want more	Θέλω κι άλλο (Thélo ki állo)
I want a cold coke	Θέλω μια κρύα κόκα κόλα (Thélo mia krýa kóka kóla)
I need this	Το χρειάζομαι (To chreiázomai)
I want to go to the cinema	Θέλω να πάω στον κινηματογράφο (Thélo na páo ston kinimatográfo)
I am looking forward to seeing you	Ανυπομονώ να σε δω (Anypomonó na se do)
Usually I don't eat fish	Συνήθως δεν τρώω ψάρι (Syníthos den tróo psári)
You definitely have to come	Πρέπει να έρθεις οπωσδήποτε (Prépei na értheis oposdípote)
This is quite expensive	Αυτό είναι αρκετά ακριβό (Aftó eínai arketá akrivó)
Sorry, I'm a little late	Συγγνώμη, άργησα λίγο (Syngnómi, árgisa lígo)
My name is David	Το όνομά μου είναι Ντέιβιντ (To ónomá mou eínai Ntéivint)
I'm David, nice to meet you	Είμαι ο Ντέιβιντ, χάρηκα (Eímai o Ntéivint, chárika)
I'm 22 years old	Είμαι 22 χρονών (Eímai 22 chronón)
This is my girlfriend Anna	Αυτή είναι η κοπέλα μου η Άννα (Aftí eínai i kopéla mou i Ánna)
Let's watch a film	Ας δούμε μια ταινία (As doúme mia tainía)
Let's go home	Πάμε σπίτι (Páme spíti)
My telephone number is one four three two eight seven five four three	Το τηλέφωνό μου είναι ένα τέσσερα τρία δύο οκτώ επτά πέντε τέσσερα τρία (To tiléfonó mou eínai éna téssera tría dýo októ eptá pénte téssera tría)
My email address is david at pinhok dot com	Η διεύθυνση ηλεκτρονικού ταχυδρομείου μου είναι david παπάκι pinhok τελεία com (I diéfthynsi ilektronikoú tachydromeíou mou eínai david papáki pinhok teleía com)
Tomorrow is Saturday	Αύριο είναι Σάββατο (Ávrio eínai Sávvato)
Silver is cheaper than gold	Το ασήμι είναι φθηνότερο από τον χρυσό (To asími eínai fthinótero apó ton chrysó)
Gold is more expensive than silver	Ο χρυσός είναι ακριβότερος από το ασήμι (O chrysós eínai akrivóteros apó to asími)

English - Greek

A

above: από πάνω (apó páno)
acacia: (η) ακακία (akakía)
accident: (το) ατύχημα (atýchima)
accordion: (το) ακορντεόν (akornteón)
accountant: (ο) λογιστής (logistís)
accounting: (η) λογιστική (logistikí)
account number: (ο) αριθμός λογαριασμού (arithmós logariasmoú)
Achilles tendon: (ο) αχίλλειος τένοντας (achílleios ténontas)
actinium: (το) ακτίνιο (aktínio)
actor: (ο) ηθοποιός (ithopoiós)
actually: βασικά (vasiká)
acupuncture: (ο) βελονισμός (velonismós)
addition: (η) πρόσθεση (prósthesi)
address: (η) διεύθυνση (diéfthynsi)
adhesive tape: (η) κολλητική ταινία (kollitikí tainía)
advertisement: (η) διαφήμιση (diafímisi)
aerobics: (η) αεροβική (aerovikí)
Afghanistan: (το) Αφγανιστάν (Afganistán)
afternoon: (το) απόγευμα (apógevma)
aftershave: (το) άφτερ σέιβ (áfter séiv)
again: πάλι (páli)
airbag: (ο) αερόσακος (aerósakos)
air conditioner: (το) κλιματιστικό (klimatistikó)
aircraft carrier: (το) αεροπλανοφόρο (aeroplanofóro)
airline: (η) αεροπορική εταιρεία (aeroporikí etaireía)
air mattress: (το) στρώμα αέρος (stróma aéros)
airport: (το) αεροδρόμιο (aerodrómio)
air pressure: (η) πίεση αέρα (píesi aéra)
air pump: (η) τρόμπα (trómpa)
air traffic controller: (ο) ελεγκτής εναέριας κυκλοφορίας (elenktís enaérias kykloforías)
aisle: (ο) διάδρομος (diádromos)
alarm clock: (το) ξυπνητήρι (xypnitíri)
Albania: (η) Αλβανία (Alvanía)
Algeria: (η) Αλγερία (Algería)
all: όλα (óla)
allergy: (η) αλλεργία (allergía)
alley: (το) δρομάκι (dromáki)
almond: (το) αμύγδαλο (amýgdalo)
alphabet: (το) αλφάβητο (alfávito)
already: ήδη (ídi)
although: αν και (an kai)
aluminium: (το) αλουμίνιο (aloumínio)
always: πάντα (pánta)
Amazon: (ο) Αμαζόνιος (Amazónios)
ambulance: (το) ασθενοφόρο (asthenofóro)
American football: (το) αμερικάνικο ποδόσφαιρο (amerikániko podósfairo)
American Samoa: (η) Αμερικανική Σαμόα (Amerikanikí Samóa)
americium: (το) αμερίκιο (ameríkio)
amount: (το) ποσό (posó)
ampere: (το) αμπέρ (ampér)
anchor: (η) άγκυρα (ánkyra), (ο) παρουσιαστής (parousiastís)
and: και (kai)

131

Andes: (οι) Άνδεις (Ándeis)
Andorra: (η) Ανδόρα (Andóra)
angel: (ο) άγγελος (ángelos)
angle: (η) γωνία (gonía)
Angola: (η) Αγκόλα (Ankóla)
angry: θυμωμένος (thymoménos)
ankle: (ο) αστράγαλος (astrágalos)
anorak: (το) άνορακ (ánorak)
answer: απαντώ (apantó)
ant: (το) μυρμήγκι (myrmínki)
ant-eater: (ο) μυρμηγκοφάγος (myrminkofágos)
antibiotics: (τα) αντιβιοτικά (antiviotiká)
antifreeze fluid: (το) αντιψυκτικό υγρό (antipsyktikó ygró)
Antigua and Barbuda: (η) Αντίγκουα και Μπαρμπούντα (Antínkoua kai Barmpoúnta)
antimony: (το) αντιμόνιο (antimónio)
antiseptic: (το) αντισηπτικό (antisiptikó)
antiwrinkle cream: (η) αντιρυτιδική κρέμα (antirytidikí kréma)
anus: (ο) πρωκτός (proktós)
apartment: (το) διαμέρισμα (diamérisma)
apostrophe: (η) απόστροφος (apóstrofos)
app: (η) εφαρμογή (efarmogí)
appendix: (η) σκωληκοειδής απόφυση (skolikoeidís apófysi)
apple: (το) μήλο (mílo)
apple juice: (ο) χυμός μήλου (chymós mílou)
apple pie: (η) μηλόπιτα (milópita)
appointment: (το) ραντεβού (rantevoú)
apprentice: (ο) μαθητευόμενος (mathitevómenos)
apricot: (το) βερίκοκο (veríkoko)
April: (ο) Απρίλιος (Aprílios)
aquarium: (το) ενυδρείο (enydreío)
Arabic: (τα) Αραβικά (Araviká)
archery: (η) τοξοβολία (toxovolía)
architect: (ο) αρχιτέκτονας (architéktonas)
area: (η) επιφάνεια (epifáneia)
Are you ok?: Είσαι καλά; (Eísai kalá?)
Argentina: (η) Αργεντίνη (Argentíni)
argon: (το) αργόν (argón)
argue: διαφωνώ (diafonó)
arithmetic: (η) αριθμητική (arithmitikí)
arm: (το) χέρι (chéri)
Armenia: (η) Αρμενία (Armenía)
aromatherapy: (η) αρωματοθεραπεία (aromatotherapeía)
arrival: (η) άφιξη (áfixi)
arsenic: (το) αρσενικό (arsenikó)
art: (η) τέχνη (téchni)
artery: (η) αρτηρία (artiría)
art gallery: (η) γκαλερί τέχνης (nkalerí téchnis)
artichoke: (η) αγκινάρα (ankinára)
article: (το) άρθρο (árthro)
artist: (ο) καλλιτέχνης (kallitéchnis)
Aruba: (η) Αρούμπα (Aroúmpa)
ash: (η) τέφρα (téfra)
ask: ρωτώ (rotó)
asphalt: (η) άσφαλτος (ásfaltos)
aspirin: (η) ασπιρίνη (aspiríni)
assistant: (ο) βοηθός (voithós)
astatine: (το) αστάτιο (astátio)

asteroid: (ο) αστεροειδής (asteroeidís)
asthma: (το) άσθμα (ásthma)
Atlantic Ocean: (ο) Ατλαντικός Ωκεανός (Atlantikós Okeanós)
atmosphere: (η) ατμόσφαιρα (atmósfaira)
atom: (το) άτομο (átomo)
atomic number: (ο) ατομικός αριθμός (atomikós arithmós)
attack: επιτίθεμαι (epitíthemai)
attic: (η) σοφίτα (sofíta)
aubergine: (η) μελιτζάνα (melitzána)
audience: (το) κοινό (koinó)
August: (ο) Αύγουστος (Ávgoustos)
aunt: (η) θεία (theía)
aurora: (το) βόρειο σέλας (vóreio sélas)
Australia: (η) Αυστραλία (Afstralía)
Australian football: (το) αυστραλιανό ποδόσφαιρο (afstralianó podósfairo)
Austria: (η) Αυστρία (Afstría)
author: (ο) συγγραφέας (syngraféas)
automatic: (το) αυτόματο (aftómato)
autumn: (το) φθινόπωρο (fthinóporo)
avenue: (η) λεωφόρος (leofóros)
avocado: (το) αβοκάντο (avokánto)
axe: (το) τσεκούρι (tsekoúri)
Azerbaijan: (το) Αζερμπαϊτζάν (Azermpaïtzán)

B

baby: (το) μωρό (moró)
baby bottle: (το) μπιμπερό (bimperó)
baby monitor: (η) ενδοεπικοινωνία μωρού (endoepikoinonía moroú)
bachelor: (το) πτυχίο (ptychío)
back: (η) πλάτη (pláti), πίσω (píso)
backgammon: (το) τάβλι (távli)
backpack: (το) σακίδιο (sakídio)
back seat: (το) πίσω κάθισμα (píso káthisma)
bacon: (το) μπέικον (béikon)
bacterium: (το) βακτήριο (vaktírio)
bad: κακός (kakós)
badminton: (το) μπάντμιντον (bántminton)
bag: (η) σακούλα (sakoúla)
Bahrain: (το) Μπαχρέιν (Bachréin)
bake: ψήνω (psíno)
baked beans: (τα) ψημένα φασόλια (psiména fasólia)
baking powder: (το) μπέικιν πάουντερ (béikin páounter)
balcony: (το) μπαλκόνι (balkóni)
bald head: (το) φαλακρό κεφάλι (falakró kefáli)
ballet: (το) μπαλέτο (baléto)
ballet shoes: (τα) παπούτσια μπαλέτου (papoútsia balétou)
ball pen: (το) στυλό διάρκειας (styló diárkeias)
Ballroom dance: (ο) μπολρουμ χορός (bolroum chorós)
bamboo: (το) μπαμπού (bampoú)
banana: (η) μπανάνα (banána)
bandage: (ο) επίδεσμος (epídesmos)
Bangladesh: (το) Μπανγκλαντές (Ban'nklantés)
bank account: (ο) τραπεζικός λογαριασμός (trapezikós logariasmós)
bank transfer: (η) τραπεζική μεταφορά (trapezikí metaforá)
bar: (το) μπαρ (bar)

Barbados: (τα) Μπαρμπάντος (Barmpántos)
barbecue: (το) μπάρμπεκιου (bármpekiou)
barbell: (η) μπάρα (bára)
bar code: (ο) γραμμωτός κώδικας (grammotós kódikas)
bar code scanner: (ο) σαρωτής γραμμωτού κώδικα (sarotís grammotoú kódika)
bargain: (η) ευκαιρία (efkairía)
barium: (το) βάριο (vário)
barkeeper: (ο) μπάρμαν (bárman)
barrette: (το) κλιπ μαλλιών (klip mallión)
baseball: (το) μπέιζμπολ (béizmpol)
baseball cap: (το) καπέλο μπέιζμπολ (kapélo béizmpol)
basement: (το) υπόγειο (ypógeio)
basil: (ο) βασιλικός (vasilikós)
basin: (ο) νιπτήρας (niptíras)
basket: (το) καλάθι (kaláthi)
basketball: (η) καλαθοσφαίριση (kalathosfaírisi), (η) μπάλα μπάσκετ (bála básket)
bass guitar: (το) μπάσο (báso)
bassoon: (το) φαγκότο (fankóto)
bat: (η) νυχτερίδα (nychterída), (το) ρόπαλο (rópalo)
bathrobe: (το) μπουρνούζι (bournoúzi)
bathroom: (το) μπάνιο (bánio)
bathroom slippers: (οι) παντόφλες μπάνιου (pantófles bániou)
bath towel: (η) πετσέτα μπάνιου (petséta bániou)
bathtub: (η) μπανιέρα (baniéra)
baton: (το) γκλοπ (nklop)
battery: (η) μπαταρία (bataría)
beach: (η) παραλία (paralía)
beach volleyball: (το) μπιτς βόλεϊ (bits vóleï)
bean: (το) φασόλι (fasóli)
bear: (η) αρκούδα (arkoúda)
beard: (τα) γένια (génia)
beautiful: όμορφος (ómorfos)
because: επειδή (epeidí)
bed: (το) κρεβάτι (kreváti)
bedroom: (η) κρεβατοκάμαρα (krevatokámara)
bedside lamp: (το) φωτιστικό κομοδίνου (fotistikó komodínou)
bee: (η) μέλισσα (mélissa)
beech: (η) οξιά (oxiá)
beef: (το) βοδινό (vodinó)
beer: (η) μπύρα (býra)
behaviour therapy: (η) συμπεριφορική θεραπεία (symperiforikí therapeía)
beige: μπεζ (bez)
Beijing duck: (η) πάπια Πεκίνου (pápia Pekínou)
Belarus: (η) Λευκορωσία (Lefkorosía)
Belgium: (το) Βέλγιο (Vélgio)
Belize: (η) Μπελίζ (Belíz)
bell: (το) κουδούνι (koudoúni)
belly: (η) κοιλιά (koiliá)
belly button: (ο) αφαλός (afalós)
below: από κάτω (apó káto)
belt: (η) ζώνη (zóni)
bench: (το) παγκάκι (pankáki)
bench press: (οι) πιέσεις πάγκου (piéseis pánkou)
Benin: (το) Μπενίν (Benín)
berkelium: (το) μπερκέλιο (berkélio)
beryllium: (το) βηρύλλιο (virýllio)
beside: δίπλα (dípla)

bet: στοιχηματίζω (stoichimatízo)
Bhutan: (το) Μπουτάν (Boután)
biathlon: (το) δίαθλο (díathlo)
bib: (η) σαλιάρα (saliára)
bicycle: (το) ποδήλατο (podílato)
big: μεγάλος (megálos)
big brother: (ο) μεγάλος αδερφός (megálos aderfós)
big sister: (η) μεγάλη αδερφή (megáli aderfí)
bikini: (το) μπικίνι (bikíni)
bill: (ο) λογαριασμός (logariasmós)
billiards: (το) μπιλιάρδο (biliárdo)
biology: (η) βιολογία (viología)
birch: (η) σημύδα (simýda)
birth: (η) γέννηση (génnisi)
birth certificate: (το) πιστοποιητικό γέννησης (pistopoiitikó génnisis)
birth control pill: (το) αντισυλληπτικό χάπι (antisylliptikó chápi)
birthday: (τα) γενέθλια (genéthlia)
birthday cake: (η) τούρτα γενεθλίων (toúrta genethlíon)
birthday party: (το) πάρτι γενεθλίων (párti genethlíon)
biscuit: (το) μπισκότο (biskóto)
bismuth: (το) βισμούθιο (vismoúthio)
bison: (ο) βίσονας (vísonas)
bite: δαγκώνω (dankóno), (το) δάγκωμα (dánkoma)
black: μαύρο (mávro)
blackberry: (το) βατόμουρο (vatómouro)
blackboard: (ο) μαυροπίνακας (mavropínakas)
black hole: (η) μαύρη τρύπα (mávri trýpa)
Black Sea: (η) Μαύρη Θάλασσα (Mávri Thálassa)
black tea: (το) μαύρο τσάι (mávro tsái)
bladder: (η) ουροδόχος κύστη (ourodóchos kýsti)
blanket: (η) κουβέρτα (kouvérta)
blazer: (το) σακάκι (sakáki)
blind: τυφλός (tyflós), (οι) περσίδες (persídes)
blond: (ο) ξανθός (xanthós)
blood test: (η) εξέταση αίματος (exétasi aímatos)
bloody: αιματηρός (aimatirós)
blossom: (το) άνθος (ánthos)
blue: μπλε (ble)
blueberry: (το) μύρτιλο (mýrtilo)
blues: (το) μπλουζ (blouz)
board game: (το) επιτραπέζιο παιχνίδι (epitrapézio paichnídi)
bobsleigh: (το) αγωνιστικό έλκηθρο (agonistikó élkithro)
bodybuilding: (το) μπόντι μπίλντινγκ (bónti bílntin'nk)
bodyguard: (ο) σωματοφύλακας (somatofýlakas)
body lotion: (η) κρέμα σώματος (kréma sómatos)
bohrium: (το) μπόριο (bório)
boil: βράζω (vrázo)
boiled: βρασμένος (vrasménos)
boiled egg: (το) βραστό αυγό (vrastó avgó)
Bolivia: (η) Βολιβία (Volivía)
bone: (το) οστό (ostó)
bone marrow: (ο) μυελός των οστών (myelós ton ostón)
bonnet: (το) καπό (kapó)
book: (το) βιβλίο (vivlío)
booking: (η) κράτηση (krátisi)
bookshelf: (το) ράφι βιβλιοθήκης (ráfi vivliothíkis)
bookshop: (το) βιβλιοπωλείο (vivliopoleío)

boring: βαρετός (varetós)
boron: (το) βόριο (vório)
Bosnia: (η) Βοσνία (Vosnía)
bosom: (το) στήθος (stíthos)
botanic garden: (ο) βοτανικός κήπος (votanikós kípos)
Botswana: (η) Μποτσουάνα (Botsouána)
bottle: (το) μπουκάλι (boukáli)
bottom: (ο) πισινός (pisinós)
bowl: (το) μπολ (bol)
bowling: (το) μπόουλινγκ (bóoulin'nk)
bowling ball: (η) μπάλα μπόουλινγκ (bála bóoulin'nk)
bow tie: (το) παπιγιόν (papigión)
boxing: (η) πυγμαχία (pygmachía)
boxing glove: (το) γάντι πυγμαχίας (gánti pygmachías)
boxing ring: (το) ρινγκ πυγμαχίας (rin'nk pygmachías)
boy: (το) αγόρι (agóri)
boyfriend: (ο) φίλος (fílos)
bra: (το) σουτιέν (soutién)
bracelet: (το) βραχιόλι (vrachióli)
brain: (ο) εγκέφαλος (enkéfalos)
brake: (το) φρένο (fréno)
brake light: (το) φως φρένων (fos frénon)
branch: (το) κλαδί (kladí)
brandy: (το) μπράντι (bránti)
brave: γενναίος (gennaíos)
Brazil: (η) Βραζιλία (Vrazilía)
bread: (το) ψωμί (psomí)
breakdance: (το) breakdance (breakdance)
breakfast: (το) πρωινό (proinó)
breastbone: (το) στέρνο (stérno)
breathe: αναπνέω (anapnéo)
brick: (το) τούβλο (toúvlo)
bride: (η) νύφη (nýfi)
bridge: (η) γέφυρα (géfyra), (το) μπριτζ (britz)
briefcase: (ο) χαρτοφύλακας (chartofýlakas)
broad: ευρύς (evrýs)
broccoli: (το) μπρόκολο (brókolo)
bromine: (το) βρώμιο (vrómio)
bronze medal: (το) χάλκινο μετάλλιο (chálkino metállio)
brooch: (η) καρφίτσα (karfítsa)
broom: (η) σκούπα (skoúpa)
brother-in-law: (ο) κουνιάδος (kouniádos)
brown: καφέ (kafé)
brownie: (το) μπράουνι (bráouni)
browser: (το) πρόγραμμα περιήγησης (prógramma periígisis)
bruise: (η) μελανιά (melaniá)
Brunei: (το) Μπρουνέι (Brounéi)
brunette: (ο) μελαχρινός (melachrinós)
brush: (το) πινέλο (pinélo), (η) βούρτσα (voúrtsa)
Brussels sprouts: (τα) λαχανάκια βρυξελλών (lachanákia vryxellón)
bucket: (ο) κουβάς (kouvás)
buffalo: (το) βουβάλι (vouváli)
buffet: (ο) μπουφές (boufés)
bug: (το) ζουζούνι (zouzoúni)
Bulgaria: (η) Βουλγαρία (Voulgaría)
bull: (ο) ταύρος (távros)
bulletin board: (ο) πίνακας ανακοινώσεων (pínakas anakoinóseon)

bumblebee: (η) αγριομέλισσα (agriomélissa)
bumper: (ο) προφυλακτήρας (profylaktíras)
bungee jumping: (το) μπάντζι τζάμπινγκ (bántzi tzámpin'nk)
bunk bed: (η) κουκέτα (koukéta)
burger: (το) μπέργκερ (bérnker)
Burkina Faso: (η) Μπουρκίνα Φάσο (Bourkína Fáso)
Burma: (η) Βιρμανία (Virmanía)
burn: καίω (kaío), (το) έγκαυμα (énkavma)
Burundi: (το) Μπουρούντι (Bouroúnti)
bus: (το) λεωφορείο (leoforeío)
bus driver: (ο) οδηγός λεωφορείου (odigós leoforeíou)
bush: (ο) θάμνος (thámnos)
business card: (η) επαγγελματική κάρτα (epangelmatikí kárta)
business class: (η) διακεκριμένη θέση (diakekriméni thési)
business dinner: (το) επαγγελματικό δείπνο (epangelmatikó deípno)
business school: (η) σχολή επιχειρήσεων (scholí epicheiríseon)
business trip: (το) επαγγελματικό ταξίδι (epangelmatikó taxídi)
bus stop: (η) στάση λεωφορείου (stási leoforeíou)
busy: απασχολημένος (apascholiménos)
but: αλλά (allá)
butcher: (ο) χασάπης (chasápis)
butter: (το) βούτυρο (noútyro)
buttercup: (το) βατράχιο (vatráchio)
butterfly: (η) πεταλούδα (petaloúda)
buttermilk: (το) βουτυρόγαλα (voutyrógala)
button: (το) κουμπί (koumpí)
buy: αγοράζω (agorázo)
bye bye: γειά (geiá)

C

cabbage: (το) λάχανο (láchano)
cabin: (η) καμπίνα (kampína)
cable: (το) καλώδιο (kalódio)
cable car: (το) τελεφερίκ (teleferík)
cactus: (ο) κάκτος (káktos)
cadmium: (το) κάδμιο (kádmio)
caesium: (το) καίσιο (kaísio)
cake: (το) κέικ (kéik)
calcite: (ο) ασβεστίτης (asvestítis)
calcium: (το) ασβέστιο (asvéstio)
calculate: υπολογίζω (ypologízo)
calendar: (το) ημερολόγιο (imerológio)
californium: (το) καλιφόρνιο (kalifórnio)
call: καλώ (kaló)
Cambodia: (η) Καμπότζη (Kampótzi)
camcorder: (η) βιντεοκάμερα (vinteokámera)
camel: (η) καμήλα (kamíla)
camera: (η) φωτογραφική μηχανή (fotografikí michaní)
camera operator: (ο) χειριστής κάμερας (cheiristís kámeras)
Cameroon: (το) Καμερούν (Kameroún)
campfire: (η) υπαίθρια φωτιά (ypaíthria fotiá)
camping: (η) κατασκήνωση (kataskínosi)
camping site: (ο) χώρος κατασκήνωσης (chóros kataskínosis)
Canada: (ο) Καναδάς (Kanadás)
cancer: (ο) καρκίνος (karkínos)

candle: (το) κερί (kerí)
candy: (η) καραμέλα (karaméla)
candy floss: (το) μαλλί της γριάς (mallí tis griás)
canoe: (το) κανό (kanó)
canoeing: (το) κανό (kanó)
canteen: (η) καντίνα (kantína)
canyon: (το) φαράγγι (farángi)
Can you help me?: Μπορείτε να με βοηθήσετε; (Boreíte na me voithísete?)
Cape Verde: (το) Πράσινο Ακρωτήριο (Prásino Akrotírio)
capital: (η) πρωτεύουσα (protévousa)
cappuccino: (ο) καπουτσίνο (kapoutsíno)
capsule: (η) κάψουλα (kápsoula)
captain: (ο) καπετάνιος (kapetánios)
car: (το) αυτοκίνητο (aftokínito)
caramel: (η) καραμέλα (karaméla)
caravan: (το) τροχόσπιτο (trochóspito)
carbon: (ο) άνθρακας (ánthrakas)
carbon dioxide: (το) διοξείδιο του άνθρακα (dioxeídio tou ánthraka)
carbon monoxide: (το) μονοξείδιο του άνθρακα (monoxeídio tou ánthraka)
card game: (το) παιχνίδι με κάρτες (paichnídi me kártes)
cardigan: (η) πλεκτή ζακέτα (plektí zakéta)
cardiology: (η) καρδιολογία (kardiología)
cargo aircraft: (το) φορτηγό αεροσκάφος (fortigó aeroskáfos)
caricature: (η) καρικατούρα (karikatoúra)
caries: (η) τερηδόνα (teridóna)
carousel: (το) καρουζέλ (karouzél)
car park: (ο) χώρος στάθμευσης (chóros státhmefsis)
carpenter: (ο) ξυλουργός (xylourgós)
carpet: (το) χαλί (chalí)
car racing: (ο) αγώνας αυτοκινήτων (agónas aftokiníton)
carrot: (το) καρότο (karóto)
carry: μεταφέρω (metaféro)
carry-on luggage: (η) χειραποσκευή (cheiraposkeví)
cartilage: (ο) χόνδρος (chóndros)
cartoon: (το) καρτούν (kartoún)
car wash: (το) πλυντήριο αυτοκινήτων (plyntírio aftokiníton)
case: (η) υπόθεση (ypóthesi)
cashew: (το) κάσιους (kásious)
cashier: (ο) ταμίας (tamías)
cash machine: (η) μηχανή μετρητών (michaní metritón)
cash register: (η) ταμειακή μηχανή (tameiakí michaní)
casino: (το) καζίνο (kazíno)
cast: (το) καστ (kast), (ο) γύψος (gýpsos)
castle: (το) κάστρο (kástro)
cat: (η) γάτα (gáta)
catch: πιάνω (piáno)
caterpillar: (η) κάμπια (kámpia)
cathedral: (ο) καθεδρικός ναός (kathedrikós naós)
catheter: (ο) καθετήρας (kathetíras)
cauliflower: (το) κουνουπίδι (kounoupídi)
cave: (το) σπήλαιο (spílaio)
Cayman Islands: (οι) Νήσοι Καίυμαν (Nísoi Kaíyman)
CD player: (η) συσκευή CD (syskeví CD)
ceiling: (το) ταβάνι (taváni)
celebrate: γιορτάζω (giortázo)
celery: (το) σέλινο (sélino)
cello: (το) τσέλο (tsélo)

cement: (το) τσιμέντο (tsiménto)
cement mixer: (η) μπετονιέρα (betoniéra)
cemetery: (το) νεκροταφείο (nekrotafeío)
centigrade: (ο) βαθμός κελσίου (vathmós kelsíou)
centimeter: (το) εκατοστό (ekatostó)
Central African Republic: (η) Κεντροαφρικανική Δημοκρατία (Kentroafrikanikí Dimokratía)
central business district (CBD): (η) κεντρική επιχειρηματική περιοχή (kentrikí epicheirimatikí periochí)
central processing unit (CPU): (η) κεντρική μονάδα επεξεργασίας (kentrikí monáda epexergasías)
century: (ο) αιώνας (aiónas)
cereal: (τα) δημητριακά (dimitriaká)
cerium: (το) δημήτριο (dimítrio)
cesarean: (η) καισαρική (kaisarikí)
cha-cha: (το) τσα-τσα (tsa-tsa)
Chad: (το) Τσαντ (Tsant)
chain: (η) αλυσίδα (alysída)
chainsaw: (το) αλυσοπρίονο (alysopríono)
chair: (η) καρέκλα (karékla)
chairman: (ο) πρόεδρος (próedros)
chalk: (η) κιμωλία (kimolía)
chameleon: (ο) χαμαιλέοντας (chamailéontas)
champagne: (η) σαμπάνια (sampánia)
changing room: (το) δοκιμαστήριο (dokimastírio)
channel: (το) κανάλι (kanáli)
character: (ο) χαρακτήρας (charaktíras)
chat: (η) συνομιλία (synomilía)
cheap: φθηνός (fthinós)
check-in desk: (το) γραφείο check-in (grafeío check-in)
cheek: (το) μάγουλο (mágoulo)
cheerleader: (η) μαζορέτα (mazoréta)
cheers: εις υγείαν (eis ygeían)
cheese: (το) τυρί (tyrí)
cheeseburger: (το) τσίζμπεργκερ (tsízmpernker)
cheesecake: (το) τσίζκεϊκ (tsízkeïk)
cheetah: (ο) γατόπαρδος (gatópardos)
chemical compound: (η) χημική ένωση (chimikí énosi)
chemical reaction: (η) χημική αντίδραση (chimikí antídrasi)
chemical structure: (η) χημική δομή (chimikí domí)
chemist: (ο) χημικός (chimikós)
chemistry: (η) χημεία (chimeía)
cheque: (η) επιταγή (epitagí)
cherry: (το) κεράσι (kerási)
chess: (το) σκάκι (skáki)
chest: (ο) θώρακας (thórakas)
chewing gum: (η) τσίχλα (tsíchla)
chick: (το) κοτοπουλάκι (kotopouláki)
chicken: (το) κοτόπουλο (kotópoulo)
chicken nugget: (η) κοτομπουκιά (kotompoukiá)
chickenpox: (η) ανεμοβλογιά (anemovlogiá)
chicken wings: (οι) φτερούγες κοτόπουλου (fteroúges kotópoulou)
child: (το) παιδί (paidí)
child seat: (το) παιδικό κάθισμα (paidikó káthisma)
Chile: (η) Χιλή (Chilí)
chili: (το) τσίλι (tsíli)
chimney: (η) καμινάδα (kamináda)
chin: (το) πηγούνι (pigoúni)
China: (η) Κίνα (Kína)
Chinese medicine: (η) κινεζική ιατρική (kinezikí iatrikí)

chips: (τα) πατατάκια (patatákia)
chiropractor: (ο) χειροπράκτης (cheiropráktis)
chive: (το) σχοινόπρασο (schoinópraso)
chlorine: (το) χλώριο (chlório)
chocolate: (η) σοκολάτα (sokoláta)
chocolate cream: (η) κρέμα σοκολάτα (kréma sokoláta)
choose: επιλέγω (epilégo)
chopping board: (το) ξύλο κοπής (xýlo kopís)
chopstick: (το) ξυλάκι (xyláki)
Christmas: (τα) Χριστούγεννα (Christoúgenna)
chromium: (το) χρώμιο (chrómio)
chubby: παχουλός (pachoulós)
church: (η) εκκλησία (ekklisía)
cider: (ο) μηλίτης (milítis)
cigar: (το) πούρο (poúro)
cigarette: (το) τσιγάρο (tsigáro)
cinema: (ο) κινηματογράφος (kinimatográfos)
cinnamon: (η) κανέλα (kanéla)
circle: (ο) κύκλος (kýklos)
circuit training: (η) κυκλική προπόνηση (kyklikí propónisi)
clarinet: (το) κλαρινέτο (klarinéto)
classical music: (η) κλασσική μουσική (klassikí mousikí)
classic car: (το) κλασικό αυτοκίνητο (klasikó aftokínito)
clay: (ο) πηλός (pilós)
clean: καθαρός (katharós), καθαρίζω (katharízo)
cleaner: (ο) καθαριστής (katharistís)
clef: (το) μουσικό κλειδί (mousikó kleidí)
clever: έξυπνος (éxypnos)
cliff: (ο) γκρεμός (nkremós)
cliff diving: (οι) καταδύσεις από βράχο (katadýseis apó vrácho)
climb: σκαρφαλώνω (skarfalóno)
climbing: (η) ορειβασία (oreivasía)
clinic: (η) κλινική (klinikí)
clipboard: (η) πινακίδα γραφής (pinakída grafís)
clitoris: (η) κλειτορίδα (kleitorída)
clock: (το) ρολόι (rolói)
close: κοντά (kontá), κλείνω (kleíno)
cloud: (το) σύννεφο (sýnnefo)
cloudy: συννεφιασμένος (synnefiasménos)
clover: (το) τριφύλλι (trifýlli)
clutch: (ο) συμπλέκτης (sympléktis)
coach: (ο) προπονητής (proponitís)
coal: (το) κάρβουνο (kárvouno)
coast: (η) ακτή (aktí)
coat: (το) παλτό (paltó)
cobalt: (το) κοβάλτιο (kováltio)
cockerel: (ο) κόκορας (kókoras)
cockpit: (το) πιλοτήριο (pilotírio)
cocktail: (το) κοκτέιλ (koktéil)
coconut: (η) καρύδα (karýda)
coffee: (ο) καφές (kafés)
coffee machine: (η) καφετιέρα (kafetiéra)
coffee table: (το) τραπεζάκι σαλονιού (trapezáki salonioú)
coffin: (το) φέρετρο (féretro)
coin: (το) νόμισμα (nómisma)
coke: (η) κόκα κόλα (kóka kóla)
cold: κρύος (krýos), (το) κρυολόγημα (kryológima)

collar: (ο) γιακάς (giakás)
collarbone: (η) κλείδα (kleída)
colleague: (ο/η) συνάδελφος (synádelfos)
Colombia: (η) Κολομβία (Kolomvía)
colon: (το) παχύ έντερο (pachý éntero), (η) άνω κάτω τελεία (áno káto teleía)
colony: (η) αποικία (apoikía)
coloured pencil: (η) ξυλομπογιά (xylompogiá)
comb: (η) χτένα (chténa)
combine harvester: (η) θεριζοαλωνιστική μηχανή (therizoalonistikí michaní)
come: έρχομαι (érchomai)
comedy: (η) κωμωδία (komodía)
comet: (ο) κομήτης (komítis)
Come with me: έλα μαζί μου (éla mazí mou)
comic book: (το) βιβλίο κόμικ (vivlío kómik)
comma: (το) κόμμα (kómma)
commentator: (ο) σχολιαστής (scholiastís)
Comoros: (οι) Κομόρες (Komóres)
compass: (η) πυξίδα (pyxída)
concealer: (το) κονσίλερ (konsíler)
concert: (η) συναυλία (synavlía)
concrete: (το) σκυρόδεμα (skyródema)
concrete mixer: (η) μπετονιέρα (betoniéra)
concussion: (η) διάσειση (diáseisi)
condom: (το) προφυλακτικό (profylaktikó)
conductor: (ο) εισπράκτορας (eispráktoras), (ο) μαέστρος (maéstros)
cone: (ο) κώνος (kónos)
construction site: (το) εργοτάξιο (ergotáxio)
construction worker: (ο) οικοδόμος (oikodómos)
consultant: (ο) σύμβουλος (sýmvoulos)
contact lens: (ο) φακός επαφής (fakós epafís)
container: (το) κοντέινερ (kontéiner)
container ship: (το) φορτηγό πλοίο (fortigó ploío)
content: (το) περιεχόμενο (periechómeno)
continent: (η) ήπειρος (ípeiros)
control tower: (ο) πύργος ελέγχου (pýrgos elénchou)
cook: μαγειρεύω (mageirévo), (ο) μάγειρας (mágeiras)
cooker: (η) κουζίνα (kouzína)
cooker hood: (ο) απορροφητήρας (aporrofitíras)
cookie: (το) μπισκότο (biskóto)
Cook Islands: (οι) Νήσοι Κουκ (Nísoi Kouk)
cool: άνετος (ánetos)
copernicium: (το) κοπερνίκιο (koperníkio)
copper: (ο) χαλκός (chalkós)
copy: αντιγράφω (antigráfo)
coral reef: (ο) κοραλλιογενής ύφαλος (koralliogenís ýfalos)
coriander: (ο) κόλιανδρος (kóliandros)
corkscrew: (το) τιρμπουσόν (tirmpousón)
corn: (το) καλαμπόκι (kalampóki)
corn oil: (το) καλαμποκέλαιο (kalampokélaio)
corpse: (το) πτώμα (ptóma)
correct: σωστός (sostós)
corridor: (ο) διάδρομος (diádromos)
Costa Rica: (η) Κόστα Ρίκα (Kósta Ríka)
cotton: (το) βαμβάκι (vamváki)
cough: (ο) βήχας (víchas)
cough syrup: (το) σιρόπι για το βήχα (sirópi gia to vícha)
count: μετράω (metráo)

country: (η) χώρα (chóra)
courgette: (το) κολοκύθι (kolokýthi)
court: (το) δικαστήριο (dikastírio)
cousin: (ο) ξάδερφος (xáderfos), (η) ξαδέρφη (xadérfi)
cow: (η) αγελάδα (ageláda)
crab: (ο) κάβουρας (kávouras)
cramp: (η) κράμπα (krámpa)
cranberry: (το) κράνμπερι (kránmperi)
crane: (ο) γερανός (geranós)
crane truck: (το) φορτηγό με γερανό (fortigó me geranó)
crater: (ο) κρατήρας (kratíras)
crawl: μπουσουλάω (bousouláo)
crazy: τρελός (trelós)
cream: (η) κρέμα (kréma)
credit card: (η) πιστωτική κάρτα (pistotikí kárta)
cricket: (ο) γρύλος (grýlos), (το) κρίκετ (kríket)
criminal: (ο) εγκληματίας (enklimatías)
Croatia: (η) Κροατία (Kroatía)
crocodile: (ο) κροκόδειλος (krokódeilos)
croissant: (το) κρουασάν (krouasán)
cross-country skiing: (το) σκι αντοχής (ski antochís)
cross trainer: (το) ελλειπτικό μηχάνημα (elleiptikó michánima)
crosswords: (τα) σταυρόλεξα (stavrólexa)
crow: (το) κοράκι (koráki)
crown: (το) στέμμα (stémma)
cruise ship: (το) κρουαζιερόπλοιο (krouazieróploio)
crutch: (η) πατερίτσα (paterítsa)
cry: κλαίω (klaío)
crêpe: (η) κρέπα (krépa)
CT scanner: (ο) αξονικός τομογράφος (axonikós tomográfos)
Cuba: (η) Κούβα (Koúna)
cube: (ο) κύβος (kývos)
cubic meter: (το) κυβικό μέτρο (kyvikó métro)
cucumber: (το) αγγούρι (angoúri)
cuddly toy: (το) μαλακό παιχνίδι (malakó paichnídi)
cue: (η) στέκα (stéka)
cup: (η) κούπα (koúpa), (το) φλιτζάνι (flitzáni), (το) τρόπαιο (trópaio)
cupboard: (το) ντουλάπι (ntoulápi)
curium: (το) κούριο (koúrio)
curling: (το) κέρλινγκ (kérlin'nk)
curling iron: (το) σίδερο για μπούκλες (sídero gia boúkles)
curly: (τα) κατσαρά (katsará)
currant: (το) φραγκοστάφυλο (frankostáfylo)
curry: (το) κάρι (kári)
curtain: (η) κουρτίνα (kourtína)
curve: (η) καμπύλη (kampýli)
custard: (η) κρέμα (kréma)
customer: (ο) πελάτης (pelátis)
customs: (το) τελωνείο (teloneío)
cut: κόβω (kóvo)
cute: χαριτωμένος (charitoménos)
cutlery: (τα) μαχαιροπίρουνα (machairopírouna)
cycling: (η) ποδηλασία (podilasía)
cylinder: (ο) κύλινδρος (kýlindros)
cymbals: (τα) κύμβαλα (kýmvala)
Cyprus: (η) Κύπρος (Kýpros)
Czech Republic: (η) Τσεχία (Tsechía)

D

dad: (ο) μπαμπάς (bampás)
daffodil: (ο) ασφόδελος (asfódelos)
daisy: (η) μαργαρίτα (margaríta)
dam: (το) φράγμα (frágma)
dancer: (ο) χορευτής (choreftís)
dancing: (ο) χορός (chorós)
dancing shoes: (τα) παπούτσια χορού (papoútsia choroú)
dandelion: (η) πικραλίδα (pikralída)
dandruff: (η) πιτυρίδα (pityrída)
dark: σκοτεινός (skoteinós)
darmstadtium: (το) νταρμστάντιο (ntarmstántio)
darts: (τα) βελάκια (velákia)
dashboard: (το) ταμπλό (tampló)
database: (η) βάση δεδομένων (vási dedoménon)
date: (ο) χουρμάς (chourmás)
daughter: (η) κόρη (kóri)
daughter-in-law: (η) νύφη (nýfi)
day: (η) ημέρα (iméra)
deaf: κουφός (koufós)
death: (ο) θάνατος (thánatos)
decade: (η) δεκαετία (dekaetía)
December: (ο) Δεκέμβριος (Dekémvrios)
decimeter: (το) δέκατο (dékato)
deck: (το) κατάστρωμα (katástroma)
deck chair: (η) ξαπλώστρα (xaplóstra)
deep: βαθύς (vathýs)
deer: (το) ελάφι (eláfi)
defend: αμύνομαι (amýnomai)
defendant: (ο) εναγόμενος (enagómenos)
degree: (το) πτυχίο (ptychío)
deliver: παραδίδω (paradído)
delivery: (ο) τοκετός (toketós)
Democratic Republic of the Congo: (η) Λαϊκή Δημοκρατία του Κονγκό (Laïkí Dimokratía tou Kon'nkó)
Denmark: (η) Δανία (Danía)
denominator: (ο) παρονομαστής (paronomastís)
dental brace: (τα) σιδεράκια (siderákia)
dental filling: (το) σφράγισμα (sfrágisma)
dental prostheses: (οι) οδοντικές προθέσεις (odontikés prothéseis)
dentist: (ο) οδοντίατρος (odontíatros)
department: (το) τμήμα (tmíma)
departure: (η) αναχώρηση (anachórisi)
dermatology: (η) δερματολογία (dermatología)
desert: (η) έρημος (érimos)
designer: (ο) σχεδιαστής (schediastís)
desk: (το) γραφείο (grafeío)
dessert: (το) επιδόρπιο (epidórpio)
detective: (ο) ντετέκτιβ (ntetéktiv)
diabetes: (ο) διαβήτης (diavítis)
diagonal: (η) διαγώνιος (diagónios)
diamond: (το) διαμάντι (diamánti)
diaper: (η) πάνα (pána)
diaphragm: (το) διάφραγμα (diáfragma)
diarrhea: (η) διάρροια (diárroia)
diary: (το) ημερολόγιο (imerológio)
dictionary: (το) λεξικό (lexikó)

die: πεθαίνω (pethaíno)
diesel: (το) ντίζελ (ntízel)
difficult: δύσκολος (dýskolos)
dig: σκάβω (skávo)
digital camera: (η) ψηφιακή κάμερα (psifiakí kámera)
dill: (ο) άνηθος (ánithos)
dimple: (το) λακκάκι (lakkáki)
dim sum: (το) ντίμ σάμ (ntím sám)
dinner: (το) δείπνο (deípno)
dinosaur: (ο) δεινόσαυρος (deinósavros)
diploma: (το) δίπλωμα (díploma)
director: (ο) διευθυντής (diefthyntís), (ο) σκηνοθέτης (skinothétis)
dirty: βρώμικος (vrómikos)
discus throw: (η) δισκοβολία (diskovolía)
dishwasher: (το) πλυντήριο πιάτων (plyntírio piáton)
district: (η) συνοικία (synoikía)
dividend: (το) μέρισμα (mérisma)
diving: (οι) καταδύσεις (katadýseis)
diving mask: (η) μάσκα καταδύσεων (máska katadýseon)
division: (η) διαίρεση (diaíresi)
divorce: (το) διαζύγιο (diazýgio)
DJ: (ο) ντι τζει (nti tzei)
Djibouti: (το) Τζιμπουτί (Tzimpoutí)
doctor: (ο) γιατρός (giatrós)
doesn't matter: δεν έχει σημασία (den échei simasía)
dog: (ο) σκύλος (skýlos)
doll: (η) κούκλα (koúkla)
dollar: (το) δολάριο (dolário)
dollhouse: (το) κουκλόσπιτο (kouklóspito)
dolphin: (το) δελφίνι (delfíni)
Dominica: (η) Δομινίκα (Domíníka)
Dominican Republic: (η) Δομινικανή Δημοκρατία (Dominikaní Dimokratía)
dominoes: (το) ντόμινο (ntómino)
don't worry: ηρέμησε (irémise)
donkey: (ο) γάιδαρος (gáidaros)
door: (η) πόρτα (pórta)
door handle: (το) χερούλι πόρτας (cheroúli pórtas)
dorm room: (το) δωμάτιο κοιτώνα (domátio koitóna)
dosage: (η) δοσολογία (dosología)
double bass: (το) κοντραμπάσο (kontrampáso)
double room: (το) δίκλινο δωμάτιο (díklino domátio)
doughnut: (το) ντόνατ (ntónat)
Do you love me?: Με αγαπάς; (Me agapás?)
dragonfly: (η) λιβελούλα (liveloúla)
draughts: (η) ντάμα (ntáma)
drawer: (το) συρτάρι (syrtári)
drawing: (το) σχέδιο (schédio)
dreadlocks: (οι) τζίβες (tzíves)
dream: ονειρεύομαι (oneirévomai)
dress: (το) φόρεμα (fórema)
dress size: (το) μέγεθος ρούχου (mégethos roúchou)
dried fruit: (το) αποξηραμένο φρούτο (apoxiraméno froúto)
drill: τρυπάω (trypáo)
drilling machine: (το) τρυπάνι (trypáni)
drink: πίνω (píno)
drums: (τα) ντραμς (ntrams)
drunk: μεθυσμένος (methysménos)

dry: στεγνός (stegnós), στεγνώνω (stegnóno)
dubnium: (το) ντούμπνιο (ntoúmpnio)
duck: (η) πάπια (pápia)
dumbbell: (ο) αλτήρας (altíras)
dumpling: (το) ντάμπλινγκ (ntámplin'nk)
duodenum: (το) δωδεκαδάκτυλο (dodekadáktylo)
DVD player: (η) συσκευή DVD (syskeví DVD)
dyed: (τα) βαμμένα (vamména)
dysprosium: (το) δυσπρόσιο (dysprósio)

E

e-mail: (το) ηλεκτρονικό ταχυδρομείο (ilektronikó tachydromeío)
e-mail address: (η) διεύθυνση ηλεκτρονικού ταχυδρομείου (diéfthynsi ilektronikoú tachydromeíou)
eagle: (ο) αετός (aetós)
ear: (το) αυτί (aftí)
earn: κερδίζω (kerdízo)
earphone: (το) ακουστικό (akoustikó)
earplug: (η) ωτοασπίδα (otoaspída)
earring: (το) σκουλαρίκι (skoularíki)
earth: (η) γη (gi)
earth's core: (ο) πυρήνα της γης (pyrína tis gis)
earth's crust: (ο) φλοιός της γης (floiós tis gis)
earthquake: (ο) σεισμός (seismós)
east: ανατολικά (anatoliká)
Easter: (το) Πάσχα (Páscha)
East Timor: (το) Ανατολικό Τιμόρ (Anatolikó Timór)
easy: εύκολος (éfkolos)
eat: τρώω (tróo)
economics: (τα) οικονομικά (oikonomiká)
economy class: (η) οικονομική θέση (oikonomikí thési)
Ecuador: (το) Εκουαδόρ (Ekouadór)
eczema: (το) έκζεμα (ékzema)
egg: (το) αυγό (avgó)
egg white: (το) ασπράδι αυγού (asprádi avgoú)
Egypt: (η) Αίγυπτος (Aígyptos)
einsteinium: (το) αϊνστάνιο (aïnstánio)
elbow: (ο) αγκώνας (ankónas)
electric guitar: (η) ηλεκτρική κιθάρα (ilektrikí kithára)
electrician: (ο) ηλεκτρολόγος (ilektrológos)
electric iron: (το) σίδερο (sídero)
electric shock: (η) ηλεκτροπληξία (ilektroplixía)
electron: (το) ηλεκτρόνιο (ilektrónio)
elephant: (ο) ελέφαντας (eléfantas)
elevator: (το) ασανσέρ (asansér)
elk: (το) μεγάλο ελάφι (megálo eláfi)
ellipse: (η) έλλειψη (élleipsi)
El Salvador: (το) Ελ Σαλβαδόρ (El Salvadór)
embassy: (η) πρεσβεία (presveía)
embryo: (το) έμβρυο (émvryo)
emergency: (η) έκτακτη ανάγκη (éktakti anánki)
emergency exit: (η) έξοδος κινδύνου (éxodos kindýnou)
emergency room: (το) δωμάτιο έκτακτης ανάγκης (domátio éktaktis anánkis)
employee: (ο/η) υπάλληλος (ypállilos)
employer: (ο/η) εργοδότης (ergodótis)
empty: άδειος (ádeios)

endocrinology: (η) ενδοκρινολογία (endokrinología)
energy drink: (το) ενεργειακό ποτό (energeiakó potó)
engagement: (ο) αρραβώνας (arravónas)
engagement ring: (το) δαχτυλίδι αρραβώνων (dachtylídi arravónon)
engine: (ο) κινητήρας (kinitíras)
engineer: (ο) μηχανικός (michanikós)
engine room: (το) μηχανοστάσιο (michanostásio)
English: (τα) Αγγλικά (Angliká)
enjoy: απολαμβάνω (apolamváno)
entrepreneur: (ο) επιχειρηματίας (epicheirimatías)
envelope: (ο) φάκελος (fákelos)
epilepsy: (η) επιληψία (epilipsía)
episiotomy: (η) περινεοτομή (perineotomí)
equation: (η) εξίσωση (exísosi)
equator: (ο) ισημερινός (isimerinós)
Equatorial Guinea: (η) Ισημερινή Γουινέα (Isimeriní Gouinéa)
erbium: (το) έρβιο (érvio)
Eritrea: (η) Ερυθραία (Erythraía)
espresso: (ο) εσπρέσο (espréso)
essay: (η) έκθεση (ékthesi)
Estonia: (η) Εσθονία (Esthonía)
Ethiopia: (η) Αιθιοπία (Aithiopía)
eucalyptus: (ο) ευκάλυπτος (efkályptos)
euro: (το) ευρώ (evró)
europium: (το) ευρώπιο (evrópio)
evening: νωρίς το βράδυ (norís to vrády)
evening dress: (το) βραδινό φόρεμα (vradinó fórema)
every: κάθε (káthe)
everybody: όλοι (óloi)
evidence: (η) απόδειξη (apódeixi)
evil: κακός (kakós)
exam: (οι) εξετάσεις (exetáseis)
excavator: (ο) εκσκαφέας (ekskaféas)
exclamation mark: (το) θαυμαστικό (thavmastikó)
excuse me: με συγχωρείτε (me synchoreíte)
exercise bike: (το) ποδήλατο γυμναστικής (podílato gymnastikís)
exhaust pipe: (η) εξάτμιση (exátmisi)
expensive: ακριβός (akrivós)
expiry date: (η) ημερομηνία λήξης (imerominía líxis)
eye: (το) μάτι (máti)
eyebrow: (το) φρύδι (frýdi)
eyebrow pencil: (το) μολύβι φρυδιών (molýni frydión)
eyelashes: (οι) βλεφαρίδες (vlefarídes)
eyeliner: (το) μολύβι ματιών (molýni matión)
eye shadow: (η) σκιά ματιών (skiá matión)

F

fabric: (το) ύφασμα (ýfasma)
face cream: (η) κρέμα προσώπου (kréma prosópou)
face mask: (η) μάσκα προσώπου (máska prosópou)
face powder: (η) πούδρα προσώπου (poúdra prosópou)
facial toner: (το) τόνερ προσώπου (tóner prosópou)
factory: (το) εργοστάσιο (ergostásio)
Fahrenheit: (ο) βαθμός Φαρενάιτ (vathmós Farenáit)
fail: αποτυγχάνω (apotyncháno)

faint: λιποθυμώ (lipothymó)
fair: δίκαιος (díkaios)
fairground: (το) πανηγύρι (panigýri)
falcon: (το) γεράκι (geráki)
Falkland Islands: (οι) Νήσοι Φώκλαντ (Nísoi Fóklant)
fall: πέφτω (péfto)
family picture: (η) οικογενειακή φωτογραφία (oikogeneiakí fotografía)
family therapy: (η) οικογενειακή θεραπεία (oikogeneiakí therapeía)
fan: (ο) ανεμιστήρας (anemistíras)
far: μακριά (makriá)
fare: (ο) ναύλος (návlos)
farm: (το) αγρόκτημα (agróktima)
farmer: (ο) αγρότης (agrótis)
Faroe Islands: (οι) Νήσοι Φερόες (Nísoi Feróes)
father: (ο) πατέρας (patéras)
father-in-law: (ο) πεθερός (petherós)
fat meat: (το) λιπαρό κρέας (liparó kréas)
fax: (το) φαξ (fax)
February: (ο) Φεβρουάριος (Fevrouários)
feed: ταΐζω (taízo)
fence: (η) περίφραξη (perífraxi)
fencing: (η) ξιφασκία (xifaskía)
feng shui: (το) φενγκ σούι (fen'nk soúi)
fennel: (το) μάραθο (máratho)
fermium: (το) φέρμιο (férmio)
fern: (η) φτέρη (ftéri)
ferry: (το) πορθμείο (porthmeío)
feta: (η) φέτα (féta)
fever: (ο) πυρετός (pyretós)
fever thermometer: (το) θερμόμετρο (thermómetro)
few: λίγα (líga)
fiancé: (ο) αρραβωνιαστικός (arravoniastikós)
fiancée: (η) αρραβωνιαστικιά (arravoniastikiá)
field hockey: (το) χόκεϊ επί χόρτου (chókeï epí chórtou)
fifth floor: (ο) πέμπτος όροφος (pémptos órofos)
fig: (το) σύκο (sýko)
fight: παλεύω (palévo)
figure skating: (το) καλλιτεχνικό πατινάζ (kallitechnikó patináz)
Fiji: (τα) Φίτζι (Fítzi)
file: (η) λίμα (líma), (το) αρχείο (archeío)
filter: (το) φίλτρο (fíltro)
fin: (το) βατραχοπέδιλο (vatrachopédilo)
find: βρίσκω (vrísko)
fine: (το) πρόστιμο (próstimo)
finger: (το) δάχτυλο (dáchtylo)
fingernail: (το) νύχι (nýchi)
fingerprint: (το) δακτυλικό αποτύπωμα (daktylikó apotýpoma)
Finland: (η) Φινλανδία (Finlandía)
fire: (η) φωτιά (fotiá)
fire alarm: (ο) συναγερμός πυρκαγιάς (synagermós pyrkagiás)
fire extinguisher: (ο) πυροσβεστήρας (pyrosvestíras)
firefighter: (ο) πυροσβέστης (pyrosvéstis)
firefighters: (η) πυροσβεστική (pyrosvestikí)
fire station: (το) πυροσβεστικό τμήμα (pyrosvestikó tmíma)
fire truck: (το) πυροσβεστικό όχημα (pyrosvestikó óchima)
first: (ο) πρώτος (prótos)
first basement floor: (το) πρώτο υπόγειο (próto ypógeio)

first class: (η) πρώτη θέση (próti thési)
first floor: (ο) πρώτος όροφος (prótos órofos)
fish: (το) ψάρι (psári), ψαρεύω (psarévo)
fish and chips: (το) ψάρι και πατάτες (psári kai patátes)
fishbone: (το) ψαροκόκαλο (psarokókalo)
fisherman: (ο) ψαράς (psarás)
fishing boat: (η) ψαρόβαρκα (psaróvarka)
fish market: (η) ψαραγορά (psaragorá)
fist: (η) γροθιά (grothiá)
fix: διορθώνω (diorthóno)
flamingo: (το) φλαμίνγκο (flamín'nko)
flash: (το) φλας (flas)
flat: επίπεδος (epípedos)
flat screen: (η) επίπεδη οθόνη (epípedi othóni)
flerovium: (το) φλερόβιο (fleróvio)
flip-flops: (οι) σαγιονάρες (sagionáres)
flip chart: (ο) πίνακας παρουσιάσεων (pínakas parousiáseon)
flood: (η) πλημμύρα (plimmýra)
floor: (το) πάτωμα (pátoma)
florist: (ο) ανθοπώλης (anthopólis)
flour: (το) αλεύρι (alévri)
flower: (το) λουλούδι (louloúdi)
flower bed: (το) παρτέρι (partéri)
flower pot: (η) γλάστρα (glástra)
flu: (η) γρίπη (grípi)
fluid: (το) υγρό (ygró)
fluorine: (το) φθόριο (fthório)
flute: (το) φλάουτο (fláouto)
fly: (η) μύγα (mýga), πετάω (petáo)
flyer: (το) φυλλάδιο (fylládio)
foetus: (το) έμβρυο (émvryo)
fog: (η) ομίχλη (omíchli)
foggy: ομιχλώδης (omichlódis)
folder: (το) ντοσιέ (ntosié), (ο) φάκελος (fákelos)
folk music: (η) παραδοσιακή μουσική (paradosiakí mousikí)
follow: ακολουθώ (akolouthó)
foot: (το) πόδι (pódi)
football: (το) ποδόσφαιρο (podósfairo), (η) μπάλα ποδοσφαίρου (bála podosfaírou), (η) μπάλα αμερικάνικου ποδοσφαίρου (bála amerikánikou podosfaírou)
football boots: (τα) παπούτσια ποδοσφαίρου (papoútsia podosfaírou)
football stadium: (το) γήπεδο ποδοσφαίρου (gípedo podosfaírou)
force: (η) δύναμη (dýnami)
forehead: (το) μέτωπο (métopo)
forest: (το) δάσος (dásos)
fork: (το) πιρούνι (piroúni)
forklift truck: (το) περονοφόρο όχημα (peronofóro óchima)
Formula 1: (η) φόρμουλα 1 (fórmoula 1)
foundation: (η) βάση μέικαπ (vási méikap)
fountain: (το) σιντριβάνι (sintriváni)
fourth: (ο) τέταρτος (tétartos)
fox: (η) αλεπού (alepoú)
fraction: (το) κλάσμα (klásma)
fracture: (το) κάταγμα (kátagma)
France: (η) Γαλλία (Gallía)
francium: (το) φράγκιο (fránkio)
freckles: (οι) φακίδες (fakídes)
freestyle skiing: (το) ελεύθερο σκι (eléfthero ski)

freezer: (ο) καταψύκτης (katapsýktis)
freight train: (το) εμπορικό τρένο (emporikó tréno)
French: (τα) Γαλλικά (Galliká)
French fries: (οι) τηγανητές πατάτες (tiganités patátes)
French horn: (η) γαλλική κόρνα (gallikí kórna)
French Polynesia: (η) Γαλλική Πολυνησία (Gallikí Polynisía)
Friday: (η) Παρασκευή (Paraskeví)
fridge: (το) ψυγείο (psygeío)
fried noodles: (τα) τηγανητά νούντλς (tiganitá noúntls)
fried rice: (το) τηγανητό ρύζι (tiganitó rýzi)
fried sausage: (το) τηγανητό λουκάνικο (tiganitó loukániko)
friend: (ο) φίλος (fílos)
friendly: φιλικός (filikós)
frog: (ο) βάτραχος (vátrachos)
front: μπροστά (brostá)
front door: (η) εξώπορτα (exóporta)
front light: (το) μπροστινό φως (brostinó fos)
front seat: (το) μπροστινό κάθισμα (brostinó káthisma)
fruit gum: (η) τσίχλα φρούτων (tsíchla froúton)
fruit merchant: (το) οπωροπωλείο (oporopoleío)
fruit salad: (η) φρουτοσαλάτα (froutosaláta)
fry: τηγανίζω (tiganízo)
full: χορτάτος (chortátos), γεμάτος (gemátos)
full stop: (η) τελεία (teleía)
funeral: (η) κηδεία (kideía)
funnel: (το) χωνί (choní)
funny: αστείος (asteíos)
furniture store: (το) κατάστημα επίπλων (katástima epíplon)

G

Gabon: (η) Γκαμπόν (Nkampón)
gadolinium: (το) γαδολίνιο (gadolínio)
gain weight: παίρνω βάρος (paírno város)
galaxy: (ο) γαλαξίας (galaxías)
gall bladder: (η) χοληδόχος κύστη (cholidóchos kýsti)
gallium: (το) γάλιο (gállio)
gamble: στοιχηματίζω (stoichimatízo)
game: (το) κρέας από κυνήγι (kréas apó kynígi)
garage: (το) γκαράζ (nkaráz)
garage door: (η) γκαραζόπορτα (nkarazóporta)
garbage bin: (ο) κάδος σκουπιδιών (kádos skoupidión)
garden: (ο) κήπος (kípos)
gardener: (ο) κηπουρός (kipourós)
garlic: (το) σκόρδο (skórdo)
gas: (το) αέριο (aério)
gear lever: (ο) μοχλός ταχυτήτων (mochlós tachytíton)
gear shift: (ο) μοχλός ταχυτήτων (mochlós tachytíton)
gecko: (η) σαύρα γκέκο (sávra nkéko)
gender: (το) φύλο (fýlo)
general manager: (ο) γενικός διευθυντής (genikós diefthyntís)
generator: (η) γεννήτρια (gennítria)
generous: γενναιόδωρος (gennaiódoros)
geography: (η) γεωγραφία (geografía)
geometry: (η) γεωμετρία (geometría)
Georgia: (η) Γεωργία (Georgía)

German: (τα) Γερμανικά (Germaniká)
germanium: (το) γερμάνιο (germánio)
Germany: (η) Γερμανία (Germanía)
geyser: (ο) θερμοπίδακας (thermopídakas)
Ghana: (η) Γκάνα (Nkána)
Gibraltar: (το) Γιβραλτάρ (Givraltár)
gin: (το) τζιν (tzin)
ginger: (το) τζίντζερ (tzíntzer), (ο) κοκκινομάλλης (kokkinomállis)
giraffe: (η) καμηλοπάρδαλη (kamilopárdali)
girl: (το) κορίτσι (korítsi)
girlfriend: (η) φίλη (fíli)
give: δίνω (díno)
give a massage: κάνω μασάζ (káno masáz)
glacier: (ο) παγετώνας (pagetónas)
gladiolus: (η) γλαδιόλα (gladióla)
glass: (το) ποτήρι (potíri)
glasses: (τα) γυαλιά (gyaliá)
glider: (το) ανεμόπτερο (anemóptero)
glove: (το) γάντι (gánti)
glue: (η) κόλλα (kólla)
gluten: (η) γλουτένη (glouténi)
goal: (το) τέρμα (térma)
goat: (η) κατσίκα (katsíka)
gold: (ο) χρυσός (chrysós)
Gold is more expensive than silver: Ο χρυσός είναι ακριβότερος από το ασήμι (O chrysós eínai akrivóteros apó to asími)
gold medal: (το) χρυσό μετάλλιο (chrysó metállio)
golf: (το) γκολφ (nkolf)
golf ball: (η) μπάλα του γκολφ (bála tou nkolf)
golf club: (η) λέσχη γκολφ (léschi nkolf)
golf course: (το) γήπεδο γκολφ (gípedo nkolf)
good: καλός (kalós)
good bye: αντίο σας (antío sas)
good day: καλημέρα (kaliméra)
goose: (η) χήνα (chína)
go straight: πήγαινε ευθεία (pígaine eftheía)
goulash: (το) γκούλας (nkoúlas)
GPS: (το) GPS (GPS)
graduation: (η) αποφοίτηση (apofoítisi)
graduation ceremony: (η) τελετή αποφοίτησης (teletí apofoítisis)
gram: (το) γραμμάριο (grammário)
grandchild: (το) εγγόνι (engóni)
granddaughter: (η) εγγονή (engoní)
grandfather: (ο) παππούς (pappoús)
grandmother: (η) γιαγιά (giagiá)
grandson: (ο) εγγονός (engonós)
granite: (ο) γρανίτης (granítis)
granulated sugar: (η) κρυσταλλική ζάχαρη (krystallikí záchari)
grape: (το) σταφύλι (stafýli)
grapefruit: (το) γκρέιπφρουτ (nkréipfrout)
graphite: (ο) γραφίτης (grafítis)
grass: (το) γρασίδι (grasídi)
grasshopper: (η) ακρίδα (akrída)
grater: (ο) τρίφτης (tríftis)
grave: (ο) τάφος (táfos)
gravity: (η) βαρύτητα (varýtita)
Greece: (η) Ελλάδα (Elláda)

greedy: άπληστος (áplistos)
green: πράσινο (prásino)
greenhouse: (το) θερμοκήπιο (thermokípio)
Greenland: (η) Γροιλανδία (Groilandía)
green tea: (το) πράσινο τσάι (prásino tsái)
Grenada: (η) Γρενάδα (Grenáda)
grey: γκρί (nkrí)
groom: (ο) γαμπρός (gamprós)
ground floor: (το) ισόγειο (isógeio)
group therapy: (η) ομαδική θεραπεία (omadikí therapeía)
grow: μεγαλώνω (megalóno)
Guatemala: (η) Γουατεμάλα (Gouatemála)
guest: (ο) επισκέπτης (episképtis)
guilty: ένοχος (énochos)
Guinea: (η) Γουινέα (Gouinéa)
Guinea-Bissau: (η) Γουινέα-Μπισσάου (Gouinéa-Bissáou)
guinea pig: (το) ινδικό χοιρίδιο (indikó choirídio)
guitar: (η) κιθάρα (kithára)
gun: (το) όπλο (óplo)
Guyana: (η) Γουιάνα (Gouiána)
gym: (το) γυμναστήριο (gymnastírio)
gymnastics: (η) ενόργανη γυμναστική (enórgani gymnastikí)
gynaecology: (η) γυναικολογία (gynaikología)

H

hafnium: (το) άφνιο (áfnio)
hair: (η) τρίχα (trícha)
hairdresser: (ο) κομμωτής (kommotís)
hairdryer: (το) πιστολάκι μαλλιών (pistoláki mallión)
hair gel: (το) ζελέ μαλλιών (zelé mallión)
hair straightener: (το) ισιωτικό μαλλιών (isiotikó mallión)
Haiti: (η) Αϊτή (Aïtí)
half an hour: (η) μισή ώρα (misí óra)
Halloween: (το) Χάλοουιν (Cháloouin)
ham: (το) ζαμπόν (zampón)
hamburger: (το) χάμπουργκερ (chámpournker)
hammer: σφυρηλατώ (sfyrilató), (το) σφυρί (sfyrí)
hammer throw: (η) σφυροβολία (sfyrovolía)
hamster: (το) χάμστερ (chámster)
hand: (το) χέρι (chéri)
handbag: (η) τσάντα (tsánta)
handball: (η) χειροσφαίριση (cheirosfaírisi)
hand brake: (το) χειρόφρενο (cheirófreno)
handcuff: (οι) χειροπέδες (cheiropédes)
handsaw: (το) πριόνι χειρός (prióni cheirós)
handsome: όμορφος (ómorfos)
happy: χαρούμενος (charoúmenos)
harbour: (το) λιμάνι (limáni)
hard: σκληρός (sklirós)
hard drive: (ο) σκληρός δίσκος (sklirós dískos)
harmonica: (η) φυσαρμόνικα (fysarmónika)
harp: (η) άρπα (árpa)
hassium: (το) χάσιο (chásio)
hat: (το) καπέλο (kapélo)
hay fever: (η) αλλεργική ρινίτιδα (allergikí rinítida)

hazelnut: (το) φουντούκι (fountoúki)
he: αυτός (aftós)
head: (το) κεφάλι (kefáli)
headache: (ο) πονοκέφαλος (ponokéfalos)
heading: (η) επικεφαλίδα (epikefalída)
head injury: (το) τραύμα στο κεφάλι (trávma sto kefáli)
healthy: υγιής (ygiís)
heart: (η) καρδιά (kardiá)
heart attack: (το) έμφραγμα (émfragma)
heating: (η) θέρμανση (thérmansi)
heavy: βαρύς (varýs)
heavy metal: (το) χέβι μετάλ (chévi metál)
hedge: (ο) φράχτης (fráchtis)
hedgehog: (ο) σκαντζόχοιρος (skantzóchoiros)
heel: (η) φτέρνα (ftérna), (το) τακούνι (takoúni)
height: (το) ύψος (ýpsos)
heir: (ο/η) κληρονόμος (klironómos)
helicopter: (το) ελικόπτερο (elikóptero)
helium: (το) ήλιο (ílio)
hello: χαίρετε (chaírete)
helmet: (το) κράνος (krános)
help: βοηθώ (voithó)
hemorrhoid: (οι) αιμορροΐδες (aimorroḯdes)
her dress: το φόρεμά της (to fóremá tis)
here: εδώ (edó)
heritage: (η) κληρονομιά (klironomiá)
hexagon: (το) εξάγωνο (exágono)
hi: γεια (geia)
hide: κρύβω (krývo)
high: ψηλός (psilós)
high-speed train: (το) τρένο υψηλής ταχύτητας (tréno ypsilís tachýtitas)
high blood pressure: (η) υψηλή πίεση του αίματος (ypsilí píesi tou aímatos)
high heels: (τα) ψηλοτάκουνα (psilotákouna)
high jump: (το) άλμα εις ύψος (álma eis ýpsos)
high school: (το) λύκειο (lýkeio)
hiking: (η) πεζοπορία (pezoporía)
hiking boots: (οι) ορειβατικές μπότες (oreivatikés bótes)
hill: (ο) λόφος (lófos)
Himalayas: (τα) Ιμαλάια (Imaláia)
hippo: (ο) ιπποπόταμος (ippopótamos)
his car: το αυτοκίνητό του (to aftokínitó tou)
history: (η) ιστορία (istoría)
hit: χτυπάω (chtypáo)
hockey stick: (το) μπαστούνι του χόκεϊ (bastoúni tou chókeï)
hoe: (η) τσάπα (tsápa)
hole puncher: (ο) διακορευτής (diakoreftís)
holmium: (το) όλμιο (ólmio)
holy: άγιος (ágios)
homework: (η) εργασία για το σπίτι (ergasía gia to spíti)
homoeopathy: (η) ομοιοπαθητική (omoiopathitikí)
Honduras: (η) Ονδούρα (Ondoúra)
honey: (το) μέλι (méli)
honeymoon: (ο) μήνας του μέλιτος (mínas tou mélitos)
Hong Kong: (το) Χονγκ Κονγκ (Chon'nk Kon'nk)
horn: (η) κόρνα (kórna)
horror movie: (η) ταινία τρόμου (tainía trómou)
horse: (το) άλογο (álogo)

hose: (η) μάνικα (mánika)
hospital: (το) νοσοκομείο (nosokomeío)
host: (ο) παρουσιαστής (parousiastís)
hostel: (ο) ξενώνας (xenónas)
hot: καυτερός (kafterós), ζεστός (zestós)
hot-air balloon: (το) αερόστατο (aeróstato)
hot-water bottle: (η) θερμοφόρα (thermofóra)
hot chocolate: (η) ζεστή σοκολάτα (zestí sokoláta)
hot dog: (το) χοτ ντογκ (chot ntonk)
hotel: (το) ξενοδοχείο (xenodocheío)
hot pot: (το) φοντύ (fontý)
hour: (η) ώρα (óra)
house: (το) σπίτι (spíti)
houseplant: (το) φυτό σπιτιού (fytó spitioú)
how: πώς (pós)
How are you?: Τί κάνεις; (Tí káneis?)
how many?: πόσα; (pósa?)
how much?: πόσο; (póso?)
How much is this?: Πόσο κάνει αυτό; (Póso kánei aftó?)
huge: τεράστιος (terástios)
human resources: (το) ανθρώπινο δυναμικό (anthrópino dynamikó)
humidity: (η) υγρασία (ygrasía)
Hungary: (η) Ουγγαρία (Oungaría)
hungry: πεινασμένος (peinasménos)
hurdles: (ο) δρόμος μετ' εμποδίων (drómos met' empodíon)
hurricane: (ο) τυφώνας (tyfónas)
husband: (ο) σύζυγος (sýzygos)
hydrant: (ο) κρουνός (krounós)
hydroelectric power station: (ο) σταθμός υδροηλεκτρικής ενέργειας (stathmós ydroilektrikís enérgeias)
hydrogen: (το) υδρογόνο (ydrogóno)
hydrotherapy: (η) υδροθεραπεία (ydrotherapeía)
hyphen: (η) παύλα (pávla)
hypnosis: (η) ύπνωση (ýpnosi)

I

I: εγώ (egó)
I agree: συμφωνώ (symfonó)
ice: (ο) πάγος (págos)
ice climbing: (η) αναρρίχηση σε πάγο (anarríchisi se págo)
ice cream: (το) παγωτό (pagotó)
iced coffee: (ο) παγωμένος καφές (pagoménos kafés)
ice hockey: (το) χόκεϊ επί πάγου (chókeï epí págou)
Iceland: (η) Ισλανδία (Islandía)
ice rink: (το) παγοδρόμιο (pagodrómio)
ice skating: (η) παγοδρομία (pagodromía)
icing sugar: (η) ζάχαρη άχνη (záchari áchni)
icon: (το) εικονίδιο (eikonídio)
I don't know: Δεν ξέρω (Den xéro)
I don't like this: Δεν μου αρέσει αυτό (Den mou arései aftó)
I don't understand: Δεν καταλαβαίνω (Den katalavaíno)
if: αν (an)
I have a dog: Έχω ένα σκύλο (Écho éna skýlo)
I know: Ξέρω (Xéro)
I like you: Μου αρέσεις (Mou aréseis)
I love you: Σε αγαπώ (Se agapó)

I miss you: μου λείπεις (mou leípeis)
immediately: αμέσως (amésos)
inbox: (τα) εισερχόμενα (eiserchómena)
inch: (η) ίντσα (íntsa)
index finger: (ο) δείκτης (deíktis)
India: (η) Ινδία (Indía)
Indian Ocean: (ο) Ινδικός Ωκεανός (Indikós Okeanós)
indium: (το) ίνδιο (índio)
Indonesia: (η) Ινδονησία (Indonisía)
industrial district: (η) βιομηχανική περιοχή (viomichanikí periochí)
I need this: Το χρειάζομαι (To chreiázomai)
infant: (το) βρέφος (vréfos)
infection: (η) μόλυνση (mólynsi)
infusion: (ο) ορός (orós)
inhaler: (ο) εισπνευστήρας (eispnefstíras)
injure: τραυματίζω (travmatízo)
injury: (ο) τραυματισμός (travmatismós)
ink: (το) μελάνι (meláni)
inking roller: (το) ρολό βαψίματος (roló vapsímatos)
insect repellent: (το) εντομοαπωθητικό (entomoapothitikó)
inside: μέσα (mésa)
instant camera: (η) στιγμιαία κάμερα (stigmiaía kámera)
instant noodles: (τα) στιγμιαία νουντλς (stigmiaía nountls)
insulating tape: (η) μονωτική ταινία (monotikí tainía)
insulin: (η) ινσουλίνη (insoulíni)
insurance: (η) ασφάλεια (asfáleia)
intensive care unit: (η) μονάδα εντατικής θεραπείας (monáda entatikís therapeías)
interest: (ο) τόκος (tókos)
intern: (ο) εκπαιδευόμενος (ekpaidevómenos)
intersection: (η) διασταύρωση (diastávrosi)
intestine: (το) έντερο (éntero)
investment: (η) επένδυση (ependysi)
iodine: (το) ιώδιο (iódio)
ion: (το) ιόν (ión)
Iran: (το) Ιράν (Irán)
Iraq: (το) Ιράκ (Irák)
Ireland: (η) Ιρλανδία (Irlandía)
iridium: (το) ιρίδιο (irídio)
iris: (η) ίρις (íris)
iron: σιδερώνω (sideróno), (ο) σίδηρος (sídiros)
ironing table: (η) σιδερώστρα (sideróstra)
island: (το) νησί (nisí)
isotope: (το) ισότοπο (isótopo)
Israel: (το) Ισραήλ (Israíl)
IT: (η) πληροφορική (pliroforikí)
Italy: (η) Ιταλία (Italía)
Ivory Coast: (η) Ακτή Ελεφαντοστού (Aktí Elefantostoú)
I want more: Θέλω κι άλλο (Thélo ki állo)
I want this: θέλω αυτό (thélo aftó)

J

jack: (ο) γρύλος (grýlos)
jacket: (το) τζάκετ (tzáket)
jackfruit: (το) τζάκφρουτ (tzákfrout)
jade: (ο) νεφρίτης (nefrítis)

jam: (η) μαρμελάδα (marmeláda)
Jamaica: (η) Τζαμάικα (Tzamáika)
January: (ο) Ιανουάριος (Ianouários)
Japan: (η) Ιαπωνία (Iaponía)
Japanese: (τα) Ιαπωνικά (Iaponiká)
jar: (το) βαζάκι (vazáki)
javelin throw: (ο) ακοντισμός (akontismós)
jawbone: (η) γνάθος (gnáthos)
jazz: (η) τζαζ (tzaz)
jeans: (το) τζιν παντελόνι (tzin panteloni)
jellyfish: (η) μέδουσα (médousa)
jersey: (η) φανέλα (fanéla)
jet ski: (το) τζετ σκι (tzet ski)
jeweller: (ο) κοσμηματοπώλης (kosmimatopólis)
jive: (το) τζάιβ (tzáiv)
job: (η) δουλειά (douleiá)
jogging bra: (το) αθλητικό σουτιέν (athlitikó soutién)
joke: (το) αστείο (asteío)
Jordan: (η) Ιορδανία (Iordanía)
journalist: (ο) δημοσιογράφος (dimosiográfos)
judge: (ο) δικαστής (dikastís)
judo: (το) τζούντο (tzoúnto)
juicy: χυμώδης (chymódis)
July: (ο) Ιούλιος (Ioúlios)
jump: πηδάω (pidáo)
June: (ο) Ιούνιος (Ioúnios)
junior school: (το) δημοτικό σχολείο (dimotikó scholeío)
Jupiter: (ο) Δίας (Días)
jury: (οι) ένορκοι (énorkoi)

K

kangaroo: (το) καγκουρό (kankouró)
karate: (το) καράτε (karáte)
kart: (το) καρτ (kart)
Kazakhstan: (το) Καζακστάν (Kazakstán)
kebab: (το) κεμπάπ (kempáp)
kennel: (το) σκυλόσπιτο (skylóspito)
Kenya: (η) Κένυα (Kénya)
kettle: (ο) βραστήρας (vrastíras)
kettledrum: (το) τύμπανο (týmpano)
key: (το) κλειδί (kleidí)
keyboard: (τα) πλήκτρα (plíktra), (το) πληκτρολόγιο (pliktrológio)
key chain: (το) μπρελόκ (brelók)
keyhole: (η) κλειδαρότρυπα (kleidarótrypa)
kick: κλωτσάω (klotsáo)
kidney: (ο) νεφρός (nefrós)
kill: σκοτώνω (skotóno)
killer whale: (η) όρκα (órka)
kilogram: (το) κιλό (kiló)
kindergarten: (το) νηπιαγωγείο (nipiagogeío)
kindergarten teacher: (ο) νηπιαγωγός (nipiagogós)
Kiribati: (το) Κιριμπάτι (Kirimpáti)
kiss: φιλώ (filó), (το) φιλί (filí)
kitchen: (η) κουζίνα (kouzína)
kiwi: (το) ακτινίδιο (aktinídio)

knee: (το) γόνατο (gónato)
kneecap: (η) επιγονατίδα (epigonatída)
knife: (το) μαχαίρι (machaíri)
knit cap: (το) πλεκτό καπέλο (plektó kapélo)
know: ξέρω (xéro)
koala: (το) κοάλα (koála)
Kosovo: (το) Κόσοβο (Kósovo)
krone: (η) κορόνα (koróna)
krypton: (το) κρυπτό (kryptó)
Kuwait: (το) Κουβέιτ (Kouvéit)
Kyrgyzstan: (η) Κιργιζία (Kirgizía)

L

laboratory: (το) εργαστήριο (ergastírio)
lace: (το) κορδόνι (kordóni)
lacrosse: (το) λακρός (lakrós)
ladder: (η) σκάλα (skála)
ladle: (η) κουτάλα (koutála)
ladybird: (η) πασχαλίτσα (paschalítsa)
lake: (η) λίμνη (límni)
lamb: (το) αρνίσιο (arnísio)
lamp: (η) λάμπα (lámpa)
landlord: (ο) σπιτονοικοκύρης (spitonoikokýris)
lanthanum: (το) λανθάνιο (lanthánio)
Laos: (το) Λάος (Láos)
laptop: (ο) φορητός υπολογιστής (foritós ypologistís)
larch: (η) λάριξ (lárix)
lasagne: (τα) λαζάνια (lazánia)
last month: τον προηγούμενο μήνα (ton proigoúmeno mína)
last week: την προηγούμενη εβδομάδα (tin proigoúmeni evdomáda)
last year: πέρυσι (pérysi)
Latin: (τα) λατινικά (latiniká)
Latin dance: (ο) Λάτιν χορός (Látin chorós)
latitude: (το) γεωγραφικό πλάτος (geografikó plátos)
Latvia: (η) Λετονία (Letonía)
laugh: γελάω (geláo)
laundry: (τα) άπλυτα (áplyta)
laundry basket: (το) καλάθι άπλυτων (kaláthi áplyton)
lava: (η) λάβα (láva)
law: (ο) νόμος (nómos)
lawn mower: (η) μηχανή γκαζόν (michaní nkazón)
lawrencium: (το) λωρένσιο (lorénsio)
lawyer: (ο) δικηγόρος (dikigóros)
lazy: τεμπέλης (tempélis)
lead: (ο) μόλυβδος (mólyvdos)
leaf: (το) φύλλο (fýllo)
leaflet: (το) φυλλάδιο (fylládio)
lean meat: (το) άπαχο κρέας (ápacho kréas)
leather shoes: (τα) δερμάτινα παπούτσια (dermátina papoútsia)
Lebanon: (ο) Λίβανος (Lívanos)
lecture: (η) διάλεξη (diálexi)
lecturer: (ο) ομιλητής (omilitís)
lecture theatre: (το) αμφιθέατρο (amfithéatro)
leek: (το) πράσο (práso)
left: αριστερά (aristerá)

leg: (το) πόδι (pódi)
legal department: (το) νομικό τμήμα (nomikó tmíma)
leggings: (το) κολάν (kolán)
leg press: (η) πρέσα ποδιών (présa podión)
lemon: (το) λεμόνι (lemóni)
lemonade: (η) λεμονάδα (lemonáda)
lemongrass: (το) μελισσόχορτο (melissóchorto)
lemur: (ο) λεμούριος (lemoúrios)
leopard: (η) λεοπάρδαλη (leopárdali)
Lesotho: (το) Λεσότο (Lesóto)
less: λιγότερο (ligótero)
lesson: (το) μάθημα (máthima)
Let's go home: Πάμε σπίτι (Páme spíti)
letter: (το) γράμμα (grámma)
lettuce: (το) μαρούλι (maroúli)
Liberia: (η) Λιβερία (Livería)
librarian: (ο) βιβλιοθηκάριος (vivliothikários)
library: (η) βιβλιοθήκη (vivliothíki)
Libya: (η) Λιβύη (Livýi)
lie: ξαπλώνω (xaplóno)
Liechtenstein: (το) Λιχτενστάιν (Lichtenstáin)
lifeboat: (η) σωσίβια λέμβος (sosívia lémvos)
life buoy: (το) σωσίβιο (sosívio)
lifeguard: (ο) ναυαγοσώστης (navagosóstis)
life jacket: (το) σωσίβιο γιλέκο (sosívio giléko)
lift: σηκώνω (sikóno)
light: ελαφρύς (elafrýs), φωτεινός (foteinós)
light bulb: (η) λάμπα (lámpa)
lighter: (ο) αναπτήρας (anaptíras)
lighthouse: (ο) φάρος (fáros)
lightning: (η) αστραπή (astrapí)
light switch: (ο) διακόπτης φωτός (diakóptis fotós)
like: μου αρέσει (mou arései)
lime: (το) λάιμ (láim)
limestone: (ο) ασβεστόλιθος (asvestólithos)
limousine: (η) λιμουζίνα (limouzína)
lingerie: (τα) εσώρουχα (esóroucha)
lion: (το) λιοντάρι (liontári)
lip: (το) χείλος (cheílos)
lip balm: (το) λιποζάν (lipozán)
lip gloss: (το) λιπ γκλος (lip nklos)
lipstick: (το) κραγιόν (kragión)
liqueur: (το) λικέρ (likér)
liquorice: (η) γλυκόριζα (glykóriza)
listen: ακούω (akoúo)
liter: (το) λίτρο (lítro)
literature: (η) λογοτεχνία (logotechnía)
lithium: (το) λίθιο (líthio)
Lithuania: (η) Λιθουανία (Lithouanía)
little black dress: (το) μικρό μαύρο φόρεμα (mikró mávro fórema)
little brother: (ο) μικρός αδερφός (mikrós aderfós)
little finger: (το) μικρό δάχτυλο (mikró dáchtylo)
little sister: (η) μικρή αδερφή (mikrí aderfí)
live: ζω (zo)
liver: (το) συκώτι (sykóti)
livermorium: (το) λιβερμόριο (livermório)
living room: (το) σαλόνι (salóni)

lizard: (η) σαύρα (sávra)
llama: (το) λάμα (láma)
loan: (το) δάνειο (dáneio)
lobby: (η) αίθουσα αναμονής (aíthousa anamonís)
lobster: (ο) αστακός (astakós)
lock: κλειδώνω (kleidóno)
locomotive: (η) μηχανή τρένου (michaní trénou)
lonely: μοναχικός (monachikós)
long: μακρύς (makrýs)
longitude: (το) γεωγραφικό μήκος (geografikó míkos)
long jump: (το) άλμα εις μήκος (álma eis míkos)
look for: ψάχνω (psáchno)
loppers: (το) κλαδευτήρι (kladeftíri)
lorry: (το) φορτηγό (fortigó)
lorry driver: (ο) οδηγός φορτηγού (odigós fortigoú)
lose: χάνω (cháno)
lose weight: χάνω βάρος (cháno város)
loss: (η) απώλεια (apóleia)
lotus root: (η) ρίζα λωτού (ríza lotoú)
loud: θορυβώδης (thoryvódis)
loudspeaker: (το) ηχείο (icheío)
love: αγαπώ (agapó), (η) αγάπη (agápi)
lovesickness: (ο) ερωτικός καημός (erotikós kaimós)
low: χαμηλός (chamilós)
lubricant: (το) λιπαντικό (lipantikó)
luge: (το) λουτζ (loutz)
luggage: (οι) αποσκευές (aposkevés)
lunar eclipse: (η) έκλειψη σελήνης (ékleipsi selínis)
lunch: (το) μεσημεριανό (mesimerianó)
lung: (ο) πνεύμονας (pnévmonas)
lutetium: (το) λουτήτιο (loutítio)
Luxembourg: (το) Λουξεμβούργο (Louxemvoúrgo)
lychee: (το) λίτσι (lítsi)
lyrics: (οι) στίχοι (stíchoi)

M

Macao: (το) Μακάο (Makáo)
Macedonia: (η) Μακεδονία (Makedonía)
Madagascar: (η) Μαδαγασκάρη (Madagaskári)
magazine: (το) περιοδικό (periodikó)
magma: (το) μάγμα (mágma)
magnesium: (το) μαγνήσιο (magnísio)
magnet: (ο) μαγνήτης (magnítis)
magnetic resonance imaging: (η) μαγνητική τομογραφία (magnitikí tomografía)
magpie: (η) καρακάξα (karakáxa)
mailbox: (το) γραμματοκιβώτιο (grammatokivótio)
Malawi: (το) Μαλάουι (Maláoui)
Malaysia: (η) Μαλαισία (Malaisía)
Maldives: (οι) Μαλδίβες (Maldíves)
Mali: (το) Μάλι (Máli)
Malta: (η) Μάλτα (Málta)
man: (ο) άνδρας (ándras)
manager: (ο) μάνατζερ (mánatzer)
Mandarin: (τα) Κινέζικα (Kinézika)
manganese: (το) μαγγάνιο (mangánio)

mango: (το) μάνγκο (mán'nko)
manhole cover: (το) κάλυμμα φρεατίου (kálymma freatíou)
manicure: (το) μανικιούρ (manikioúr)
mannequin: (το) μανεκέν (manekén)
many: πολλά (pollá)
map: (ο) χάρτης (chártis)
maple: (ο) σφένδαμνος (sféndamnos)
maple syrup: (το) σιρόπι σφενδάμου (sirópi sfendámou)
marathon: (ο) μαραθώνιος (marathónios)
March: (ο) Μάρτιος (Mártios)
marjoram: (η) μαντζουράνα (mantzourána)
market: (η) αγορά (agorá)
marketing: (το) μάρκετινγκ (márketin'nk)
marry: παντρεύομαι (pantrévomai)
Mars: (ο) Άρης (Áris)
marsh: (το) έλος (élos)
Marshall Islands: (οι) Νήσοι Μάρσαλ (Nísoi Mársal)
marshmallow: (το) μαρσμέλοου (marsméloou)
martini: (το) μαρτίνι (martíni)
mascara: (η) μάσκαρα (máskara)
mashed potatoes: (ο) πουρές πατάτας (pourés patátas)
massage: (το) μασάζ (masáz)
masseur: (ο) μασέρ (masér)
mast: (το) κατάρτι (katárti)
master: (το) μεταπτυχιακό (metaptychiakó)
match: (το) σπίρτο (spírto)
mathematics: (τα) μαθηματικά (mathimatiká)
mattress: (το) στρώμα (stróma)
Mauritania: (η) Μαυριτανία (Mavritanía)
Mauritius: (ο) Μαυρίκιος (Mavríkios)
May: (ο) Μάιος (Máios)
mayonnaise: (η) μαγιονέζα (magionéza)
measles: (η) ιλαρά (ilará)
measure: μετράω (metráo)
meat: (το) κρέας (kréas)
meatball: (ο) κεφτές (keftés)
mechanic: (ο) μηχανικός (michanikós)
medal: (το) μετάλλιο (metállio)
meditation: (ο) διαλογισμός (dialogismós)
Mediterranean Sea: (η) Μεσόγειος Θάλασσα (Mesógeios Thálassa)
meerkat: (η) σουρικάτα (sourikáta)
meet: συναντάω (synantáo)
meeting room: (η) αίθουσα συνεδριάσεων (aíthousa synedriáseon)
meitnerium: (το) μαϊτνέριο (maïtnério)
melody: (η) μελωδία (melodía)
member: (το) μέλος (mélos)
membership: (η) ιδιότητα μέλους (idiótita mélous)
mendelevium: (το) μεντελέβιο (mentelévio)
menu: (το) μενού (menoú)
Mercury: (ο) Ερμής (Ermís)
mercury: (ο) υδράργυρος (ydrárgyros)
metal: (το) μέταλλο (métallo)
metalloid: (το) μεταλλοειδές (metalloeidés)
meteorite: (ο) μετεωρίτης (meteorítis)
meter: (το) μέτρο (métro)
methane: (το) μεθάνιο (methánio)
metropolis: (η) μητρόπολη (mitrópoli)

Mexico: (το) Μεξικό (Mexikó)
Micronesia: (η) Μικρονησία (Mikronisía)
microscope: (το) μικροσκόπιο (mikroskópio)
microwave: (ο) φούρνος μικροκυμάτων (foúrnos mikrokymáton)
middle finger: (το) μεσαίο δάχτυλο (mesaío dáchtylo)
midnight: (τα) μεσάνυχτα (mesánychta)
midwife: (η) μαία (maía)
migraine: (η) ημικρανία (imikranía)
mile: (το) μίλι (míli)
milk: (το) γάλα (gála)
milk powder: (η) σκόνη γάλακτος (skóni gálaktos)
milkshake: (το) μιλκσέικ (milkséik)
milk tea: (το) τσάι με γάλα (tsái me gála)
Milky Way: (ο) Γαλαξίας (Galaxías)
millennium: (η) χιλιετία (chilietía)
milliliter: (το) χιλιοστόλιτρο (chiliostólitro)
millimeter: (το) χιλιοστό (chiliostó)
minced meat: (ο) κιμάς (kimás)
minibar: (το) μίνι μπαρ (míni bar)
minibus: (το) μίνι λεωφορείο (míni leoforeío)
minister: (ο) υπουργός (ypourgós)
mint: (η) μέντα (ménta)
minute: (το) λεπτό (leptó)
mirror: (ο) καθρέφτης (kathréftis)
miscarriage: (η) αποβολή (apovolí)
mitt: (το) γάντι πυγμαχίας (gánti pygmachías)
mixer: (το) μίξερ (míxer)
mobile phone: (το) κινητό τηλέφωνο (kinitó tiléfono)
mocha: (η) μόκα (móka)
model: (το) μοντέλο (montélo)
modern pentathlon: (το) μοντέρνο πένταθλο (montérno péntathlo)
Moldova: (η) Μολδαβία (Moldavía)
molecule: (το) μόριο (mório)
molybdenum: (το) μολυβδαίνιο (molyvdaínio)
Monaco: (το) Μονακό (Monakó)
Monday: (η) Δευτέρα (Deftéra)
money: (τα) χρήματα (chrímata)
Mongolia: (η) Μογγολία (Mongolía)
monk: (ο) καλόγερος (kalógeros)
monkey: (η) μαϊμού (maïmoú)
Monopoly: (η) Μονόπολη (Monópoli)
monorail: (ο) μονόγραμμος (monógrammos)
monsoon: (ο) μουσώνας (mousónas)
Montenegro: (το) Μαυροβούνιο (Mavrovoúnio)
month: (ο) μήνας (mínas)
Montserrat: (το) Μοντσερράτ (Montserrát)
monument: (το) μνημείο (mnimeío)
moon: (το) φεγγάρι (fengári)
more: περισσότερο (perissótero)
morning: (το) πρωί (proí)
Morocco: (το) Μαρόκο (Maróko)
mosque: (το) τζαμί (tzamí)
mosquito: (το) κουνούπι (kounoúpi)
most: πλέον (pléon)
moth: (ο) σκώρος (skóros)
mother: (η) μητέρα (mitéra)
mother-in-law: (η) πεθερά (petherá)

motocross: (το) μοτοκρός (motokrós)
motor: (η) μηχανή (michaní)
motorcycle: (η) μοτοσυκλέτα (motosykléta)
motorcycle racing: (ο) αγώνας μοτοσυκλέτας (agónas motosyklétas)
motor scooter: (το) σκούτερ (skoúter)
motorway: (ο) αυτοκινητόδρομος (aftokinitódromos)
mountain: (το) βουνό (vounó)
mountain biking: (η) ορεινή ποδηλασία (oreiní podilasía)
mountaineering: (ο) αλπινισμός (alpinismós)
mountain range: (η) οροσειρά (oroseirá)
mouse: (το) ποντίκι (pontíki)
mouth: (το) στόμα (stóma)
mouthguard: (το) προστατευτικό στόματος (prostateftikó stómatos)
Mozambique: (η) Μοζαμβίκη (Mozamvíki)
mozzarella: (η) μοτσαρέλα (motsaréla)
MP3 player: (η) συσκευή αναπαραγωγής MP3 (syskeví anaparagogís MP3)
muesli: (το) μούσλι (moúsli)
muffin: (το) μάφιν (máfin)
mufti: (ο) μουφτής (mouftís)
multiplication: (ο) πολλαπλασιασμός (pollaplasiasmós)
mum: (η) μαμά (mamá)
mumps: (η) παρωτίτιδα (parotítida)
muscle: (ο) μυς (mys)
museum: (το) μουσείο (mouseío)
mushroom: (το) μανιτάρι (manitári)
musician: (ο) μουσικός (mousikós)
mustard: (η) μουστάρδα (moustárda)
mute: βουβός (vouvós)
my dog: ο σκύλος μου (o skýlos mou)

N

nachos: (τα) νάτσος (nátsos)
nail: (το) καρφί (karfí)
nail clipper: (ο) νυχοκόπτης (nychokóptis)
nail file: (η) λίμα νυχιών (líma nychión)
nail polish: (το) βερνίκι νυχιών (verníki nychión)
nail scissors: (το) ψαλίδι νυχιών (psalídi nychión)
nail varnish remover: (το) ασετόν για τα νύχια (asetón gia ta nýchia)
Namibia: (η) Ναμίμπια (Namímpia)
nape: (ο) αυχένας (afchénas)
narrow: στενός (stenós)
nasal bone: (το) ρινικό οστό (rinikó ostó)
nasal spray: (το) ρινικό σπρέι (rinikó spréi)
national park: (το) εθνικό πάρκο (ethnikó párko)
Nauru: (το) Ναουρού (Naouroú)
nausea: (η) ναυτία (naftía)
neck: (ο) λαιμός (laimós)
neck brace: (το) κολάρο λαιμού (koláro laimoú)
necklace: (το) κολιέ (kolié)
nectar: (το) νέκταρ (néktar)
needle: (η) βελόνα (velóna)
negligee: (το) νεγκλιζέ (nenklizé)
neighbour: (ο) γείτονας (geítonas)
neodymium: (το) νεοδύμιο (neodýmio)
neon: (το) νέον (néon)

Nepal: (το) Νεπάλ (Nepál)
nephew: (ο) ανιψιός (anipsiós)
Neptune: (ο) Ποσειδώνας (Poseidónas)
neptunium: (το) ποσειδώνιο (poseidónio)
nerve: (το) νεύρο (névro)
net: (το) δίχτυ (díchty)
Netherlands: (η) Ολλανδία (Ollandía)
network: (το) δίκτυο (díktyo)
neurology: (η) νευρολογία (nevrología)
neutron: (το) νετρόνιο (netrónio)
new: νέος (néos)
New Caledonia: (η) Νέα Καληδονία (Néa Kalidonía)
news: (τα) νέα (néa)
newsletter: (το) ενημερωτικό δελτίο (enimerotikó deltío)
newspaper: (η) εφημερίδα (efimerída)
New Year: (η) Πρωτοχρονιά (Protochroniá)
New Zealand: (η) Νέα Ζηλανδία (Néa Zilandía)
next month: τον επόμενο μήνα (ton epómeno mína)
next week: την επόμενη εβδομάδα (tin epómeni evdomáda)
next year: του χρόνου (tou chrónou)
Nicaragua: (η) Νικαράγουα (Nikarágoua)
nickel: (το) νικέλιο (nikélio)
niece: (η) ανιψιά (anipsiá)
Niger: (ο) Νίγηρας (Nígiras)
Nigeria: (η) Νιγηρία (Nigiría)
night: (η) νύχτα (nýchta)
night club: (το) νυχτερινό κέντρο (nychterinó kéntro)
nightie: (το) νυχτικό (nychtikó)
night table: (το) κομοδίνο (komodíno)
niobium: (το) νιόβιο (nióvio)
nipple: (η) θηλή (thilí)
nitrogen: (το) άζωτο (ázoto)
Niue: (το) Νιούε (Nioúe)
nobelium: (το) νομπέλιο (nompélio)
non-metal: (το) αμέταλλο (amétallo)
none: κανένας (kanénas)
noodle: (το) νουντλ (nountl)
noon: (το) μεσημέρι (mesiméri)
Nordic combined: (το) βόρειο σύνθετο (vóreio sýntheto)
north: βόρεια (vóreia)
northern hemisphere: (το) βόρειο ημισφαίριο (vóreio imisfaírio)
North Korea: (η) Βόρεια Κορέα (Vóreia Koréa)
North Pole: (ο) βόρειος πόλος (vóreios pólos)
Norway: (η) Νορβηγία (Norvigía)
nose: (η) μύτη (mýti)
nosebleed: (η) ρινορραγία (rinorragía)
nostril: (το) ρουθούνι (routhoúni)
not: δεν (den)
note: (η) νότα (nóta), (η) σημείωση (simeíosi), (το) χαρτονόμισμα (chartonómisma)
notebook: (το) σημειωματάριο (simeiomatário)
nougat: (το) μαντολάτο (mantoláto)
novel: (το) μυθιστόρημα (mythistórima)
November: (ο) Νοέμβριος (Noémvrios)
now: τώρα (tóra)
no worries: μην ανησυχείς (min anisycheís)
nuclear power plant: (ο) πυρηνικός σταθμός ενέργειας (pyrinikós stathmós enérgeias)
numerator: (ο) αριθμητής (arithmitís)

nun: (η) μοναχή (monachí)
nurse: (η) νοσοκόμα (nosokóma)
nursery: (το) βρεφικό δωμάτιο (vrefikó domátio), (ο) βρεφονηπιακός σταθμός (vrefonipiakós stathmós)
nut: (ο) ξηρός καρπός (xirós karpós)
nutmeg: (το) μοσχοκάρυδο (moschokárydo)
nylon: (το) νάιλον (náilon)

O

oak: (η) δρυς (drys)
oat: (η) βρώμη (vrómi)
oatmeal: (η) βρώμη (vrómi)
oboe: (το) όμποε (ómpoe)
ocean: (ο) ωκεανός (okeanós)
octagon: (το) οκτάγωνο (oktágono)
October: (ο) Οκτώβριος (Októvrios)
octopus: (το) χταπόδι (chtapódi)
oesophagus: (ο) οισοφάγος (oisofágos)
of course: φυσικά (fysiká)
office: (το) γραφείο (grafeío)
often: συχνά (sychná)
oil: (το) λάδι (ládi)
oil paint: (η) λαδομπογιά (ladompogiá)
oil pastel: (οι) λαδομπογιές (ladompogiés)
ok: εντάξει (entáxei)
okra: (η) μπάμια (bámia)
old: παλιός (paliós), γέρος (géros)
olive: (η) ελιά (eliá)
olive oil: (το) ελαιόλαδο (elaiólado)
Oman: (το) Ομάν (Omán)
oncology: (η) ογκολογία (onkología)
one-way street: (ο) μονόδρομος (monódromos)
one o'clock in the morning: μία το πρωί (mía to proí)
onion: (το) κρεμμύδι (kremmýdi)
onion ring: (το) δαχτυλίδι κρεμμυδιού (dachtylídi kremmydioú)
opal: (το) οπάλιο (opálio)
open: ανοίγω (anoígo)
opera: (η) όπερα (ópera)
operating theatre: (η) αίθουσα χειρουργείου (aíthousa cheirourgeíou)
optician: (ο) οπτικός (optikós)
or: ή (í)
orange: πορτοκάλι (portokáli)
orange juice: (η) πορτοκαλάδα (portokaláda)
orchestra: (η) ορχήστρα (orchístra)
oregano: (η) ρίγανη (rígani)
organ: (το) εκκλησιαστικό όργανο (ekklisiastikó órgano)
origami: (το) οριγκάμι (orinkámi)
orphan: (το) ορφανό (orfanó)
orthopaedics: (η) ορθοπεδική (orthopedikí)
osmium: (το) όσμιο (ósmio)
ostrich: (η) στρουθοκάμηλος (strouthokámilos)
other: άλλα (álla)
otter: (η) ενυδρίδα (enydrída)
ounce: (η) ουγκιά (ounkiá)
our home: το σπίτι μας (to spíti mas)
outpatient: (ο) εξωτερικός ασθενής (exoterikós asthenís)

outside: έξω (éxo)
ovary: (η) ωοθήκη (oothíki)
oven: (ο) φούρνος (foúrnos)
overpass: (η) πεζογέφυρα (pezogéfyra)
oviduct: (η) σάλπιγγα (sálpinga)
ovum: (το) ωάριο (oário)
owl: (η) κουκουβάγια (koukouvágia)
oxygen: (το) οξυγόνο (oxygóno)

P

Pacific Ocean: (ο) Ειρηνικός Ωκεανός (Eirinikós Okeanós)
package: (το) πακέτο (pakéto)
paediatrics: (η) παιδιατρική (paidiatrikí)
painkiller: (το) παυσίπονο (pafsípono)
paint: ζωγραφίζω (zografízo), (η) μπογιά (bogiá)
painting: (η) ζωγραφική (zografikí)
Pakistan: (το) Πακιστάν (Pakistán)
Palau: (το) Παλάου (Paláou)
pale: χλωμός (chlomós)
Palestine: (η) Παλαιστίνη (Palaistíni)
palette: (η) παλέτα (paléta)
palladium: (το) παλλάδιο (palládio)
pallet: (η) παλέτα (paléta)
palm: (η) παλάμη (palámi)
palm tree: (ο) φοίνικας (foínikas)
pan: (το) τηγάνι (tigáni)
Panama: (ο) Παναμάς (Panamás)
pancake: (η) τηγανίτα (tiganíta)
pancreas: (το) παγκρέας (pankréas)
panda: (το) πάντα (pánta)
panties: (η) κιλότα (kilóta)
pantyhose: (το) καλσόν (kalsón)
panty liner: (το) σερβιετάκι (servietáki)
papaya: (η) παπάγια (papágia)
paperclip: (ο) συνδετήρας (syndetíras)
paprika: (η) πάπρικα (páprika)
Papua New Guinea: (η) Παπούα Νέα Γουινέα (Papoúa Néa Gouinéa)
parachute: (το) αλεξίπτωτο (alexíptoto)
parachuting: (η) πτώση με αλεξίπτωτο (ptósi me alexíptoto)
paragraph: (η) παράγραφος (parágrafos)
Paraguay: (η) Παραγουάη (Paragouái)
parasol: (η) ομπρέλα (ompréla)
parcel: (το) πακέτο (pakéto)
parents: (οι) γονείς (goneís)
parents-in-law: (τα) πεθερικά (petheriká)
park: (το) πάρκο (párko)
parking meter: (το) παρκόμετρο (parkómetro)
parmesan: (η) παρμεζάνα (parmezána)
parrot: (ο) παπαγάλος (papagálos)
passport: (το) διαβατήριο (diavatírio)
password: (ο) κωδικός (kodikós)
pathology: (η) παθολογία (pathología)
patient: (ο) αςθενής (asthenís)
pavement: (το) πεζοδρόμιο (pezodrómio)
pay: πληρώνω (pliróno)

pea: (το) μπιζέλι (bizéli)
peach: (το) ροδάκινο (rodákino)
peacock: (το) παγώνι (pagóni)
peanut: (το) αράπικο φιστίκι (arápiko fistíki)
peanut butter: (το) φυστικοβούτυρο (fystikovoútyro)
peanut oil: (το) φυστικέλαιο (fystikélaio)
pear: (το) αχλάδι (achládi)
pearl necklace: (το) μαργαριταρένιο περιδέραιο (margaritarénio peridéraio)
pedestrian area: (ο) πεζόδρομος (pezódromos)
pedestrian crossing: (η) διάβαση πεζών (diávasi pezón)
pedicure: (το) πεντικιούρ (pentikioúr)
peel: (η) φλούδα (floúda)
peg: (το) μανταλάκι (mantaláki)
pelican: (ο) πελεκάνος (pelekános)
pelvis: (η) λεκάνη (lekáni)
pen: (το) στυλό (styló)
pencil: (το) μολύβι (molývi)
pencil case: (η) κασετίνα (kasetína)
pencil sharpener: (η) ξύστρα (xýstra)
penguin: (ο) πιγκουίνος (pinkouínos)
peninsula: (η) χερσόνησος (chersónisos)
penis: (το) πέος (péos)
pepper: (η) πιπεριά (piperiá), (το) πιπέρι (pipéri)
perfume: (το) άρωμα (ároma)
periodic table: (ο) περιοδικός πίνακας (periodikós pínakas)
Peru: (το) Περού (Peroú)
petal: (το) πέταλο (pétalo)
Petri dish: (το) τρυβλίο Πέτρι (tryvlío Pétri)
petrol: (η) βενζίνη (venzíni)
petrol station: (το) βενζινάδικο (venzinádiko)
pet shop: (το) κατάστημα κατοικίδιων ζώων (katástima katoikídion zóon)
pharmacist: (ο) φαρμακοποιός (farmakopoiós)
pharmacy: (το) φαρμακείο (farmakeío)
PhD: (το) διδακτορικό (didaktorikó)
Philippines: (οι) Φιλιππίνες (Filippínes)
philosophy: (η) φιλοσοφία (filosofía)
phoalbum: (το) άλμπουμ φωτογραφιών (álmpoum fotografión)
phosphorus: (ο) φώσφορος (fósforos)
photographer: (ο) φωτογράφος (fotográfos)
physical education: (η) γυμναστική (gymnastikí)
physician: (ο) παθολόγος (pathológos)
physicist: (ο) φυσικός (fysikós)
physics: (η) φυσική (fysikí)
physiotherapist: (ο) φυσιοθεραπευτής (fysiotherapeftís)
physiotherapy: (η) φυσιοθεραπεία (fysiotherapeía)
piano: (το) πιάνο (piáno)
picnic: (το) πικνίκ (pikník)
picture: (η) εικόνα (eikóna)
picture frame: (η) κορνίζα (korníza)
pie: (η) πίτα (píta)
pier: (η) αποβάθρα (apováthra)
pig: (ο) χοίρος (choíros)
pigeon: (το) περιστέρι (peristéri)
piglet: (το) γουρουνάκι (gourounáki)
Pilates: (οι) πιλάτες (pilátes)
pill: (το) χάπι (chápi)
pillow: (το) μαξιλάρι (maxilári)

pilot: (ο) πιλότος (pilótos)
pincers: (η) τανάλια (tanália)
pine: (το) πεύκο (péfko)
pineapple: (ο) ανανάς (ananás)
pink: ροζ (roz)
pipette: (το) σταγονόμετρο (stagonómetro)
pistachio: (το) φιστίκι (fistíki)
pit: (το) κουκούτσι (koukoútsi)
pitchfork: (το) δίκρανο (díkrano)
pizza: (η) πίτσα (pítsa)
plane: (το) αεροπλάνο (aeropláno)
planet: (ο) πλανήτης (planítis)
plaster: (ο) γύψος (gýpsos)
plastic: (το) πλαστικό (plastikó)
plastic bag: (η) πλαστική σακούλα (plastikí sakoúla)
plate: (το) πιάτο (piáto)
platform: (η) αποβάθρα (apováthra)
platinum: (ο) λευκόχρυσος (lefkóchrysos)
play: παίζω (paízo), (η) παράσταση (parástasi)
playground: (η) παιδική χαρά (paidikí chará)
please: παρακαλώ (parakaló)
plug: (το) βύσμα (výsma)
plum: (το) δαμάσκηνο (damáskino)
plumber: (ο) υδραυλικός (ydravlikós)
plump: παχύς (pachýs)
Pluto: (ο) Πλούτωνας (Ploútonas)
plutonium: (το) πλουτόνιο (ploutónio)
pocket: (η) τσέπη (tsépi)
poisoning: (η) δηλητηρίαση (dilitiríasi)
poker: (το) πόκερ (póker)
Poland: (η) Πολωνία (Polonía)
polar bear: (η) πολική αρκούδα (polikí arkoúda)
pole: (ο) πόλος (pólos)
pole vault: (το) άλμα επί κοντώ (álma epí kontó)
police: (η) αστυνομία (astynomía)
police car: (το) περιπολικό (peripolikó)
policeman: (ο) αστυνομικός (astynomikós)
police station: (το) αστυνομικό τμήμα (astynomikó tmíma)
politician: (ο) πολιτικός (politikós)
politics: (η) πολιτική (politikí)
polo: (το) πόλο (pólo)
polonium: (το) πολώνιο (polónio)
polo shirt: (η) πόλο μπλούζα (pólo bloúza)
polyester: (ο) πολυεστέρας (polyestéras)
pond: (η) λιμνούλα (limnoúla)
ponytail: (η) αλογοουρά (alogoourá)
poor: φτωχός (ftochós)
pop: (η) ποπ (pop)
popcorn: (τα) ποπκόρν (popkórn)
pork: (το) χοιρινό (choirinó)
porridge: (ο) χυλός (chylós)
portfolio: (το) χαρτοφυλάκιο (chartofylákio)
portrait: (το) πορτραίτο (portraíto)
Portugal: (η) Πορτογαλία (Portogalía)
postcard: (η) καρτ ποστάλ (kart postál)
postman: (ο) ταχυδρόμος (tachydrómos)
post office: (το) ταχυδρομείο (tachydromeío)

pot: (η) κατσαρόλα (katsaróla)
potasalad: (η) πατατοσαλάτα (patatosaláta)
potassium: (το) κάλιο (kálio)
potato: (η) πατάτα (patáta)
potawedges: (οι) κυδωνάτες πατάτες (kydonátes patátes)
pottery: (η) αγγειοπλαστική (angeioplastikí)
pound: (η) λίβρα (lívra), (η) λίρα (líra)
powder: (η) σκόνη (skóni)
powder puff: (το) σφουγγαράκι πούδρας (sfoungaráki poúdras)
power: (το) ρεύμα (révma)
power line: (η) γραμμή ρεύματος (grammí révmatos)
power outlet: (η) πρίζα (príza)
practice: εξασκώ (exaskó)
praseodymium: (το) πρασεοδύμιο (praseodýmio)
pray: προσεύχομαι (proséfchomai)
praying mantis: (το) αλογάκι της παναγίας (alogáki tis panagías)
preface: (ο) πρόλογος (prólogos)
pregnancy test: (το) τεστ εγκυμοσύνης (test enkymosýnis)
present: (το) δώρο (dóro)
presentation: (η) παρουσίαση (parousíasi)
president: (ο) πρόεδρος (próedros)
press: πιέζω (piézo)
priest: (ο) παπάς (papás)
primary school: (το) δημοτικό σχολείο (dimotikó scholeío)
prime minister: (ο) πρωθυπουργός (prothypourgós)
print: εκτυπώνω (ektypóno)
printer: (ο) εκτυπωτής (ektypotís)
prison: (η) φυλακή (fylakí)
professor: (ο) καθηγητής (kathigitís)
profit: (το) κέρδος (kérdos)
programmer: (ο) προγραμματιστής (programmatistís)
projector: (ο) προβολέας (provoléas)
promenade: (ο) περίπατος (perípatos)
promethium: (το) προμήθειο (promítheio)
prosecutor: (ο) εισαγγελέας (eisangeléas)
prostate: (ο) προστάτης (prostátis)
prostitute: (η) πόρνη (pórni)
protactinium: (το) πρωτακτίνιο (protaktínio)
proton: (το) πρωτόνιο (protónio)
proud: υπερήφανος (yperífanos)
province: (η) επαρχία (eparchía)
psychiatry: (η) ψυχιατρική (psychiatrikí)
psychoanalysis: (η) ψυχανάλυση (psychanálysi)
psychotherapy: (η) ψυχοθεραπεία (psychotherapeía)
publisher: (ο) εκδότης (ekdótis)
puck: (ο) δίσκος χόκεϊ (dískos chókeï)
pudding: (η) πουτίγκα (poutínka)
PuerRico: (το) Πουέρτο Ρίκο (Pouérto Ríko)
pull: τραβάω (traváo)
pulse: (ο) σφυγμός (sfygmós)
pumpkin: (η) κολοκύθα (kolokýtha)
punk: (το) πανκ (pan'k)
pupil: (η) κόρη (kóri)
purple: μωβ (mov)
purse: (το) τσαντάκι (tsantáki)
push: σπρώχνω (spróchno)
push-up: (το) πουσάπ (pousáp)

pushchair: (το) καροτσάκι (karotsáki)
put: βάζω (vázo)
putty: (ο) στόκος (stókos)
puzzle: (το) παζλ (pazl)
pyjamas: (οι) πιζάμες (pizámes)
pyramid: (η) πυραμίδα (pyramída)

Q

Qatar: (το) Κατάρ (Katár)
quarter of an hour: (το) τέταρτο της ώρας (tétarto tis óras)
quartz: (ο) χαλαζίας (chalazías)
question mark: (το) ερωτηματικό (erotimatikó)
quick: γρήγορος (grígoros)
quickstep: (το) φόξτροτ (fóxtrot)
quiet: ήσυχος (ísychos)
quote: παραθέτω (parathéto)

R

rabbi: (ο) ραβίνος (ravínos)
rabbit: (το) κουνέλι (kounéli)
raccoon: (το) ρακούν (rakoún)
racing bicycle: (το) αγωνιστικό ποδήλατο (agonistikó podílato)
radar: (το) ραντάρ (rantár)
radiator: (το) καλοριφέρ (kalorifér)
radio: (το) ραδιόφωνο (radiófono)
radiology: (η) ακτινολογία (aktinología)
radish: (το) ραπανάκι (rapanáki)
radium: (το) ράδιο (rádio)
radius: (η) ακτίνα (aktína)
radon: (το) ραδόνιο (radónio)
rafting: (το) ράφτινγκ (ráftin'nk)
railtrack: (οι) γραμμές τρένου (grammés trénou)
rain: (η) βροχή (vrochí)
rainbow: (το) ουράνιο τόξο (ouránio tóxo)
raincoat: (το) αδιάβροχο (adiávrocho)
rainforest: (το) τροπικό δάσος (tropikó dásos)
rainy: βροχερός (vrocherós)
raisin: (η) σταφίδα (stafída)
rake: (η) τσουγκράνα (tsounkrána)
rally racing: (το) ράλι (ráli)
Ramadan: (το) Ραμαζάνι (Ramazáni)
ramen: (το) ράμεν (rámen)
random access memory (RAM): (η) μνήμη τυχαίας προσπέλασης (mními tychaías prospélasis)
rap: (η) ραπ (rap)
rapeseed oil: (το) κραμβέλαιο (kramvélaio)
rash: (το) εξάνθημα (exánthima)
raspberry: (το) σμέουρο (sméouro)
rat: (ο) αρουραίος (arouraíos)
rattle: (η) κουδουνίστρα (koudounístra)
raven: (το) κοράκι (koráki)
raw: ωμός (omós)
razor: (το) ξυράφι (xyráfi)
razor blade: (η) λεπίδα ξυραφιού (lepída xyrafioú)
read: διαβάζω (diavázo)

reading room: (το) αναγνωστήριο (anagnostírio)
real-estate agent: (ο) μεσίτης (mesítis)
really: πραγματικά (pragmatiká)
rear light: (το) πίσω φως (píso fos)
rear mirror: (ο) πίσω καθρέπτης (píso kathréptis)
rear trunk: (το) πορτ-μπαγκάζ (port-bankáz)
receptionist: (ο) υπεύθυνος υποδοχής (ypéfthynos ypodochís)
record player: (το) πικάπ (pikáp)
rectangle: (το) ορθογώνιο (orthogónio)
recycle bin: (ο) κάδος ανακύκλωσης (kádos anakýklosis)
red: κόκκινο (kókkino)
red panda: (το) κόκκινο πάντα (kókkino pánta)
Red Sea: (η) Ερυθρά Θάλασσα (Erythrá Thálassa)
red wine: (το) κόκκινο κρασί (kókkino krasí)
reed: (το) καλάμι (kalámi)
referee: (ο) διαιτητής (diaititís)
reggae: (η) ρέγκε (rénke)
region: (η) περιοχή (periochí)
relax: χαλάρωσε (chalárose)
remote control: (το) τηλεχειριστήριο (tilecheiristírio)
reporter: (ο) δημοσιογράφος (dimosiográfos)
Republic of the Congo: (η) Δημοκρατία του Κονγκό (Dimokratía tou Kon'nkó)
rescue: σώζω (sózo)
research: (η) έρευνα (érevna)
reservation: (η) κράτηση (krátisi)
respiratory machine: (η) αναπνευστική μηχανή (anapnefstikí michaní)
rest: ξεκουράζομαι (xekourázomai)
restaurant: (το) εστιατόριο (estiatório)
result: (το) αποτέλεσμα (apotélesma)
retirement: (η) συνταξιοδότηση (syntaxiodótisi)
rhenium: (το) ρήνιο (rínio)
rhino: (ο) ρινόκερος (rinókeros)
rhodium: (το) ρόδιο (ródio)
rhomboid: (ο) ρομβοειδής (romvoeidís)
rhombus: (ο) ρόμβος (rómvos)
rhythmic gymnastics: (η) ρυθμική γυμναστική (rythmikí gymnastikí)
rib: (το) πλευρό (plevró)
rice: (το) ρύζι (rýzi)
rice cooker: (ο) μαγειρευτής ρυζιού (mageireftís ryzioú)
rich: πλούσιος (ploúsios)
right: δεξιά (dexiá)
right angle: (η) ορθή γωνία (orthí gonía)
ring: (το) δαχτυλίδι (dachtylídi)
ring finger: (ο) παράμεσος (parámesos)
river: (το) ποτάμι (potámi)
road: (ο) δρόμος (drómos)
road roller: (ο) οδοστρωτήρας (odostrotíras)
roast chicken: (το) ψητό κοτόπουλο (psitó kotópoulo)
roast pork: (το) ψητό χοιρινό (psitó choirinó)
robot: (το) ρομπότ (rompót)
rock: (το) ροκ (rok), (ο) βράχος (vráchos)
rock 'n' roll: (το) ροκ εντ ρολ (rok ent rol)
rocket: (η) ρουκέτα (roukéta)
rocking chair: (η) κουνιστή καρέκλα (kounistí karékla)
roentgenium: (το) ρεντγκένιο (rentnkénio)
roll: κυλώ (kyló)
roller coaster: (το) τρενάκι του λούνα παρκ (trenáki tou loúna park)

roller skating: (το) πατινάζ με πατίνια (patináz me patínia)
Romania: (η) Ρουμανία (Roumanía)
roof: (η) στέγη (stégi)
roof tile: (το) κεραμίδι (keramídi)
room key: (το) κλειδί δωματίου (kleidí domatíou)
room number: (ο) αριθμός δωματίου (arithmós domatíou)
room service: (η) υπηρεσία δωματίου (ypiresía domatíou)
root: (η) ρίζα (ríza)
rose: (το) τριαντάφυλλο (triantáfyllo)
rosemary: (το) δενδρολίβανο (dendrolívano)
round: στρογγυλός (strongylós)
roundabout: (ο) κυκλικός κόμβος (kyklikós kómvos)
router: (ο) δρομολογητής (dromologitís)
row: (η) σειρά (seirá)
rowing: (η) κωπηλασία (kopilasía)
rowing boat: (η) βάρκα κωπηλασίας (várka kopilasías)
rubber: (η) σβήστρα (svístra)
rubber band: (το) λαστιχάκι (lasticháki)
rubber boat: (η) φουσκωτή βάρκα (fouskotí várka)
rubber stamp: (η) λαστιχένια σφραγίδα (lastichénia sfragída)
rubidium: (το) ρουβίδιο (rouvídio)
ruby: (το) ρουμπίνι (roumpíni)
rugby: (το) ράγκμπι (ránkmpi)
ruin: (το) ερείπιο (ereípio)
ruler: (ο) χάρακας (chárakas)
rum: (το) ρούμι (roúmi)
rumba: (η) ρούμπα (roúmpa)
run: τρέχω (trécho)
running: (το) τρέξιμο (tréximo)
runway: (ο) διάδρομος απογείωσης (diádromos apogeíosis)
rush hour: (η) ώρα αιχμής (óra aichmís)
Russia: (η) Ρωσία (Rosía)
ruthenium: (το) ρουθήνιο (routhínio)
rutherfordium: (το) ραδερφόρντιο (raderfórntio)
Rwanda: (η) Ρουάντα (Rouánta)

S

sad: λυπημένος (lypiménos)
saddle: (η) σέλα (séla)
safe: ασφαλής (asfalís), (το) χρηματοκιβώτιο (chrimatokivótio)
safety glasses: (τα) γυαλιά ασφαλείας (gyaliá asfaleías)
Sahara: (η) Σαχάρα (Sachára)
sail: (το) ιστίο (istío)
sailing: (η) ιστιοπλοΐα (istioploḯa)
sailing boat: (το) ιστιοφόρο (istiofóro)
Saint Kitts and Nevis: (ο) Άγιος Χριστόφορος και Νέβις (Ágios Christóforos kai Névis)
Saint Lucia: (η) Αγία Λουκία (Agía Loukía)
Saint Vincent and the Grenadines: (ο) Άγιος Βικέντιος και Γρεναδίνες (Ágios Vikéntios kai Grenadínes)
sake: (το) σάκε (sáke)
salad: (η) σαλάτα (saláta)
salami: (το) σαλάμι (salámi)
salary: (ο) μισθός (misthós)
sales: (οι) πωλήσεις (políseis)
salmon: (ο) σολομός (solomós)
salsa: (η) σάλσα (sálsa)

salt: (το) αλάτι (aláti)
salty: αλμυρός (almyrós)
samarium: (το) σαμάριο (samário)
samba: (η) σάμπα (sámpa)
Samoa: (η) Σαμόα (Samóa)
sand: (η) άμμος (ámmos)
sandals: (τα) σανδάλια (sandália)
sandbox: (το) αμμοδοχείο (ammodocheío)
sandwich: (το) σάντουιτς (sántouits)
sanitary towel: (η) σερβιέτα (serviéta)
San Marino: (το) Σαν Μαρίνο (San Maríno)
sapphire: (το) ζαφείρι (zafeíri)
sardine: (η) σαρδέλα (sardéla)
satellite: (ο) δορυφόρος (doryfóros)
satellite dish: (το) δορυφορικό πιάτο (doryforikó piáto)
Saturday: (το) Σάββατο (Sávvato)
Saturn: (ο) Κρόνος (Krónos)
Saudi Arabia: (η) Σαουδική Αραβία (Saoudikí Aravía)
sauna: (η) σάουνα (sáouna)
sausage: (το) λουκάνικο (loukániko)
savings: (η) αποταμίευση (apotamíefsi)
saw: πριονίζω (prionízo), (το) πριόνι (prióni)
saxophone: (το) σαξόφωνο (saxófono)
scaffolding: (η) σκαλωσιά (skalosiá)
scale: (η) ζυγαριά (zygariá)
scalpel: (το) νυστέρι (nystéri)
scan: σαρώνω (saróno)
scandium: (το) σκάνδιο (skándio)
scanner: (ο) σαρωτής (sarotís)
scarf: (το) κασκόλ (kaskól)
scholarship: (η) υποτροφία (ypotrofía)
school: (το) σχολείο (scholeío)
schoolbag: (η) σχολική τσάντα (scholikí tsánta)
school bus: (το) σχολικό λεωφορείο (scholikó leoforeío)
school uniform: (η) σχολική στολή (scholikí stolí)
schoolyard: (η) σχολική αυλή (scholikí avlí)
science: (η) επιστήμη (epistími)
science fiction: (η) επιστημονική φαντασία (epistimonikí fantasía)
scientist: (ο) επιστήμονας (epistímonas)
scissors: (το) ψαλίδι (psalídi)
scorpion: (ο) σκορπιός (skorpiós)
scrambled eggs: (η) ομελέτα (omeléta)
screen: (η) οθόνη (othóni)
screwdriver: (το) κατσαβίδι (katsavídi)
screw wrench: (το) βιδωτό κλειδί (vidotó kleidí)
script: (το) σενάριο (senário)
scrollbar: (η) γραμμή κύλισης (grammí kýlisis)
scrotum: (το) όσχεο (óscheo)
scrunchy: (το) λαστιχάκι μαλλιών (lastiháki mallión)
sculpting: (η) γλυπτική (glyptikí)
sea: (η) θάλασσα (thálassa)
seaborgium: (το) σιμπόργκιο (simpórnkio)
seafood: (τα) θαλασσινά (thalassiná)
seagull: (ο) γλάρος (gláros)
sea horse: (ο) ιππόκαμπος (ippókampos)
seal: (η) φώκια (fókia)
sea lion: (το) θαλάσσιο λιοντάρι (thalássio liontári)

seat: (η) θέση (thési)
seatbelt: (η) ζώνη ασφαλείας (zóni asfaleías)
seaweed: (το) φύκι (fýki)
second: (το) δευτερόλεπτο (defterólepto), (ο) δεύτερος (défteros)
second-hand shop: (το) κατάστημα μεταχειρισμένων (katástima metacheirisménon)
second basement floor: (το) δεύτερο υπόγειο (déftero ypógeio)
secretary: (ο) γραμματέας (grammatéas)
security camera: (η) κάμερα ασφαλείας (kámera asfaleías)
security guard: (ο) φύλακας (fýlakas)
seed: (ο) σπόρος (spóros)
see you later: τα λέμε αργότερα (ta léme argótera)
selenium: (το) σελήνιο (selínio)
sell: πουλάω (pouláo)
semicolon: (η) άνω τελεία (áno teleía)
Senegal: (η) Σενεγάλη (Senegáli)
September: (ο) Σεπτέμβριος (Septémvrios)
Serbia: (η) Σερβία (Servía)
server: (ο) διακομιστής (diakomistís)
sewage plant: (η) μονάδα επεξεργασίας λυμάτων (monáda epexergasías lymáton)
sewing machine: (η) ραπτομηχανή (raptomichaní)
sex: (το) σεξ (sex)
sexy: σέξι (séxi)
Seychelles: (οι) Σεϋχέλλες (Sefchélles)
shallow: ρηχός (richós)
shampoo: (το) σαμπουάν (sampouán)
share: μοιράζομαι (moirázomai), (η) μετοχή (metochí)
share price: (η) τιμή μετοχής (timí metochís)
shark: (ο) καρχαρίας (karcharías)
shaver: (η) ξυριστική μηχανή (xyristikí michaní)
shaving foam: (ο) αφρός ξυρίσματος (afrós xyrísmatos)
she: αυτή (aftí)
shed: (το) υπόστεγο (ypóstego)
sheep: (το) πρόβατο (próvato)
shelf: (το) ράφι (ráfi)
shell: (το) κοχύλι (kochýli)
shinpad: (η) επικαλαμίδα (epikalamída)
ship: (το) πλοίο (ploío)
shirt: (το) πουκάμισο (poukámiso)
shiver: τρέμω (trémo)
shock absorber: (το) αμορτισέρ (amortisér)
shoe cabinet: (η) παπουτσοθήκη (papoutsothíki)
shoot: πυροβολώ (pyrovoló)
shooting: (η) σκοποβολή (skopovolí)
shop assistant: (ο) υπάλληλος καταστήματος (ypállilos katastímatos)
shopping basket: (το) καλάθι αγορών (kaláthi agorón)
shopping cart: (το) καλάθι αγορών (kaláthi agorón)
shopping mall: (το) εμπορικό κέντρο (emporikó kéntro)
shore: (η) ακτή (aktí)
short: κοντός (kontós)
shorts: (το) σορτς (sorts)
short track: (το) πατινάζ ταχύτητας μικρής πίστας (patináz tachýtitas mikrís pístas)
shot put: (η) σφαιροβολία (sfairovolía)
shoulder: (ο) ώμος (ómos)
shoulder blade: (η) ωμοπλάτη (omopláti)
shout: φωνάζω (fonázo)
shovel: (το) φτυάρι (ftyári)
shower: (το) ντους (ntous)

shower cap: (το) σκουφάκι για ντους (skoufáki gia ntous)
shower curtain: (η) κουρτίνα μπάνιου (kourtína bániou)
shower gel: (το) αφρόλουτρο (afróloutro)
show jumping: (η) υπερπήδηση εμποδίων (yperpídisi empodíon)
shrink: συρρικνώνομαι (syrriknónomai)
shuttlecock: (το) μπαλάκι του μπάντμιντον (baláki tou bántminton)
shy: ντροπαλός (ntropalós)
siblings: (τα) αδέρφια (adérfia)
sick: άρρωστος (árrostos)
side dish: (το) συνοδευτικό (synodeftikó)
side door: (η) πλαϊνή πόρτα (plaïní pórta)
side effect: (η) παρενέργεια (parenérgeia)
Sierra Leone: (η) Σιέρα Λεόνε (Siéra Leóne)
signal: (το) σήμα (síma)
signature: (η) υπογραφή (ypografí)
silent: σιωπηλός (siopilós)
silicon: (το) πυρίτιο (pyrítio)
silk: (το) μετάξι (metáxi)
silly: ανόητος (anóitos)
silver: (το) ασήμι (asími)
silver medal: (το) ασημένιο μετάλλιο (asiménio metállio)
sing: τραγουδάω (tragoudáo)
Singapore: (η) Σιγκαπούρη (Sinkapoúri)
singer: (ο) τραγουδιστής (tragoudistís)
single room: (το) μονόκλινο δωμάτιο (monóklino domátio)
sink: (ο) νεροχύτης (nerochýtis)
siren: (η) σειρήνα (seirína)
sister-in-law: (η) κουνιάδα (kouniáda)
sit: κάθομαι (káthomai)
sit-ups: (οι) κοιλιακοί (koiliakoí)
skateboarding: (το) σκέιτμπορντινγκ (skéitmporntin'nk)
skates: (τα) πατίνια (patínia)
skeleton: (το) σκέλετον (skéleton), (ο) σκελετός (skeletós)
skewer: (το) σουβλάκι (souvláki)
ski: (το) σκι (ski)
skiing: (το) σκι (ski)
ski jumping: (το) άλμα με σκι (álma me ski)
skinny: κοκαλιάρης (kokaliáris)
ski pole: (το) μπαστούνι σκι (bastoúni ski)
ski resort: (το) χιονοδρομικό κέντρο (chionodromikó kéntro)
skirt: (η) φούστα (foústa)
ski suit: (η) στολή σκι (stolí ski)
skull: (το) κρανίο (kranío)
skyscraper: (ο) ουρανοξύστης (ouranoxýstis)
sledge: (το) έλκηθρο (élkithro)
sleep: κοιμάμαι (koimámai)
sleeping bag: (ο) υπνόσακος (ypnósakos)
sleeping mask: (η) μάσκα ύπνου (máska ýpnou)
sleeping pill: (το) υπνωτικό χάπι (ypnotikó chápi)
sleeve: (το) μανίκι (maníki)
slide: (η) τσουλήθρα (tsoulíthra)
slim: λεπτός (leptós)
slippers: (οι) παντόφλες (pantófles)
slope: (η) πλαγιά (plagiá)
Slovakia: (η) Σλοβακία (Slovakía)
Slovenia: (η) Σλοβενία (Slovenía)
slow: αργός (argós)

small: μικρός (mikrós)
small intestine: (το) λεπτό έντερο (leptó éntero)
smartphone: (το) έξυπνο κινητό (éxypno kinitó)
smell: μυρίζω (myrízo)
smile: χαμογελάω (chamogeláo)
smoke: καπνίζω (kapnízo)
smoke detector: (ο) ανιχνευτής καπνού (anichneftís kapnoú)
smoothie: (το) σμούθι (smoúthi)
smoothing plane: (η) πλάνη (pláni)
snack: (το) σνακ (snak)
snail: (το) σαλιγκάρι (salinkári)
snake: (το) φίδι (fídi)
snare drum: (το) ταμπούρο (tampoúro)
snooker: (το) σνούκερ (snoúker)
snooker table: (το) τραπέζι μπιλιάρδου (trapézi biliárdou)
snow: (το) χιόνι (chióni)
snowboarding: (η) χιονοσανίδα (chionosanída)
snowmobile: (το) μηχανοκίνητο έλκηθρο (michanokínito élkithro)
soap: (το) σαπούνι (sapoúni)
sober: νηφάλιος (nifálios)
social media: (τα) μέσα κοινωνικής δικτύωσης (mésa koinonikís diktýosis)
sock: (η) κάλτσα (káltsa)
soda: (η) σόδα (sóda)
sodium: (το) νάτριο (nátrio)
sofa: (ο) καναπές (kanapés)
soft: μαλακός (malakós)
soil: (το) χώμα (chóma)
solar eclipse: (η) ηλιακή έκλειψη (iliakí ékleipsi)
solar panel: (τα) ηλιακά πάνελ (iliaká pánel)
soldier: (ο) στρατιώτης (stratiótis)
sole: (η) σόλα (sóla)
solid: (το) στερεό (stereó)
Solomon Islands: (τα) Νησιά του Σολομώντα (Nisiá tou Solomónta)
Somalia: (η) Σομαλία (Somalía)
son: (ο) γιός (giós)
son-in-law: (ο) γαμπρός (gamprós)
soother: (η) πιπίλα (pipíla)
sore throat: (ο) πονόλαιμος (ponólaimos)
sorry: συγγνώμη (syngnómi)
soup: (η) σούπα (soúpa)
sour: ξινός (xinós)
sour cream: (η) κρέμα γάλακτος (kréma gálaktos)
south: νότια (nótia)
South Africa: (η) Νότια Αφρική (Nótia Afrikí)
southern hemisphere: (το) νότιο ημισφαίριο (nótio imisfaírio)
South Korea: (η) Νότια Κορέα (Nótia Koréa)
South Pole: (ο) νότιος πόλος (nótios pólos)
South Sudan: (το) Νότιο Σουδάν (Nótio Soudán)
souvenir: (το) σουβενίρ (souvenír)
soy: (η) σόγια (sógia)
soy milk: (το) γάλα σόγιας (gála sógias)
space: (το) κενό (kenó)
space shuttle: (το) διαστημικό λεωφορείο (diastimikó leoforeío)
space station: (ο) διαστημικός σταθμός (diastimikós stathmós)
space suit: (η) στολή αστροναύτη (stolí astronáfti)
spaghetti: (τα) μακαρόνια (makarónia)
Spain: (η) Ισπανία (Ispanía)

Spanish: (τα) Ισπανικά (Ispaniká)
sparkling wine: (ο) αφρώδης οίνος (afródis oínos)
speed limit: (το) όριο ταχύτητας (ório tachýtitas)
speedometer: (το) ταχύμετρο (tachýmetro)
speed skating: (το) πατινάζ ταχύτητας (patináz tachýtitas)
sperm: (το) σπέρμα (spérma)
sphere: (η) σφαίρα (sfaíra)
spider: (η) αράχνη (aráchni)
spinach: (το) σπανάκι (spanáki)
spinal cord: (ο) νωτιαίος μυελός (notiaíos myelós)
spine: (η) σπονδυλική στήλη (spondylikí stíli)
spirit level: (το) αλφάδι (alfádi)
spit: φτύνω (ftýno)
spleen: (η) σπλήνα (splína)
sponge: (το) σφουγγάρι (sfoungári)
spoon: (το) κουτάλι (koutáli)
sports ground: (ο) αθλητικός χώρος (athlitikós chóros)
sports shop: (το) κατάστημα αθλητικών ειδών (katástima athlitikón eidón)
spray: (το) σπρέι (spréi)
spring: (η) άνοιξη (ánoixi)
spring onion: (το) φρέσκο κρεμμυδάκι (frésko kremmydáki)
spring roll: (το) σπρινγκ ρολ (sprin'nk rol)
sprint: (το) σπριντ (sprint)
square: τετράγωνος (tetrágonos), (το) τετράγωνο (tetrágono), (η) πλατεία (plateía)
square meter: (το) τετραγωνικό μέτρο (tetragonikó métro)
squat: (το) βαθύ κάθισμα (vathý káthisma)
squid: (το) καλαμάρι (kalamári)
squirrel: (ο) σκίουρος (skíouros)
Sri Lanka: (η) Σρι Λάνκα (Sri Lán'ka)
staff: (το) προσωπικό (prosopikó)
stage: (η) σκηνή (skiní)
stairs: (οι) σκάλες (skáles)
stalk: (το) κοτσάνι (kotsáni)
stamp: (το) γραμματόσημο (grammatósimo)
stand: στέκομαι (stékomai)
stapler: (το) συρραπτικό (syrraptikó)
star: (το) αστέρι (astéri)
stare: κοιτάζω επίμονα (koitázo epímona)
starfish: (ο) αστερίας (asterías)
starter: (το) ορεκτικό (orektikó)
state: (η) πολιτεία (politeía)
steak: (η) μπριζόλα (brizóla)
steal: κλέβω (klévo)
steam train: (το) τρένο ατμού (tréno atmoú)
steel: (το) ατσάλι (atsáli)
steel beam: (η) χαλύβδινη δοκός (chalývdini dokós)
steep: απότομος (apótomos)
steering wheel: (το) τιμόνι (timóni)
stepdaughter: (η) θετή κόρη (thetí kóri)
stepfather: (ο) πατριός (patriós)
stepmother: (η) μητριά (mitriá)
stepson: (ο) θετός γιός (thetós giós)
stethoscope: (το) στηθοσκόπιο (stithoskópio)
stewardess: (ο) αεροσυνοδός (aerosynodós)
stockbroker: (ο) χρηματιστής (chrimatistís)
stock exchange: (το) χρηματιστήριο (chrimatistírio)
stocking: (η) κάλτσα (káltsa)

stomach: (το) στομάχι (stomáchi)
stomach ache: (ο) στομαχόπονος (stomachóponos)
stool: (το) σκαμπό (skampó)
stopwatch: (το) χρονόμετρο (chronómetro)
stork: (ο) πελαργός (pelargós)
storm: (η) καταιγίδα (kataigída)
straight: ευθύς (efthýs), (τα) ίσια (ísia)
straight line: (η) ευθεία (eftheía)
strange: παράξενος (paráxenos)
strawberry: (η) φράουλα (fráoula)
stream: (το) ρυάκι (ryáki)
street food: (το) φαγητό του δρόμου (fagitó tou drómou)
street light: (ο) οδικός φωτισμός (odikós fotismós)
stress: (το) άγχος (ánchos)
stretching: (οι) διατάσεις (diatáseis)
strict: αυστηρός (afstirós)
stroke: (το) εγκεφαλικό (enkefalikó)
strong: δυνατός (dynatós)
strontium: (το) στρόντιο (stróntio)
study: μελετάω (meletáo)
stupid: χαζός (chazós)
submarine: (το) υποβρύχιο (ypovrýchio)
subtraction: (η) αφαίρεση (afaíresi)
suburb: (το) προάστιο (proástio)
subway: (το) μετρό (metró)
Sudan: (το) Σουδάν (Soudán)
suddenly: ξαφνικά (xafniká)
Sudoku: (το) σουντόκου (sountókou)
sugar: (η) ζάχαρη (záchari)
sugar beet: (το) ζαχαρότευτλο (zacharóteftlo)
sugar cane: (το) ζαχαροκάλαμο (zacharokálamo)
sugar melon: (το) πεπόνι (pepóni)
suit: (το) κοστούμι (kostoúmi)
sulphur: (το) θείο (theío)
summer: (το) καλοκαίρι (kalokaíri)
sun: (ο) ήλιος (ílios)
sunburn: (το) ηλιακό έγκαυμα (iliakó énkavma)
Sunday: (η) Κυριακή (Kyriakí)
sunflower: (ο) ηλίανθος (ilíanthos)
sunflower oil: (το) ηλιέλαιο (iliélaio)
sunglasses: (τα) γυαλιά ηλίου (gyaliá ilíou)
sun hat: (το) καπέλο ηλίου (kapélo ilíou)
sunny: ηλιόλουστος (ilióloustos)
sunscreen: (το) αντηλιακό (antiliakó)
sunshine: (η) λιακάδα (liakáda)
supermarket: (το) σούπερ μάρκετ (soúper márket)
surfboard: (η) σανίδα του σερφ (sanída tou serf)
surfing: (το) σέρφινγκ (sérfin'nk)
surgeon: (ο) χειρουργός (cheirourgós)
surgery: (το) χειρουργείο (cheirourgeío), (η) χειρουργική (cheirourgikí)
Suriname: (το) Σουρινάμ (Sourinám)
surprised: έκπληκτος (ékpliktos)
sushi: (το) σούσι (soúsi)
suspect: (ο) ύποπτος (ýpoptos)
suture: (το) ράμμα (rámma)
swallow: καταπίνω (katapíno)
swan: (ο) κύκνος (kýknos)

Swaziland: (η) Σουαζιλάνδη (Souazilándi)
sweatband: (το) περικάρπιο (perikárpio)
sweater: (το) φούτερ (foúter)
sweatpants: (η) φόρμα (fórma)
Sweden: (η) Σουηδία (Souidía)
sweet: γλυκός (glykós)
sweet potato: (η) γλυκοπατάτα (glykopatáta)
swim: κολυμπάω (kolympáo)
swim cap: (το) σκουφάκι κολύμβησης (skoufáki kolýmvisis)
swim goggles: (τα) γυαλιά κολύμβησης (gyaliá kolýmvisis)
swimming: (η) κολύμβηση (kolýmvisi)
swimming pool: (η) πισίνα (pisína)
swimsuit: (το) ολόσωμο μαγιό (olósomo magió)
swim trunks: (το) μαγιό (magió)
swing: (η) κούνια (koúnia)
Switzerland: (η) Ελβετία (Elvetía)
symphony: (η) συμφωνία (symfonía)
synagogue: (η) συναγωγή (synagogí)
synchronized swimming: (η) συγχρονισμένη κολύμβηση (synchronisméni kolýmvisi)
Syria: (η) Συρία (Syría)
syringe: (η) σύριγγα (sýringa)
São Tomé and Príncipe: (το) Σάο Τομέ και Πρίνσιπε (Sáo Tomé kai Prínsipe)

T

T-shirt: (η) κοντομάνικη μπλούζα (kontomániki bloúza)
table: (το) τραπέζι (trapézi)
tablecloth: (το) τραπεζομάντηλο (trapezomántilo)
table of contents: (ο) πίνακας περιεχομένων (pínakas periechoménon)
table tennis: (η) επιτραπέζια αντισφαίριση (epitrapézia antisfaírisi)
table tennis table: (το) τραπέζι πινγκ πονγκ (trapézi pin'nk pon'nk)
taekwondo: (το) τάε κβον ντο (tae kvon nto)
tailor: (ο) ράφτης (ráftis)
Taiwan: (η) Ταϊβάν (Taïván)
Tajikistan: (το) Τατζικιστάν (Tatzikistán)
take: παίρνω (paírno)
take a shower: κάνω ντους (káno ntous)
take care: να προσέχεις (na prosécheis)
talk: μιλάω (miláo)
tall: ψηλός (psilós)
tambourine: (το) ντέφι (ntéfi)
tampon: (το) ταμπόν (tampón)
tandem: (το) διπλό ποδήλατο (dipló podílato)
tangent: (η) εφαπτομένη (efaptoméni)
tango: (το) ταγκό (tankó)
tank: (το) άρμα μάχης (árma máchis)
tantalum: (το) ταντάλιο (tantálio)
Tanzania: (η) Τανζανία (Tanzanía)
tap: (η) βρύση (vrýsi)
tape measure: (η) μεζούρα (mezoúra), (η) μετροταινία (metrotainía)
tapir: (ο) τάπιρος (tápiros)
tap water: (το) νερό της βρύσης (neró tis vrýsis)
tar: (η) πίσσα (píssa)
tarantula: (η) ταραντούλα (tarantoúla)
tattoo: (το) τατουάζ (tatouáz)
tax: (ο) φόρος (fóros)

taxi: (το) ταξί (taxí)
taxi driver: (ο) οδηγός ταξί (odigós taxí)
tea: (το) τσάι (tsái)
teacher: (ο) δάσκαλος (dáskalos)
teapot: (η) τσαγιέρα (tsagiéra)
technetium: (το) τεχνήτιο (technítio)
telephone: (το) τηλέφωνο (tiléfono)
telephone number: (ο) αριθμός τηλεφώνου (arithmós tilefónou)
telescope: (το) τηλεσκόπιο (tileskópio)
tellurium: (το) τελλούριο (telloúrio)
temperature: (η) θερμοκρασία (thermokrasía)
temple: (οι) κρόταφος (krótafos), (ο) ναός (naós)
tendon: (ο) τένοντας (ténontas)
tennis: (η) αντισφαίριση (antisfaírisi)
tennis ball: (η) μπάλα τένις (bála ténis)
tennis court: (το) γήπεδο τένις (gípedo ténis)
tennis racket: (η) ρακέτα τένις (rakéta ténis)
tent: (η) σκηνή (skiní)
tequila: (η) τεκίλα (tekíla)
terbium: (το) τέρβιο (térvio)
term: (το) εξάμηνο (exámino)
termite: (ο) τερμίτης (termítis)
terrace: (η) ταράτσα (tarátsa)
territory: (το) έδαφος (édafos)
testament: (η) διαθήκη (diathíki)
testicle: (ο) όρχις (órchis)
Tetris: (το) τέτρις (tétris)
text: (το) κείμενο (keímeno)
textbook: (το) εγχειρίδιο (encheirídio)
text message: (το) γραπτό μήνυμα (graptó mínyma)
Thailand: (η) Ταϊλάνδη (Taïlándi)
thallium: (το) θάλλιο (thállio)
Thanksgiving: (η) Ημέρα των ευχαριστιών (Iméra ton efcharistión)
thank you: ευχαριστώ (efcharistó)
that: ότι (óti)
theatre: (το) θέατρο (théatro)
The Bahamas: (οι) Μπαχάμες (Bachámes)
the day after tomorrow: μεθαύριο (methávrio)
the day before yesterday: προχθές (prochthés)
The Gambia: (η) Γκάμπια (Nkámpia)
their company: η εταιρία τους (i etairía tous)
theme park: (το) λούνα παρκ (loúna park)
then: τότε (tóte)
theory of relativity: (η) θεωρία της σχετικότητας (theoría tis schetikótitas)
there: εκεί (ekeí)
thermal underwear: (τα) ισοθερμικά εσώρουχα (isothermiká esóroucha)
thermos jug: (το) θερμός (thermós)
thesis: (η) πτυχιακή εργασία (ptychiakí ergasía)
The United States of America: (οι) Ηνωμένες Πολιτείες της Αμερικής (Inoménes Politeíes tis Amerikís)
they: αυτοί (aftoí)
thief: (ο) κλέφτης (kléftis)
think: σκέφτομαι (skéftomai)
third: (ο) τρίτος (trítos)
thirsty: διψασμένος (dipsasménos)
this: αυτό (aftó)
this month: αυτό το μηνα (aftó to mina)
this week: αυτή την εβδομάδα (aftí tin evdomáda)

this year: φέτος (fétos)
thong: (το) στρινγκ (strin'nk)
thorium: (το) θόριο (thório)
threaten: απειλώ (apeiló)
three quarters of an hour: (τα) τρία τέταρτα της ώρας (tría tétarta tis óras)
thriller: (το) θρίλερ (thríler)
throttle: (το) γκάζι (nkázi)
throw: ρίχνω (ríchno)
thulium: (το) θούλιο (thoúlio)
thumb: (ο) αντίχειρας (antícheiras)
thunder: (η) βροντή (vrontí)
thunderstorm: (η) καταιγίδα (kataigída)
Thursday: (η) Πέμπτη (Pémpti)
thyme: (το) θυμάρι (thymári)
ticket: (το) εισιτήριο (eisitírio)
ticket office: (το) εκδοτήριο εισιτηρίων (ekdotírio eisitiríon)
ticket vending machine: (ο) αυτόματος πωλητής εισιτηρίων (aftómatos politís eisitiríon)
tidal wave: (το) παλιρροϊκό κύμα (palirroïkó kýma)
tie: (η) γραβάτα (graváta)
tiger: (η) τίγρη (tígri)
tile: (το) πλακάκι (plakáki)
timetable: (το) χρονοδιάγραμμα (chronodiágramma)
tin: (ο) κασσίτερος (kassíteros), (το) τενεκεδάκι (tenekedáki)
tip: (το) φιλοδώρημα (filodórima)
tired: κουρασμένος (kourasménos)
tissue: (το) χαρτομάντιλο (chartomántilo)
titanium: (το) τιτάνιο (titánio)
toaster: (η) φρυγανιέρα (fryganiéra)
tobacco: (ο) καπνός (kapnós)
today: σήμερα (símera)
toe: (το) δάχτυλο του ποδιού (dáchtylo tou podioú)
tofu: (το) τόφου (tófou)
together: μαζί (mazí)
Togo: (το) Τόγκο (Tónko)
toilet: (η) τουαλέτα (toualéta)
toilet brush: (το) πιγκάλ (pinkál)
toilet paper: (το) χαρτί υγείας (chartí ygeías)
toll: (τα) διόδια (diódia)
tomasauce: (η) σάλτσα ντομάτας (sáltsa ntomátas)
tomato: (η) τομάτα (tomáta)
tomorrow: αύριο (ávrio)
ton: (ο) τόνος (tónos)
Tonga: (η) Τόνγκα (Tón'nka)
tongue: (η) γλώσσα (glóssa)
tooth: (το) δόντι (dónti)
toothache: (ο) πονόδοντος (ponódontos)
toothbrush: (η) οδοντόβουρτσα (odontóvourtsa)
toothpaste: (η) οδοντόκρεμα (odontókrema)
torch: (ο) φακός (fakós)
tornado: (ο) ανεμοστρόβιλος (anemostróvilos)
tortoise: (η) χελώνα (chelóna)
touch: αγγίζω (angízo)
tour guide: (ο) ξεναγός (xenagós)
tourist attraction: (το) τουριστικό αξιοθέατο (touristikó axiothéato)
tourist guide: (ο) τουριστικός οδηγός (touristikós odigós)
tourist information: (οι) τουριστικές πληροφορίες (touristikés plirofories)
towel: (η) πετσέτα (petséta)

town hall: (το) δημαρχείο (dimarcheío)
toy shop: (το) κατάστημα παιχνιδιών (katástima paichnidión)
track cycling: (η) ποδηλασία πίστας (podilasía pístas)
tracksuit: (η) φόρμα γυμναστικής (fórma gymnastikís)
tractor: (το) τρακτέρ (traktér)
traffic jam: (το) μποτιλιάρισμα (botiliárisma)
traffic light: (το) φανάρι (fanári)
trailer: (το) τρέιλερ (tréiler)
train: (το) τρένο (tréno)
train driver: (ο) οδηγός τρένου (odigós trénou)
trainers: (τα) αθλητικά παπούτσια (athlitiká papoútsia)
train station: (ο) σιδηροδρομικός σταθμός (sidirodromikós stathmós)
tram: (το) τραμ (tram)
trampoline: (το) τραμπολίνο (trampolíno)
trapezoid: (το) τραπεζοειδές (trapezoeidés)
travel: ταξιδεύω (taxidévo)
travel agent: (ο) ταξιδιωτικός πράκτορας (taxidiotikós práktoras)
treadmill: (ο) διάδρομος (diádromos)
tree: (το) δέντρο (déntro)
tree house: (το) δεντρόσπιτο (dentróspito)
triangle: (το) τρίγωνο (trígono)
triathlon: (το) τρίαθλο (tríathlo)
Trinidad and Tobago: (το) Τρινιντάντ και Τομπάγκο (Trinintánt kai Tompánko)
triple jump: (το) άλμα εις τριπλούν (álma eis triploún)
triplets: (τα) τρίδυμα (trídyma)
tripod: (το) τρίποδο (trípodo)
trombone: (το) τρομπόνι (trompóni)
tropics: (οι) τροπικοί (tropikoí)
trousers: (το) παντελόνι (pantelóni)
truffle: (η) τρούφα (troúfa)
trumpet: (η) τρομπέτα (trompéta)
trunk: (ο) κορμός (kormós)
tuba: (η) τούμπα (toúmpa)
Tuesday: (η) Τρίτη (Tríti)
tulip: (η) τουλίπα (toulípa)
tuna: (ο) τόνος (tónos)
tungsten: (το) βολφράμιο (volfrámio)
Tunisia: (η) Τυνησία (Tynisía)
Turkey: (η) Τουρκία (Tourkía)
turkey: (η) γαλοπούλα (galopoúla)
Turkmenistan: (το) Τουρκμενιστάν (Tourkmenistán)
turnip cabbage: (το) γογγύλι (gongýli)
turn left: στρίψε αριστερά (strípse aristerá)
turn off: σβήνω (svíno)
turn on: ανάβω (anávo)
turn right: στρίψε δεξιά (strípse dexiá)
turtle: (η) χελώνα (chelóna)
Tuvalu: (το) Τουβαλού (Touvaloú)
TV: (η) τηλεόραση (tileórasi)
TV series: (η) σειρά (seirá)
TV set: (η) τηλεόραση (tileórasi)
tweezers: (το) τσιμπιδάκι (tsimpidáki)
twins: (τα) δίδυμα (dídyma)
twisting: στριφογυριστός (strifogyristós)
two o'clock in the afternoon: δύο το απόγευμα (dýo to apógevma)
typhoon: (ο) τυφώνας (tyfónas)
tyre: (το) λάστιχο (lásticho)

U

Uganda: (η) Ουγκάντα (Ounkánta)
ugly: άσχημος (áschimos)
Ukraine: (η) Ουκρανία (Oukranía)
ukulele: (το) ουκουλέλε (oukoulélе)
ultrasound machine: (η) μηχανή υπερήχων (michaní yperíchon)
umbrella: (η) ομπρέλα (ompréla)
uncle: (ο) θείος (theíos)
underpants: (το) σώβρακο (sóvrako)
underpass: (η) υπόγεια διάβαση (ypógeia diávasi)
underscore: (η) κάτω παύλα (káto pávla)
undershirt: (η) φανέλα (fanéla)
unfair: άδικος (ádikos)
uniform: (η) στολή (stolí)
United Arab Emirates: (τα) Ηνωμένα Αραβικά Εμιράτα (Inoména Araviká Emiráta)
United Kingdom: (το) Ηνωμένο Βασίλειο (Inoméno Vasíleio)
university: (το) πανεπιστήμιο (panepistímio)
uranium: (το) ουράνιο (ouránio)
Uranus: (ο) Ουρανός (Ouranós)
url: (η) ιστοδιεύθυνση (istodiéfthynsi)
urn: (η) τεφροδόχος (tefrodóchos)
urology: (η) ουρολογία (ourología)
Uruguay: (η) Ουρουγουάη (Ourougouái)
USB stick: (το) στικάκι USB (stikáki USB)
uterus: (η) μήτρα (mítra)
utility knife: (το) μαχαίρι χρησιμότητας (machaíri chrisimótitas)
Uzbekistan: (το) Ουζμπεκιστάν (Ouzmpekistán)

V

vacuum: σκουπίζω (skoupízo)
vacuum cleaner: (η) ηλεκτρική σκούπα (ilektrikí skoúpa)
vagina: (ο) κόλπος (kólpos)
valley: (η) κοιλάδα (koiláda)
vanadium: (το) βανάδιο (vanádio)
vanilla: (η) βανίλια (vanília)
vanilla sugar: (η) ζάχαρη βανίλιας (záchari vanílias)
Vanuatu: (το) Βανουάτου (Vanouátou)
varnish: (το) βερνίκι (verníki)
vase: (το) βάζο (vázo)
Vatican City: (το) Βατικανό (Vatikanó)
veal: (το) μοσχαρίσιο (moscharísio)
vector: (το) διάνυσμα (diánysma)
vein: (η) φλέβα (fléva)
Venezuela: (η) Βενεζουέλα (Venezouéla)
Venus: (η) Αφροδίτη (Afrodíti)
vertebra: (ο) σπόνδυλος (spóndylos)
very: πολύ (polý)
vet: (ο) κτηνίατρος (ktiníatros)
Viennese waltz: (το) Βιεννέζικο βαλς (Viennéziko vals)
Vietnam: (το) Βιετνάμ (Vietnám)
village: (το) χωριό (chorió)
vinegar: (το) ξύδι (xýdi)
viola: (η) βιόλα (vióla)
violin: (το) βιολί (violí)
virus: (ο) ιός (iós)

visa: (η) βίζα (víza)
visiting hours: (οι) ώρες επισκεπτηρίου (óres episkeptiríou)
visitor: (ο) επισκέπτης (episképtis)
vitamin: (η) βιταμίνη (vitamíni)
vocational training: (η) επαγγελματική κατάρτιση (epangelmatikí katártisi)
vodka: (η) βότκα (vótka)
voice message: (το) φωνητικό μήνυμα (fonitikó mínyma)
volcano: (το) ηφαίστειο (ifaísteio)
volleyball: (η) πετοσφαίριση (petosfaírisi)
volt: (το) βολτ (volt)
volume: (ο) όγκος (ónkos)
vomit: κάνω εμετό (káno emetó)
vote: ψηφίζω (psifízo)

W

waffle: (η) βάφλα (váfla)
waist: (η) μέση (mési)
wait: περιμένω (periméno)
waiter: (ο) σερβιτόρος (servitóros)
waiting room: (η) αίθουσα αναμονής (aíthousa anamonís)
walk: περπατώ (perpató)
walkie-talkie: (το) φορητό ραδιοτηλέφωνο (foritó radiotiléfono)
wall: (ο) τοίχος (toíchos)
wallet: (το) πορτοφόλι (portofóli)
walnut: (το) καρύδι (karýdi)
walrus: (ο) θαλάσσιος ίππος (thalássios íppos)
waltz: (το) βαλς (vals)
wardrobe: (η) ντουλάπα (ntoulápa)
warehouse: (η) αποθήκη (apothíki)
warm: θερμός (thermós)
warm-up: (το) ζέσταμα (zéstama)
warn: προειδοποιώ (proeidopoió)
warning light: (το) προειδοποιητικό φως (proeidopoiitikó fos)
warranty: (η) εγγύηση (engýisi)
wash: πλένω (pléno)
washing machine: (το) πλυντήριο (plyntírio)
washing powder: (το) απορρυπαντικό (aporrypantikó)
wasp: (η) σφήκα (sfíka)
watch: παρακολουθώ (parakolouthó), (το) ρολόι (rolói)
water: (το) νερό (neró)
water bottle: (το) παγούρι νερού (pagoúri neroú)
water can: (το) ποτιστήρι (potistíri)
waterfall: (ο) καταρράκτης (katarráktis)
water melon: (το) καρπούζι (karpoúzi)
water park: (το) υδάτινο πάρκο (ydátino párko)
water polo: (η) υδατοσφαίριση (ydatosfaírisi)
waterskiing: (το) θαλάσσιο σκι (thalássio ski)
water slide: (οι) νεροτσουλήθρες (nerotsoulíthres)
watt: (το) βατ (vat)
we: εμείς (emeís)
weak: αδύναμος (adýnamos)
webcam: (η) κάμερα διαδικτύου (kámera diadiktýou)
website: (η) ιστοσελίδα (istoselída)
wedding: (ο) γάμος (gámos)
wedding cake: (η) γαμήλια τούρτα (gamília toúrta)

wedding dress: (το) νυφικό (nyfikó)
wedding ring: (η) βέρα (véra)
Wednesday: (η) Τετάρτη (Tetárti)
weed: (το) αγριόχορτο (agrióchorto)
week: (η) εβδομάδα (evdomáda)
weightlifting: (η) άρση βαρών (ársi varón)
welcome: καλώς ήρθατε (kalós írthate)
well-behaved: φρόνιμος (frónimos)
wellington boots: (οι) γαλότσες (galótses)
west: δυτικά (dytiká)
western film: (η) ταινία γουέστερν (tainía gouéstern)
wet: βρεγμένος (vregménos)
wetsuit: (η) στολή κολύμβησης (stolí kolýmvisis)
whale: (η) φάλαινα (fálaina)
what: τί (tí)
What's your name?: Πώς σε λένε; (Pós se léne?)
wheat: (το) σιτάρι (sitári)
wheelbarrow: (η) χειράμαξα (cheirámaxa)
wheelchair: (το) αναπηρικό καροτσάκι (anapirikó karotsáki)
when: πότε (póte)
where: πού (poú)
Where is the toilet?: Πού είναι η τουαλέτα; (Poú eínai i toualéta?)
which: ποιο (poio)
whip: (το) μαστίγιο (mastígio)
whipped cream: (η) σαντιγί (santigí)
whiskey: (το) ουίσκι (ouíski)
whisper: ψιθυρίζω (psithyrízo)
white: λευκό (lefkó)
white wine: (το) λευκό κρασί (lefkó krasí)
who: ποιος (poios)
why: γιατί (giatí)
widow: (η) χήρα (chíra)
widower: (ο) χήρος (chíros)
width: (το) πλάτος (plátos)
wife: (η) σύζυγος (sýzygos)
wig: (η) περούκα (peroúka)
willow: (η) ιτιά (itiá)
win: κερδίζω (kerdízo)
wind: (ο) άνεμος (ánemos)
wind farm: (το) αιολικό πάρκο (aiolikó párko)
window: (το) παράθυρο (paráthyro)
windpipe: (η) τραχεία (tracheía)
windscreen: (το) παρμπρίζ (parmpríz)
windscreen wiper: (ο) υαλοκαθαριστήρας (yalokatharistíras)
windsurfing: (η) ιστιοσανίδα (istiosanída)
windy: ανεμώδης (anemódis)
wine: (το) κρασί (krasí)
wing: (το) φτερό (fteró)
wing mirror: (ο) πλαϊνός καθρέπτης (plaïnós kathréptis)
winter: (ο) χειμώνας (cheimónas)
wire: (το) σύρμα (sýrma)
witness: (ο) μάρτυρας (mártyras)
wolf: (ο) λύκος (lýkos)
woman: (η) γυναίκα (gynaíka)
womb: (η) μήτρα (mítra)
wooden beam: (η) ξύλινη δοκός (xýlini dokós)
wooden spoon: (η) ξύλινη κουτάλα (xýlini koutála)

woodwork: (η) ξυλουργική (xylourgikí)
wool: (το) μαλλί (mallí)
work: δουλεύω (doulévo)
workroom: (το) εργαστήριο (ergastírio)
world record: (το) παγκόσμιο ρεκόρ (pankósmio rekór)
worried: ανήσυχος (anísychos)
wound: (η) πληγή (pligí)
wrestling: (η) πάλη (páli)
wrinkle: (η) ρυτίδα (rytída)
wrist: (ο) καρπός (karpós)
write: γράφω (gráfo)
wrong: λάθος (láthos)

X

X-ray photograph: (η) ακτινογραφία (aktinografía)
xenon: (το) ξένο (xéno)
xylophone: (το) ξυλόφωνο (xylófono)

Y

yacht: (το) γιοτ (giot)
yard: (η) γιάρδα (giárda)
year: (το) έτος (étos)
yeast: (η) μαγιά (magiá)
yellow: κίτρινο (kítrino)
Yemen: (η) Υεμένη (Yeméni)
yen: (το) γιέν (gién)
yesterday: εχθές (echthés)
yoga: (η) γιόγκα (giónka)
yoghurt: (το) γιαούρτι (giaoúrti)
yolk: (ο) κρόκος αυγού (krókos avgoú)
you: εσύ (esý), εσείς (eseís)
young: νέος (néos)
your cat: η γάτα σου (i gáta sou)
your team: η ομάδα σας (i omáda sas)
ytterbium: (το) υττέρβιο (yttérvio)
yttrium: (το) ύττριο (ýttrio)
yuan: (το) γουάν (gouán)

Z

Zambia: (η) Ζάμπια (Zámpia)
zebra: (η) ζέβρα (zévra)
Zimbabwe: (η) Ζιμπάμπουε (Zimpámpoue)
zinc: (ο) ψευδάργυρος (psevdárgyros)
zip code: (ο) ταχυδρομικός κώδικας (tachydromikós kódikas)
zipper: (το) φερμουάρ (fermouár)
zirconium: (το) ζιρκόνιο (zirkónio)
zoo: (ο) ζωολογικός κήπος (zoologikós kípos)

Greek - English

A

achládi (αχλάδι): pear
achílleios ténontas (αχίλλειος τένοντας): Achilles tendon
adiávrocho (αδιάβροχο): raincoat
adérfia (αδέρφια): siblings
adýnamos (αδύναμος): weak
aerodrómio (αεροδρόμιο): airport
aeroplanofóro (αεροπλανοφόρο): aircraft carrier
aeropláno (αεροπλάνο): plane
aeroporikí etaireía (αεροπορική εταιρεία): airline
aerosynodós (αεροσυνοδός): stewardess
aerovikí (αεροβική): aerobics
aerósakos (αερόσακος): airbag
aeróstato (αερόστατο): hot-air balloon
aetós (αετός): eagle
afalós (αφαλός): belly button
afaíresi (αφαίρεση): subtraction
afchénas (αυχένας): nape
Afganistán (Αφγανιστάν): Afghanistan
Afrodíti (Αφροδίτη): Venus
afródis oínos (αφρώδης οίνος): sparkling wine
afróloutro (αφρόλουτρο): shower gel
afrós xyrísmatos (αφρός ξυρίσματος): shaving foam
afstirós (αυστηρός): strict
afstralianó podósfairo (αυστραλιανό ποδόσφαιρο): Australian football
Afstralía (Αυστραλία): Australia
Afstría (Αυστρία): Austria
aftokinitódromos (αυτοκινητόδρομος): motorway
aftokínito (αυτοκίνητο): car
aftoí (αυτοί): they
aftí (αυτή): she
aftí (αυτί): ear
aftí tin evdomáda (αυτή την εβδομάδα): this week
aftó (αυτό): this
aftó to mina (αυτό το μηνα): this month
aftómato (αυτόματο): automatic
aftómatos politís eisitiríon (αυτόματος πωλητής εισιτηρίων): ticket vending machine
aftós (αυτός): he
agapó (αγαπώ): to love
ageláda (αγελάδα): cow
agonistikó podílato (αγωνιστικό ποδήλατο): racing bicycle
agonistikó élkithro (αγωνιστικό έλκηθρο): bobsleigh
agorá (αγορά): market
agorázo (αγοράζω): to buy
agriomélissa (αγριομέλισσα): bumblebee
agrióchorto (αγριόχορτο): weed
agróktima (αγρόκτημα): farm
agrótis (αγρότης): farmer
agápi (αγάπη): love
Agía Loukía (Αγία Λουκία): Saint Lucia
agónas aftokiníton (αγώνας αυτοκινήτων): car racing
agónas motosyklétas (αγώνας μοτοσυκλέτας): motorcycle racing
agóri (αγόρι): boy

apó káto (από κάτω): below
apó páno (από πάνω): above
apódeixi (απόδειξη): evidence
apógevma (απόγευμα): afternoon
apóleia (απώλεια): loss
apóstrofos (απόστροφος): apostrophe
apótomos (απότομος): steep
Araviká (Αραβικά): Arabic
archeío (αρχείο): file
architéktonas (αρχιτέκτονας): architect
Argentíni (Αργεντίνη): Argentina
argón (αργόν): argon
argós (αργός): slow
aristerá (αριστερά): left
arithmitikí (αριθμητική): arithmetic
arithmitís (αριθμητής): numerator
arithmós domatíou (αριθμός δωματίου): room number
arithmós logariasmoú (αριθμός λογαριασμού): account number
arithmós tilefónou (αριθμός τηλεφώνου): telephone number
arkoúda (αρκούδα): bear
Armenía (Αρμενία): Armenia
arnísio (αρνίσιο): lamb
aromatotherapeía (αρωματοθεραπεία): aromatherapy
arouraíos (αρουραίος): rat
Aroúmpa (Αρούμπα): Aruba
arravoniastikiá (αρραβωνιαστικιά): fiancée
arravoniastikós (αρραβωνιαστικός): fiancé
arravónas (αρραβώνας): engagement
arsenikó (αρσενικό): arsenic
artiría (αρτηρία): artery
aráchni (αράχνη): spider
arápiko fistíki (αράπικο φιστίκι): peanut
asansér (ασανσέρ): elevator
asetón gia ta nýchia (ασετόν για τα νύχια): nail varnish remover
asfalís (ασφαλής): safe
asfáleia (ασφάλεια): insurance
asfódelos (ασφόδελος): daffodil
asiménio metállio (ασημένιο μετάλλιο): silver medal
aspiríni (ασπιρίνη): aspirin
asprádi avgoú (ασπράδι αυγού): egg white
astakós (αστακός): lobster
asteroeidís (αστεροειδής): asteroid
asterías (αστερίας): starfish
asteío (αστείο): joke
asteíos (αστείος): funny
asthenofóro (ασθενοφόρο): ambulance
asthenís (ασθενής): patient
astrapí (αστραπή): lightning
astrágalos (αστράγαλος): ankle
astynomikó tmíma (αστυνομικό τμήμα): police station
astynomikós (αστυνομικός): policeman
astynomía (αστυνομία): police
astátio (αστάτιο): astatine
astéri (αστέρι): star
asvestítis (ασβεστίτης): calcite
asvestólithos (ασβεστόλιθος): limestone
asvéstio (ασβέστιο): calcium

asími (ασήμι): silver
athlitiká papoútsia (αθλητικά παπούτσια): trainers
athlitikó soutién (αθλητικό σουτιέν): jogging bra
athlitikós chóros (αθλητικός χώρος): sports ground
Atlantikós Okeanós (Ατλαντικός Ωκεανός): Atlantic Ocean
atmósfaira (ατμόσφαιρα): atmosphere
atomikós arithmós (ατομικός αριθμός): atomic number
atsáli (ατσάλι): steel
atýchima (ατύχημα): accident
avgó (αυγό): egg
avokánto (αβοκάντο): avocado
axonikós tomográfos (αξονικός τομογράφος): CT scanner
Azermpaïtzán (Αζερμπαϊτζάν): Azerbaijan
aério (αέριο): gas
Aígyptos (Αίγυπτος): Egypt
aíthousa anamonís (αίθουσα αναμονής): lobby, waiting room
aíthousa cheirourgeíou (αίθουσα χειρουργείου): operating theatre
aíthousa synedriáseon (αίθουσα συνεδριάσεων): meeting room
aïnstánio (αϊνστάνιο): einsteinium
Aïtí (Αϊτή): Haiti

B

Bachréin (Μπαχρέιν): Bahrain
Bachámes (Μπαχάμες): The Bahamas
balkóni (μπαλκόνι): balcony
baláki tou bántminton (μπαλάκι του μπάντμιντον): shuttlecock
baléto (μπαλέτο): ballet
bampoú (μπαμπού): bamboo
bampás (μπαμπάς): dad
Ban'nklantés (Μπανγκλαντές): Bangladesh
baniéra (μπανιέρα): bathtub
banána (μπανάνα): banana
bar (μπαρ): bar
Barmpántos (Μπαρμπάντος): Barbados
bastoúni ski (μπαστούνι σκι): ski pole
bastoúni tou chókeï (μπαστούνι του χόκεϊ): hockey stick
bataría (μπαταρία): battery
Belíz (Μπελίζ): Belize
Benín (Μπενίν): Benin
berkélio (μπερκέλιο): berkelium
betoniéra (μπετονιέρα): concrete mixer, cement mixer
bez (μπεζ): beige
bikíni (μπικίνι): bikini
biliárdo (μπιλιάρδο): billiards
bimperó (μπιμπερό): baby bottle
biskóto (μπισκότο): cookie, biscuit
bits vóleï (μπιτς βόλεϊ): beach volleyball
bizéli (μπιζέλι): pea
ble (μπλε): blue
blouz (μπλουζ): blues
bogiá (μπογιά): paint
bol (μπολ): bowl
bolroum chorós (μπολρουμ χορός): Ballroom dance
Boreíte na me voithísete? (Μπορείτε να με βοηθήσετε;): Can you help me?
botiliárisma (μποτιλιάρισμα): traffic jam

Botsouána (Μποτσουάνα): Botswana
boufés (μπουφές): buffet
boukáli (μπουκάλι): bottle
Bourkína Fáso (Μπουρκίνα Φάσο): Burkina Faso
bournoúzi (μπουρνούζι): bathrobe
Bouroúnti (Μπουρούντι): Burundi
bousouláo (μπουσουλάω): to crawl
Boután (Μπουτάν): Bhutan
breakdance (breakdance): breakdance
brelók (μπρελόκ): key chain
britz (μπριτζ): bridge
brizóla (μπριζόλα): steak
brostinó fos (μπροστινό φως): front light
brostinó káthisma (μπροστινό κάθισμα): front seat
brostá (μπροστά): front
Brounéi (Μπρουνέι): Brunei
bránti (μπράντι): brandy
bráouni (μπράουνι): brownie
brókolo (μπρόκολο): broccoli
bála amerikánikou podosfaírou (μπάλα αμερικάνικου ποδοσφαίρου): football
bála básket (μπάλα μπάσκετ): basketball
bála bóoulin'nk (μπάλα μπόουλινγκ): bowling ball
bála podosfaírou (μπάλα ποδοσφαίρου): football
bála tou nkolf (μπάλα του γκολφ): golf ball
bála ténis (μπάλα τένις): tennis ball
bámia (μπάμια): okra
bánio (μπάνιο): bathroom
bántminton (μπάντμιντον): badminton
bántzi tzámpin'nk (μπάντζι τζάμπινγκ): bungee jumping
bára (μπάρα): barbell
bárman (μπάρμαν): barkeeper
bármpekiou (μπάρμπεκιου): barbecue
báso (μπάσο): bass guitar
béikin páounter (μπέικιν πάουντερ): baking powder
béikon (μπέικον): bacon
béizmpol (μπέιζμπολ): baseball
bérnker (μπέργκερ): burger
bónti bílntin'nk (μπόντι μπίλντινγκ): bodybuilding
bóoulin'nk (μπόουλινγκ): bowling
bório (μπόριο): bohrium
býra (μπύρα): beer

C

chalazías (χαλαζίας): quartz
chalkós (χαλκός): copper
chalárose (χαλάρωσε): relax
chalí (χαλί): carpet
chalývdini dokós (χαλύβδινη δοκός): steel beam
chamailéontas (χαμαιλέοντας): chameleon
chamilós (χαμηλός): low
chamogeláo (χαμογελάω): to smile
charaktíras (χαρακτήρας): character
charitoménos (χαριτωμένος): cute
charoúmenos (χαρούμενος): happy
chartofylákio (χαρτοφυλάκιο): portfolio

chartofýlakas (χαρτοφύλακας): briefcase
chartomántilo (χαρτομάντιλο): tissue
chartonómisma (χαρτονόμισμα): note
chartí ygeías (χαρτί υγείας): toilet paper
chasápis (χασάπης): butcher
chazós (χαζός): stupid
chaírete (χαίρετε): hello
cheimónas (χειμώνας): winter
cheiraposkeví (χειραποσκευή): carry-on luggage
cheiristís kámeras (χειριστής κάμερας): camera operator
cheiropráktis (χειροπράκτης): chiropractor
cheiropédes (χειροπέδες): handcuff
cheirosfaírisi (χειροσφαίριση): handball
cheirourgeío (χειρουργείο): surgery
cheirourgikí (χειρουργική): surgery
cheirourgós (χειρουργός): surgeon
cheirámaxa (χειράμαξα): wheelbarrow
cheirófreno (χειρόφρενο): hand brake
chelóna (χελώνα): turtle, tortoise
cheroúli pórtas (χερούλι πόρτας): door handle
chersónisos (χερσόνησος): peninsula
cheílos (χείλος): lip
chilietía (χιλιετία): millennium
chiliostó (χιλιοστό): millimeter
chiliostólitro (χιλιοστόλιτρο): milliliter
Chilí (Χιλή): Chile
chimeía (χημεία): chemistry
chimikí antídrasi (χημική αντίδραση): chemical reaction
chimikí domí (χημική δομή): chemical structure
chimikí énosi (χημική ένωση): chemical compound
chimikós (χημικός): chemist
chionodromikó kéntro (χιονοδρομικό κέντρο): ski resort
chionosanída (χιονοσανίδα): snowboarding
chióni (χιόνι): snow
chlomós (χλωμός): pale
chlório (χλώριο): chlorine
choirinó (χοιρινό): pork
cholidóchos kýsti (χοληδόχος κύστη): gall bladder
Chon'nk Kon'nk (Χονγκ Κονγκ): Hong Kong
choní (χωνί): funnel
choreftís (χορευτής): dancer
chorió (χωριό): village
chortátos (χορτάτος): full
chorós (χορός): dancing
chot ntonk (χοτ ντογκ): hot dog
chourmás (χουρμάς): date
choíros (χοίρος): pig
chrimatistírio (χρηματιστήριο): stock exchange
chrimatistís (χρηματιστής): stockbroker
chrimatokinótio (χρηματοκιβώτιο): safe
Christoúgenna (Χριστούγεννα): Christmas
chronodiágramma (χρονοδιάγραμμα): timetable
chronómetro (χρονόμετρο): stopwatch
chrysó metállio (χρυσό μετάλλιο): gold medal
chrysós (χρυσός): gold
chrímata (χρήματα): money
chrómio (χρώμιο): chromium

chtapódi (χταπόδι): octopus
chtypáo (χτυπάω): to hit
chténa (χτένα): comb
chylós (χυλός): porridge
chymódis (χυμώδης): juicy
chymós mílou (χυμός μήλου): apple juice
chálkino metállio (χάλκινο μετάλλιο): bronze medal
Cháloouin (Χάλοουιν): Halloween
chámpournker (χάμπουργκερ): hamburger
chámster (χάμστερ): hamster
cháno (χάνω): to lose
cháno város (χάνω βάρος): to lose weight
chápi (χάπι): pill
chárakas (χάρακας): ruler
chártis (χάρτης): map
chásio (χάσιο): hassium
chéri (χέρι): arm, hand
chévi metál (χέβι μετάλ): heavy metal
chína (χήνα): goose
chíra (χήρα): widow
chíros (χήρος): widower
chókeï epí chórtou (χόκεϊ επί χόρτου): field hockey
chókeï epí págou (χόκεϊ επί πάγου): ice hockey
chóma (χώμα): soil
chóndros (χόνδρος): cartilage
chóra (χώρα): country
chóros kataskínosis (χώρος κατασκήνωσης): camping site
chóros státhmefsis (χώρος στάθμευσης): car park

D

dachtylídi (δαχτυλίδι): ring
dachtylídi arravónon (δαχτυλίδι αρραβώνων): engagement ring
dachtylídi kremmydioú (δαχτυλίδι κρεμμυδιού): onion ring
daktylikó apotýpoma (δακτυλικό αποτύπωμα): fingerprint
damáskino (δαμάσκηνο): plum
dankóno (δαγκώνω): to bite
Danía (Δανία): Denmark
defterólepto (δευτερόλεπτο): second
Deftéra (Δευτέρα): Monday
deinósavros (δεινόσαυρος): dinosaur
dekaetía (δεκαετία): decade
Dekémvrios (Δεκέμβριος): December
delfíni (δελφίνι): dolphin
den (δεν): not
dendrolívano (δενδρολίβανο): rosemary
Den katalavaíno (Δεν καταλαβαίνω): I don't understand
Den mou arései aftó (Δεν μου αρέσει αυτό): I don't like this
dentróspito (δεντρόσπιτο): tree house
Den xéro (Δεν ξέρω): I don't know
den échei simasía (δεν έχει σημασία): doesn't matter
dermatología (δερματολογία): dermatology
dermátina papoútsia (δερμάτινα παπούτσια): leather shoes
dexiá (δεξιά): right
deíktis (δείκτης): index finger
deípno (δείπνο): dinner

diafonó (διαφωνώ): to argue
diafímisi (διαφήμιση): advertisement
diagónios (διαγώνιος): diagonal
diaititís (διαιτητής): referee
diakekriméni thési (διακεκριμένη θέση): business class
diakomistís (διακομιστής): server
diakoreftís (διακορευτής): hole puncher
diakóptis fotós (διακόπτης φωτός): light switch
dialogismós (διαλογισμός): meditation
diamánti (διαμάντι): diamond
diamérisma (διαμέρισμα): apartment
diastimikó leoforeío (διαστημικό λεωφορείο): space shuttle
diastimikós stathmós (διαστημικός σταθμός): space station
diastávrosi (διασταύρωση): intersection
diathíki (διαθήκη): testament
diatáseis (διατάσεις): stretching
diavatírio (διαβατήριο): passport
diavázo (διαβάζω): to read
diavítis (διαβήτης): diabetes
diazýgio (διαζύγιο): divorce
diaíresi (διαίρεση): division
didaktorikó (διδακτορικό): PhD
diefthyntís (διευθυντής): director
dikastírio (δικαστήριο): court
dikastís (δικαστής): judge
dikigóros (δικηγόρος): lawyer
dilitiríasi (δηλητηρίαση): poisoning
dimarcheío (δημαρχείο): town hall
dimitriaká (δημητριακά): cereal
Dimokratía tou Kon'nkó (Δημοκρατία του Κονγκό): Republic of the Congo
dimosiográfos (δημοσιογράφος): reporter, journalist
dimotikó scholeío (δημοτικό σχολείο): primary school, junior school
dimítrio (δημήτριο): cerium
diorthóno (διορθώνω): to fix
dioxeídio tou ánthraka (διοξείδιο του άνθρακα): carbon dioxide
dipló podílato (διπλό ποδήλατο): tandem
dipsasménos (διψασμένος): thirsty
diskovolía (δισκοβολία): discus throw
diádromos (διάδρομος): treadmill, corridor, aisle
diádromos apogeíosis (διάδρομος απογείωσης): runway
diáfragma (διάφραγμα): diaphragm
diálexi (διάλεξη): lecture
diánysma (διάνυσμα): vector
diárroia (διάρροια): diarrhea
diáseisi (διάσειση): concussion
diávasi pezón (διάβαση πεζών): pedestrian crossing
diéfthynsi (διεύθυνση): address
diéfthynsi ilektronikoú tachydromeíou (διεύθυνση ηλεκτρονικού ταχυδρομείου): e-mail address
diódia (διόδια): toll
dodekadáktylo (δωδεκαδάκτυλο): duodenum
dokimastírio (δοκιμαστήριο): changing room
dolário (δολάριο): dollar
Dominikaní Dimokratía (Δομινικανή Δημοκρατία): Dominican Republic
Dominíka (Δομινίκα): Dominica
domátio koitóna (δωμάτιο κοιτώνα): dorm room
domátio éktaktis anánkis (δωμάτιο έκτακτης ανάγκης): emergency room
doryforikó piáto (δορυφορικό πιάτο): satellite dish

doryfóros (δορυφόρος): satellite
dosología (δοσολογία): dosage
douleiá (δουλειά): job
doulévo (δουλεύω): to work
dromologitís (δρομολογητής): router
dromáki (δρομάκι): alley
drys (δρυς): oak
drómos (δρόμος): road
drómos met' empodíon (δρόμος μετ' εμποδίων): hurdles
dynatós (δυνατός): strong
dysprósio (δυσπρόσιο): dysprosium
dytiká (δυτικά): west
dáchtylo (δάχτυλο): finger
dáchtylo tou podioú (δάχτυλο του ποδιού): toe
dáneio (δάνειο): loan
dánkoma (δάγκωμα): bite
dáskalos (δάσκαλος): teacher
dásos (δάσος): forest
défteros (δεύτερος): second
déftero ypógeio (δεύτερο υπόγειο): second basement floor
dékato (δέκατο): decimeter
déntro (δέντρο): tree
Días (Δίας): Jupiter
díathlo (δίαθλο): biathlon
díchty (δίχτυ): net
dídyma (δίδυμα): twins
díkaios (δίκαιος): fair
díklino domátio (δίκλινο δωμάτιο): double room
díkrano (δίκρανο): pitchfork
díktyo (δίκτυο): network
díno (δίνω): to give
dípla (δίπλα): beside
díploma (δίπλωμα): diploma
dískos chókeï (δίσκος χόκεϊ): puck
dónti (δόντι): tooth
dóro (δώρο): present
dýnami (δύναμη): force
dýo to apógevma (δύο το απόγευμα): two o'clock in the afternoon
dýskolos (δύσκολος): difficult

E

echthés (εχθές): yesterday
edó (εδώ): here
efaptoméni (εφαπτομένη): tangent
efarmogí (εφαρμογή): app
efcharistó (ευχαριστώ): thank you
efimerída (εφημερίδα): newspaper
efkairía (ευκαιρία): bargain
efkályptos (ευκάλυπτος): eucalyptus
eftheía (ευθεία): straight line
efthýs (ευθύς): straight
egó (εγώ): I
eikonídio (εικονίδιο): icon
eikóna (εικόνα): picture
Eirinikós Okeanós (Ειρηνικός Ωκεανός): Pacific Ocean

eisangeléas (εισαγγελέας): prosecutor
eiserchómena (εισερχόμενα): inbox
eisitírio (εισιτήριο): ticket
eispnefstíras (εισπνευστήρας): inhaler
eispráktoras (εισπράκτορας): conductor
eis ygeían (εις υγείαν): cheers
ekatostó (εκατοστό): centimeter
ekdotírio eisitiríon (εκδοτήριο εισιτηρίων): ticket office
ekdótis (εκδότης): publisher
ekeí (εκεί): there
ekklisiastikó órgano (εκκλησιαστικό όργανο): organ
ekklisía (εκκλησία): church
Ekouadór (Εκουαδόρ): Ecuador
ekpaidevómenos (εκπαιδευόμενος): intern
ekskaféas (εκσκαφέας): excavator
ektypotís (εκτυπωτής): printer
ektypóno (εκτυπώνω): to print
elafrýs (ελαφρύς): light
elaiólado (ελαιόλαδο): olive oil
elenktís enaérias kykloforías (ελεγκτής εναέριας κυκλοφορίας): air traffic controller
elikóptero (ελικόπτερο): helicopter
eliá (ελιά): olive
elleiptikó michánima (ελλειπτικό μηχάνημα): cross trainer
Elláda (Ελλάδα): Greece
El Salvadór (Ελ Σαλβαδόρ): El Salvador
Elvetía (Ελβετία): Switzerland
eláfi (ελάφι): deer
eléfantas (ελέφαντας): elephant
eléfthero ski (ελεύθερο σκι): freestyle skiing
emeís (εμείς): we
emporikó kéntro (εμπορικό κέντρο): shopping mall
emporikó tréno (εμπορικό τρένο): freight train
enagómenos (εναγόμενος): defendant
encheirídio (εγχειρίδιο): textbook
endoepikoinonía moroú (ενδοεπικοινωνία μωρού): baby monitor
endokrinología (ενδοκρινολογία): endocrinology
energeiakó potó (ενεργειακό ποτό): energy drink
engoní (εγγονή): granddaughter
engonós (εγγονός): grandson
engóni (εγγόνι): grandchild
engýisi (εγγύηση): warranty
enimerotikó deltío (ενημερωτικό δελτίο): newsletter
enkefalikó (εγκεφαλικό): stroke
enklimatías (εγκληματίας): criminal
enkéfalos (εγκέφαλος): brain
entomoapothitikó (εντομοαπωθητικό): insect repellent
entáxei (εντάξει): ok
enydreío (ενυδρείο): aquarium
enydrída (ενυδρίδα): otter
enórgani gymnastikí (ενόργανη γυμναστική): gymnastics
epangelmatikí katártisi (επαγγελματική κατάρτιση): vocational training
epangelmatikí kárta (επαγγελματική κάρτα): business card
epangelmatikó deípno (επαγγελματικό δείπνο): business dinner
epangelmatikó taxídi (επαγγελματικό ταξίδι): business trip
eparchía (επαρχία): province
epeidí (επειδή): because
epicheirimatías (επιχειρηματίας): entrepreneur

195

epidórpio (επιδόρπιο): dessert
epifáneia (επιφάνεια): area
epigonatída (επιγονατίδα): kneecap
epikalamída (επικαλαμίδα): shinpad
epikefalída (επικεφαλίδα): heading
epilipsía (επιληψία): epilepsy
epilégo (επιλέγω): to choose
episképtis (επισκέπτης): guest, visitor
epistimonikí fantasía (επιστημονική φαντασία): science fiction
epistími (επιστήμη): science
epistímonas (επιστήμονας): scientist
epitagí (επιταγή): cheque
epitrapézia antisfaírisi (επιτραπέζια αντισφαίριση): table tennis
epitrapézio paichnídi (επιτραπέζιο παιχνίδι): board game
epitíthemai (επιτίθεμαι): to attack
ependysi (επένδυση): investment
epídesmos (επίδεσμος): bandage
epípedi othóni (επίπεδη οθόνη): flat screen
epípedos (επίπεδος): flat
ereípio (ερείπιο): ruin
ergastírio (εργαστήριο): workroom, laboratory
ergasía gia to spíti (εργασία για το σπίτι): homework
ergodótis (εργοδότης): employer
ergostásio (εργοστάσιο): factory
ergotáxio (εργοτάξιο): construction site
Ermís (Ερμής): Mercury
erotikós kaimós (ερωτικός καημός): lovesickness
erotimatikó (ερωτηματικό): question mark
Erythraía (Ερυθραία): Eritrea
Erythrá Thálassa (Ερυθρά Θάλασσα): Red Sea
eseís (εσείς): you
espréso (εσπρέσο): espresso
Esthonía (Εσθονία): Estonia
estiatório (εστιατόριο): restaurant
esóroucha (εσώρουχα): lingerie
esý (εσύ): you
ethnikó párko (εθνικό πάρκο): national park
evdomáda (εβδομάδα): week
evró (ευρώ): euro
evrópio (ευρώπιο): europium
evrýs (ευρύς): broad
exaskó (εξασκώ): to practice
exetáseis (εξετάσεις): exam
exoterikós asthenís (εξωτερικός ασθενής): outpatient
exágono (εξάγωνο): hexagon
examino (εξάμηνο): term
exánthima (εξάνθημα): rash
exátmisi (εξάτμιση): exhaust pipe
exétasi aímatos (εξέταση αίματος): blood test
exísosi (εξίσωση): equation
exóporta (εξώπορτα): front door
Eísai kalá? (Είσαι καλά;): Are you ok?

F

fagitó tou drómou (φαγητό του δρόμου): street food

fakídes (φακίδες): freckles
fakós (φακός): torch
fakós epafís (φακός επαφής): contact lens
falakró kefáli (φαλακρό κεφάλι): bald head
fankóto (φαγκότο): bassoon
fanári (φανάρι): traffic light
fanéla (φανέλα): jersey, undershirt
farmakeío (φαρμακείο): pharmacy
farmakopoiós (φαρμακοποιός): pharmacist
farángi (φαράγγι): canyon
fasóli (φασόλι): bean
fax (φαξ): fax
fen'nk soúi (φενγκ σούι): feng shui
fengári (φεγγάρι): moon
fermouár (φερμουάρ): zipper
Fevrouários (Φεβρουάριος): February
filikós (φιλικός): friendly
Filippínes (Φιλιππίνες): Philippines
filodórima (φιλοδώρημα): tip
filosofía (φιλοσοφία): philosophy
filí (φιλί): kiss
filó (φιλώ): to kiss
Finlandía (Φινλανδία): Finland
fistíki (φιστίκι): pistachio
flamín'nko (φλαμίνγκο): flamingo
flas (φλας): flash
fleróvio (φλερόβιο): flerovium
flitzáni (φλιτζάνι): cup
floiós tis gis (φλοιός της γης): earth's crust
floúda (φλούδα): peel
fláouto (φλάουτο): flute
fléva (φλέβα): vein
fonitikó mínyma (φωνητικό μήνυμα): voice message
fontý (φοντύ): hot pot
fonázo (φωνάζω): to shout
foritó radiotiléfono (φορητό ραδιοτηλέφωνο): walkie-talkie
foritós ypologistís (φορητός υπολογιστής): laptop
fortigó (φορτηγό): lorry
fortigó aeroskáfos (φορτηγό αεροσκάφος): cargo aircraft
fortigó me geranó (φορτηγό με γερανό): crane truck
fortigó ploío (φορτηγό πλοίο): container ship
fos frénon (φως φρένων): brake light
foteinós (φωτεινός): light
fotistikó komodínou (φωτιστικό κομοδίνου): bedside lamp
fotiá (φωτιά): fire
fotografikí michaní (φωτογραφική μηχανή): camera
fotográfos (φωτογράφος): photographer
fountoúki (φουντούκι): hazelnut
fouskotí várka (φουσκωτή βάρκα): rubber boat
foínikas (φοίνικας): palm tree
foúrnos (φούρνος): oven
foúrnos mikrokymáton (φούρνος μικροκυμάτων): microwave
foústa (φούστα): skirt
foúter (φούτερ): sweater
frankostáfylo (φραγκοστάφυλο): currrant
froutosaláta (φρουτοσαλάτα): fruit salad
fryganiéra (φρυγανιέρα): toaster

fráchtis (φράχτης): hedge
frágma (φράγμα): dam
fránkio (φράγκιο): francium
fráoula (φράουλα): strawberry
fréno (φρένο): brake
frésko kremmydáki (φρέσκο κρεμμυδάκι): spring onion
frónimos (φρόνιμος): well-behaved
frýdi (φρύδι): eyebrow
fteroúges kotópoulou (φτερούγες κοτόπουλου): chicken wings
fteró (φτερό): wing
fthinóporo (φθινόπωρο): autumn
fthinós (φθηνός): cheap
fthório (φθόριο): fluorine
ftochós (φτωχός): poor
ftyári (φτυάρι): shovel
ftéri (φτέρη): fern
ftérna (φτέρνα): heel
ftýno (φτύνω): to spit
fylakí (φυλακή): prison
fylládio (φυλλάδιο): flyer, leaflet
fysarmónika (φυσαρμόνικα): harmonica
fysiká (φυσικά): of course
fysikí (φυσική): physics
fysikós (φυσικός): physicist
fysiotherapeftís (φυσιοθεραπευτής): physiotherapist
fysiotherapeía (φυσιοθεραπεία): physiotherapy
fystikovoútyro (φυστικοβούτυρο): peanut butter
fystikélaio (φυστικέλαιο): peanut oil
fytó spitioú (φυτό σπιτιού): houseplant
fákelos (φάκελος): envelope, folder
fálaina (φάλαινα): whale
fáros (φάρος): lighthouse
féretro (φέρετρο): coffin
férmio (φέρμιο): fermium
féta (φέτα): feta
fétos (φέτος): this year
fídi (φίδι): snake
fíli (φίλη): girlfriend
fílos (φίλος): friend, boyfriend
fíltro (φίλτρο): filter
Fítzi (Φίτζι): Fiji
fókia (φώκια): seal
fórema (φόρεμα): dress
fórma (φόρμα): sweatpants
fórma gymnastikís (φόρμα γυμναστικής): tracksuit
fórmoula 1 (φόρμουλα 1): Formula 1
fóros (φόρος): tax
fósforos (φώσφορος): phosphorus
fóxtrot (φόξτροτ): quickstep
fýki (φύκι): seaweed
fýlakas (φύλακας): security guard
fýllo (φύλλο): leaf
fýlo (φύλο): gender

G

gadolínio (γαδολίνιο): gadolinium
Galaxías (Γαλαξίας): Milky Way
galaxías (γαλαξίας): galaxy
Galliká (Γαλλικά): French
gallikí kórna (γαλλική κόρνα): French horn
Gallikí Polynisía (Γαλλική Πολυνησία): French Polynesia
Gallía (Γαλλία): France
galopoúla (γαλοπούλα): turkey
galótses (γαλότσες): wellington boots
gamprós (γαμπρός): son-in-law, groom
gamília toúrta (γαμήλια τούρτα): wedding cake
gatópardos (γατόπαρδος): cheetah
geia (γεια): hi
geiá (γειά): bye bye
geláo (γελάω): to laugh
gemátos (γεμάτος): full
genikós diefthyntís (γενικός διευθυντής): general manager
gennaiódoros (γενναιόδωρος): generous
gennaíos (γενναίος): brave
gennítria (γεννήτρια): generator
genéthlia (γενέθλια): birthday
geografikó míkos (γεωγραφικό μήκος): longitude
geografikó plátos (γεωγραφικό πλάτος): latitude
geografía (γεωγραφία): geography
geometría (γεωμετρία): geometry
Georgía (Γεωργία): Georgia
geranós (γερανός): crane
Germaniká (Γερμανικά): German
Germanía (Γερμανία): Germany
germánio (γερμάνιο): germanium
geráki (γεράκι): falcon
geítonas (γείτονας): neighbour
gi (γη): earth
giagiá (γιαγιά): grandmother
giakás (γιακάς): collar
giaoúrti (γιαούρτι): yoghurt
giatrós (γιατρός): doctor
giatí (γιατί): why
giortázo (γιορτάζω): to celebrate
giot (γιοτ): yacht
Givraltár (Γιβραλτάρ): Gibraltar
giárda (γιάρδα): yard
gién (γιέν): yen
giónka (γιόγκα): yoga
giós (γιός): son
gladióla (γλαδιόλα): gladiolus
glouténi (γλουτένη): gluten
glykopatáta (γλυκοπατάτα): sweet potato
glykóriza (γλυκόριζα): liquorice
glykós (γλυκός): sweet
glyptikí (γλυπτική): sculpting
gláros (γλάρος): seagull
glástra (γλάστρα): flower pot
glóssa (γλώσσα): tongue
gnáthos (γνάθος): jawbone
goneís (γονείς): parents
gongýli (γογγύλι): turnip cabbage

gonía (γωνία): angle
Gouatemála (Γουατεμάλα): Guatemala
Gouinéa (Γουινέα): Guinea
Gouinéa-Bissáou (Γουινέα-Μπισσάου): Guinea-Bissau
Gouiána (Γουιάνα): Guyana
gourounáki (γουρουνάκι): piglet
gouán (γουάν): yuan
GPS (GPS): GPS
grafeío (γραφείο): desk, office
grafeío check-in (γραφείο check-in): check-in desk
grafítis (γραφίτης): graphite
grammatokinótio (γραμματοκιβώτιο): mailbox
grammatéas (γραμματέας): secretary
grammatósimo (γραμματόσημο): stamp
grammotós kódikas (γραμμωτός κώδικας): bar code
grammário (γραμμάριο): gram
grammés trénou (γραμμές τρένου): railtrack
grammí kýlisis (γραμμή κύλισης): scrollbar
grammí révmatos (γραμμή ρεύματος): power line
granítis (γρανίτης): granite
graptó mínyma (γραπτό μήνυμα): text message
grasídi (γρασίδι): grass
graváta (γραβάτα): tie
Grenáda (Γρενάδα): Grenada
Groilandía (Γροιλανδία): Greenland
grothiá (γροθιά): fist
gráfo (γράφω): to write
grámma (γράμμα): letter
grígoros (γρήγορος): quick
grípi (γρίπη): flu
grýlos (γρύλος): cricket, jack
gyaliá (γυαλιά): glasses
gyaliá asfaleías (γυαλιά ασφαλείας): safety glasses
gyaliá ilíou (γυαλιά ηλίου): sunglasses
gyaliá kolýmvisis (γυαλιά κολύμβησης): swim goggles
gymnastikí (γυμναστική): physical education
gymnastírio (γυμναστήριο): gym
gynaikología (γυναικολογία): gynaecology
gynaíka (γυναίκα): woman
gáidaros (γάιδαρος): donkey
gála (γάλα): milk
gála sógias (γάλα σόγιας): soy milk
gállio (γάλλιο): gallium
gámos (γάμος): wedding
gánti (γάντι): glove
gánti pygmachías (γάντι πυγμαχίας): boxing glove, mitt
gáta (γάτα): cat
géfyra (γέφυρα): bridge
génia (γένια): beard
génnisi (γέννηση): birth
géros (γέρος): old
gípedo nkolf (γήπεδο γκολφ): golf course
gípedo podosfaírou (γήπεδο ποδοσφαίρου): football stadium
gípedo ténis (γήπεδο τένις): tennis court
gónato (γόνατο): knee
gýpsos (γύψος): plaster, cast

I

Ianouários (Ιανουάριος): January
Iaponiká (Ιαπωνικά): Japanese
Iaponía (Ιαπωνία): Japan
icheío (ηχείο): loudspeaker
idiótita mélous (ιδιότητα μέλους): membership
i etairía tous (η εταιρία τους): their company
ifaísteio (ηφαίστειο): volcano
i gáta sou (η γάτα σου): your cat
ilará (ιλαρά): measles
ilektrikí kithára (ηλεκτρική κιθάρα): electric guitar
ilektrikí skoúpa (ηλεκτρική σκούπα): vacuum cleaner
ilektrológos (ηλεκτρολόγος): electrician
ilektronikó tachydromeío (ηλεκτρονικό ταχυδρομείο): e-mail
ilektroplixía (ηλεκτροπληξία): electric shock
ilektrónio (ηλεκτρόνιο): electron
iliaká pánel (ηλιακά πάνελ): solar panel
iliakí ékleipsi (ηλιακή έκλειψη): solar eclipse
iliakó énkavma (ηλιακό έγκαυμα): sunburn
iliélaio (ηλιέλαιο): sunflower oil
ilióloustos (ηλιόλουστος): sunny
ilíanthos (ηλίανθος): sunflower
Imaláia (Ιμαλάια): Himalayas
imerológio (ημερολόγιο): calendar, diary
imerominía líxis (ημερομηνία λήξης): expiry date
imikranía (ημικρανία): migraine
iméra (ημέρα): day
Iméra ton efcharistión (Ημέρα των ευχαριστιών): Thanksgiving
indikó choirídio (ινδικό χοιρίδιο): guinea pig
Indikós Okeanós (Ινδικός Ωκεανός): Indian Ocean
Indonisía (Ινδονησία): Indonesia
India (Ινδία): India
Inoména Araviká Emiráta (Ηνωμένα Αραβικά Εμιράτα): United Arab Emirates
Inoménes Politeíes tis Amerikís (Ηνωμένες Πολιτείες της Αμερικής): The United States of America
Inoméno Vasíleio (Ηνωμένο Βασίλειο): United Kingdom
insoulíni (ινσουλίνη): insulin
i omáda sas (η ομάδα σας): your team
Iordanía (Ιορδανία): Jordan
Ioúlios (Ιούλιος): July
Ioúnios (Ιούνιος): June
ippopótamos (ιπποπόταμος): hippo
ippókampos (ιππόκαμπος): sea horse
Irlandía (Ιρλανδία): Ireland
Irák (Ιράκ): Iraq
Irán (Ιράν): Iran
irémise (ηρέμησε): don't worry
irídio (ιρίδιο): iridium
Isimeriní Gouinéa (Ισημερινή Γουινέα): Equatorial Guinea
isimerinós (ισημερινός): equator
isiotikó mallión (ισιωτικό μαλλιών): hair straightener
Islandía (Ισλανδία): Iceland
isothermiká esóroucha (ισοθερμικά εσώρουχα): thermal underwear
Ispaniká (Ισπανικά): Spanish
Ispanía (Ισπανία): Spain
Israíl (Ισραήλ): Israel
istiofóro (ιστιοφόρο): sailing boat

istioploía (ιστιοπλοΐα): sailing
istiosanída (ιστιοσανίδα): windsurfing
istodiéfthynsi (ιστοδιεύθυνση): url
istoría (ιστορία): history
istoselída (ιστοσελίδα): website
istío (ιστίο): sail
isógeio (ισόγειο): ground floor
isótopo (ισότοπο): isotope
Italía (Ιταλία): Italy
ithopoiós (ηθοποιός): actor
itiá (ιτιά): willow
iódio (ιώδιο): iodine
ión (ιόν): ion
iós (ιός): virus

Κ

kafetiéra (καφετιέρα): coffee machine
kafterós (καυτερός): hot
kafé (καφέ): brown
kafés (καφές): coffee
kai (και): and
kaisarikí (καισαρική): cesarean
kakós (κακός): bad, evil
kalampokélaio (καλαμποκέλαιο): corn oil
kalampóki (καλαμπόκι): corn
kalamári (καλαμάρι): squid
kalathosfaírisi (καλαθοσφαίριση): basketball
kalifórnio (καλιφόρνιο): californium
kaliméra (καλημέρα): good day
kallitechnikó patináz (καλλιτεχνικό πατινάζ): figure skating
kallitéchnis (καλλιτέχνης): artist
kalokaíri (καλοκαίρι): summer
kalorifér (καλοριφέρ): radiator
kalsón (καλσόν): pantyhose
kalámi (καλάμι): reed
kaláthi (καλάθι): basket
kaláthi agorón (καλάθι αγορών): shopping cart, shopping basket
kaláthi áplyton (καλάθι άπλυτων): laundry basket
kaló (καλώ): to call
kalódio (καλώδιο): cable
kalógeros (καλόγερος): monk
kalós (καλός): good
kalós írthate (καλώς ήρθατε): welcome
Kameroún (Καμερούν): Cameroon
kamilopárdali (καμηλοπάρδαλη): giraffe
kamináda (καμινάδα): chimney
kampína (καμπίνα): cabin
Kampótzi (Καμπότζη): Cambodia
kampýli (καμπύλη): curve
kamíla (καμήλα): camel
Kanadás (Καναδάς): Canada
kanapés (καναπές): sofa
kankouró (καγκουρό): kangaroo
kantína (καντίνα): canteen
kanáli (κανάλι): channel

kanéla (κανέλα): cinnamon
kanénas (κανένας): none
kanó (κανό): canoeing, canoe
kapetánios (καπετάνιος): captain
kapnízo (καπνίζω): to smoke
kapnós (καπνός): tobacco
kapoutsíno (καπουτσίνο): cappuccino
kapélo (καπέλο): hat
kapélo béizmpol (καπέλο μπέιζμπολ): baseball cap
kapélo íliou (καπέλο ήλιου): sun hat
kapó (καπό): bonnet
karakáxa (καρακάξα): magpie
karaméla (καραμέλα): candy, caramel
karcharías (καρχαρίας): shark
kardiología (καρδιολογία): cardiology
kardiá (καρδιά): heart
karfí (καρφί): nail
karfítsa (καρφίτσα): brooch
karikatoúra (καρικατούρα): caricature
karkínos (καρκίνος): cancer
karotsáki (καροτσάκι): pushchair
karouzél (καρουζέλ): carousel
karpoúzi (καρπούζι): water melon
karpós (καρπός): wrist
kart (καρτ): kart
kartoún (καρτούν): cartoon
kart postál (καρτ ποστάλ): postcard
karáte (καράτε): karate
karékla (καρέκλα): chair
karóto (καρότο): carrot
karýda (καρύδα): coconut
karýdi (καρύδι): walnut
kasetína (κασετίνα): pencil case
kaskól (κασκόλ): scarf
kassíteros (κασσίτερος): tin
kast (καστ): cast
katadýseis (καταδύσεις): diving
katadýseis apó vrácho (καταδύσεις από βράχο): cliff diving
kataigída (καταιγίδα): storm, thunderstorm
katapsýktis (καταψύκτης): freezer
katapíno (καταπίνω): to swallow
katarráktis (καταρράκτης): waterfall
kataskínosi (κατασκήνωση): camping
katharistís (καθαριστής): cleaner
katharízo (καθαρίζω): to clean
katharós (καθαρός): clean
kathedrikós naós (καθεδρικός ναός): cathedral
kathetíras (καθετήρας): catheter
kathigitís (καθηγητής): professor
kathréftis (καθρέφτης): mirror
katsará (κατσαρά): curly
katsaróla (κατσαρόλα): pot
katsavídi (κατσαβίδι): screwdriver
katsíka (κατσίκα): goat
Katár (Κατάρ): Qatar
katárti (κατάρτι): mast
katástima athlitikón eidón (κατάστημα αθλητικών ειδών): sports shop

katástima epíplon (κατάστημα επίπλων): furniture store
katástima katoikídion zóon (κατάστημα κατοικίδιων ζώων): pet shop
katástima metacheirisménon (κατάστημα μεταχειρισμένων): second-hand shop
katástima paichnidión (κατάστημα παιχνιδιών): toy shop
katástroma (κατάστρωμα): deck
Kazakstán (Καζακστάν): Kazakhstan
kazíno (καζίνο): casino
kaío (καίω): to burn
kaísio (καίσιο): caesium
keftés (κεφτές): meatball
kefáli (κεφάλι): head
kempáp (κεμπάπ): kebab
kentrikí epicheirimatikí periochí (κεντρική επιχειρηματική περιοχή): central business district (CBD)
kentrikí monáda epexergasías (κεντρική μονάδα επεξεργασίας): central processing unit (CPU)
Kentroafrikanikí Dimokratía (Κεντροαφρικανική Δημοκρατία): Central African Republic
kenó (κενό): space
keramídi (κεραμίδι): roof tile
kerdízo (κερδίζω): to win, to earn
kerási (κεράσι): cherry
kerí (κερί): candle
keímeno (κείμενο): text
kideía (κηδεία): funeral
kiló (κιλό): kilogram
kilóta (κιλότα): panties
kimolía (κιμωλία): chalk
kimás (κιμάς): minced meat
kinezikí iatrikí (κινεζική ιατρική): Chinese medicine
kinimatográfos (κινηματογράφος): cinema
kinitíras (κινητήρας): engine
kinitó tiléfono (κινητό τηλέφωνο): mobile phone
Kinézika (Κινέζικα): Mandarin
kipourós (κηπουρός): gardener
Kirgizía (Κιργιζία): Kyrgyzstan
Kirimpáti (Κιριμπάτι): Kiribati
kithára (κιθάρα): guitar
kladeftíri (κλαδευτήρι): loppers
kladí (κλαδί): branch
klarinéto (κλαρινέτο): clarinet
klasikó aftokínito (κλασικό αυτοκίνητο): classic car
klassikí mousikí (κλασσική μουσική): classical music
klaío (κλαίω): to cry
kleidarótrypa (κλειδαρότρυπα): keyhole
kleidí (κλειδί): key
kleidí domatíou (κλειδί δωματίου): room key
kleidóno (κλειδώνω): to lock
kleitorída (κλειτορίδα): clitoris
kleída (κλείδα): collarbone
kleíno (κλείνω): to close
klimatistikó (κλιματιστικό): air conditioner
klinikí (κλινική): clinic
klip mallión (κλιπ μαλλιών): barrette
klironomiá (κληρονομιά): heritage
klironómos (κληρονόμος): heir
klotsáo (κλωτσάω): to kick
klásma (κλάσμα): fraction
kléftis (κλέφτης): thief
klévo (κλέβω): to steal

kochýli (κοχύλι): shell
kodikós (κωδικός): password
koiliakoí (κοιλιακοί): sit-ups
koiliá (κοιλιά): belly
koiláda (κοιλάδα): valley
koimámai (κοιμάμαι): to sleep
koinó (κοινό): audience
koitázo epímona (κοιτάζω επίμονα): to stare
kokaliáris (κοκαλιάρης): skinny
kokkinomállis (κοκκινομάλλης): ginger
koktéil (κοκτέιλ): cocktail
kolié (κολιέ): necklace
kollitikí tainía (κολλητική ταινία): adhesive tape
kolokýtha (κολοκύθα): pumpkin
kolokýthi (κολοκύθι): courgette
Kolomvía (Κολομβία): Colombia
kolympáo (κολυμπάω): to swim
kolán (κολάν): leggings
koláro laimoú (κολάρο λαιμού): neck brace
kolýmvisi (κολύμβηση): swimming
kommotís (κομμωτής): hairdresser
komodía (κωμωδία): comedy
komodíno (κομοδίνο): night table
komítis (κομήτης): comet
Komóres (Κομόρες): Comoros
konsíler (κονσίλερ): concealer
kontomániki bloúza (κοντομάνικη μπλούζα): T-shirt
kontrampáso (κοντραμπάσο): double bass
kontá (κοντά): close
kontéiner (κοντέινερ): container
kontós (κοντός): short
koperníkio (κοπερνίκιο): copernicium
kopilasía (κωπηλασία): rowing
koralliogenís ýfalos (κοραλλιογενής ύφαλος): coral reef
kordóni (κορδόνι): lace
kormós (κορμός): trunk
korníza (κορνίζα): picture frame
koráki (κοράκι): crow, raven
korítsi (κορίτσι): girl
koróna (κορόνα): krone
kosmimatopólis (κοσμηματοπώλης): jeweller
kostoúmi (κοστούμι): suit
kotompoukiá (κοτομπουκιά): chicken nugget
kotopouláki (κοτοπουλάκι): chick
kotsáni (κοτσάνι): stalk
kotópoulo (κοτόπουλο): chicken
koudounístra (κουδουνίστρα): rattle
koudoúni (κουδούνι): bell
koufós (κουφός): deaf
kouklóspito (κουκλόσπιτο): dollhouse
koukouvágia (κουκουβάγια): owl
koukoútsi (κουκούτσι): pit
koukéta (κουκέτα): bunk bed
koumpí (κουμπί): button
kounistí karékla (κουνιστή καρέκλα): rocking chair
kouniáda (κουνιάδα): sister-in-law
kouniádos (κουνιάδος): brother-in-law

kounoupídi (κουνουπίδι): cauliflower
kounoúpi (κουνούπι): mosquito
kounéli (κουνέλι): rabbit
kourasménos (κουρασμένος): tired
kourtína (κουρτίνα): curtain
kourtína bániou (κουρτίνα μπάνιου): shower curtain
koutála (κουτάλα): ladle
koutáli (κουτάλι): spoon
kouvás (κουβάς): bucket
Kouvéit (Κουβέιτ): Kuwait
kouvérta (κουβέρτα): blanket
kouzína (κουζίνα): kitchen, cooker
kováltio (κοβάλτιο): cobalt
koála (κοάλα): koala
koúkla (κούκλα): doll
koúnia (κούνια): swing
koúpa (κούπα): cup
koúrio (κούριο): curium
Koúva (Κούβα): Cuba
kragión (κραγιόν): lipstick
kramvélaio (κραμβέλαιο): rapeseed oil
kranío (κρανίο): skull
krasí (κρασί): wine
kratíras (κρατήρας): crater
kremmýdi (κρεμμύδι): onion
krevatokámara (κρεβατοκάμαρα): bedroom
kreváti (κρεβάτι): bed
Kroatía (Κροατία): Croatia
krokódeilos (κροκόδειλος): crocodile
krouasán (κρουασάν): croissant
krouazieróploio (κρουαζιερόπλοιο): cruise ship
krounós (κρουνός): hydrant
kryológima (κρυολόγημα): cold
kryptó (κρυπτό): krypton
krystallikí záchari (κρυσταλλική ζάχαρη): granulated sugar
krámpa (κράμπα): cramp
kránmperi (κράνμπερι): cranberry
krános (κράνος): helmet
krátisi (κράτηση): reservation, booking
kréas (κρέας): meat
kréas apó kynígi (κρέας από κυνήγι): game
kréma (κρέμα): cream, custard
kréma gálaktos (κρέμα γάλακτος): sour cream
kréma prosópou (κρέμα προσώπου): face cream
kréma sokoláta (κρέμα σοκολάτα): chocolate cream
kréma sómatos (κρέμα σώματος): body lotion
krépa (κρέπα): crêpe
kríket (κρίκετ): cricket
krókos avgoú (κρόκος αυγού): yolk
Krónos (Κρόνος): Saturn
krótafos (κρόταφος): temple
krýos (κρύος): cold
krývno (κρύβω): to hide
ktiníatros (κτηνίατρος): vet
kydonátes patátes (κυδωνάτες πατάτες): potato wedges
kyklikí propónisi (κυκλική προπόνηση): circuit training
kyklikós kómvos (κυκλικός κόμβος): roundabout

kyló (κυλώ): to roll
Kyriakí (Κυριακή): Sunday
kyvikó métro (κυβικό μέτρο): cubic meter
kádmio (κάδμιο): cadmium
kádos anakýklosis (κάδος ανακύκλωσης): recycle bin
kádos skoupidión (κάδος σκουπιδιών): garbage bin
káktos (κάκτος): cactus
kálio (κάλιο): potassium
káltsa (κάλτσα): sock, stocking
kálymma freatíou (κάλυμμα φρεατίου): manhole cover
kámera asfaleías (κάμερα ασφαλείας): security camera
kámera diadiktýou (κάμερα διαδικτύου): webcam
kámpia (κάμπια): caterpillar
káno emetó (κάνω εμετό): to vomit
káno masáz (κάνω μασάζ): to give a massage
káno ntous (κάνω ντους): to take a shower
kápsoula (κάψουλα): capsule
kári (κάρι): curry
kárvouno (κάρβουνο): coal
kásious (κάσιους): cashew
kástro (κάστρο): castle
kátagma (κάταγμα): fracture
káthe (κάθε): every
káthomai (κάθομαι): to sit
káto pávla (κάτω παύλα): underscore
kávouras (κάβουρας): crab
kéik (κέικ): cake
Kénya (Κένυα): Kenya
kérdos (κέρδος): profit
kérlin'nk (κέρλινγκ): curling
Kína (Κίνα): China
kípos (κήπος): garden
kítrino (κίτρινο): yellow
kóka kóla (κόκα κόλα): coke
kókkino (κόκκινο): red
kókkino krasí (κόκκινο κρασί): red wine
kókkino pánta (κόκκινο πάντα): red panda
kókoras (κόκορας): cockerel
kóliandros (κόλιανδρος): coriander
kólla (κόλλα): glue
kólpos (κόλπος): vagina
kómma (κόμμα): comma
kónos (κώνος): cone
kóri (κόρη): pupil, daughter
kórna (κόρνα): horn
Kósovo (Κόσοβο): Kosovo
Kósta Ríka (Κόστα Ρίκα): Costa Rica
kóvo (κόβω): to cut
kýklos (κύκλος): circle
kýknos (κύκνος): swan
kýlindros (κύλινδρος): cylinder
kýmvala (κύμβαλα): cymbals
Kýpros (Κύπρος): Cyprus
kývos (κύβος): cube

L

lachanákia vryxellón (λαχανάκια βρυξελλών): Brussels sprouts
ladompogiá (λαδομπογιά): oil paint
ladompogiés (λαδομπογιές): oil pastel
laimós (λαιμός): neck
lakkáki (λακκάκι): dimple
lakrós (λακρός): lacrosse
lanthánio (λανθάνιο): lanthanum
lasticháki (λαστιχάκι): rubber band
lasticháki mallión (λαστιχάκι μαλλιών): scrunchy
lastichénia sfragída (λαστιχένια σφραγίδα): rubber stamp
latiniká (λατινικά): Latin
lazánia (λαζάνια): lasagne
Laïkí Dimokratía tou Kon'kó (Λαϊκή Δημοκρατία του Κονγκό): Democratic Republic of the Congo
Lefkorosía (Λευκορωσία): Belarus
lefkó (λευκό): white
lefkó krasí (λευκό κρασί): white wine
lefkóchrysos (λευκόχρυσος): platinum
lekáni (λεκάνη): pelvis
lemonáda (λεμονάδα): lemonade
lemoúrios (λεμούριος): lemur
lemóni (λεμόνι): lemon
leoforeío (λεωφορείο): bus
leofóros (λεωφόρος): avenue
leopárdali (λεοπάρδαλη): leopard
leptó (λεπτό): minute
leptó éntero (λεπτό έντερο): small intestine
leptós (λεπτός): slim
lepída xyrafioú (λεπίδα ξυραφιού): razor blade
Lesóto (Λεσότο): Lesotho
Letonía (Λετονία): Latvia
lexikó (λεξικό): dictionary
liakáda (λιακάδα): sunshine
Lichtenstáin (Λιχτενστάιν): Liechtenstein
ligótero (λιγότερο): less
likér (λικέρ): liqueur
limnoúla (λιμνούλα): pond
limouzína (λιμουζίνα): limousine
limáni (λιμάνι): harbour
liontári (λιοντάρι): lion
lipantikó (λιπαντικό): lubricant
liparó kréas (λιπαρό κρέας): fat meat
lip nklos (λιπ γκλος): lip gloss
lipothymó (λιποθυμώ): to faint
lipozán (λιποζάν): lip balm
Lithouanía (Λιθουανία): Lithuania
liveloúla (λιβελούλα): dragonfly
livermório (λιβερμόριο): livermorium
Livería (Λιβερία): Liberia
Livýi (Λιβύη): Libya
logariasmós (λογαριασμός): bill
logistikí (λογιστική): accounting
logistís (λογιστής): accountant
logotechnía (λογοτεχνία): literature
lorénsio (λωρένσιο): lawrencium
loukániko (λουκάνικο): sausage

louloúdi (λουλούδι): flower
loutz (λουτζ): luge
loutítio (λουτήτιο): lutetium
Louxemvoúrgo (Λουξεμβούργο): Luxembourg
loúna park (λούνα παρκ): theme park
lypiménos (λυπημένος): sad
láchano (λάχανο): cabbage
ládi (λάδι): oil
láim (λάιμ): lime
láma (λάμα): llama
lámpa (λάμπα): light bulb, lamp
Láos (Λάος): Laos
lárix (λάριξ): larch
lásticho (λάστιχο): tyre
láthos (λάθος): wrong
Látin chorós (Λάτιν χορός): Latin dance
láva (λάβα): lava
léschi nkolf (λέσχη γκολφ): golf club
líga (λίγα): few
líma (λίμα): file
líma nychión (λίμα νυχιών): nail file
límni (λίμνη): lake
líra (λίρα): pound
líthio (λίθιο): lithium
lítro (λίτρο): liter
lítsi (λίτσι): lychee
Lívanos (Λίβανος): Lebanon
lívra (λίβρα): pound
lófos (λόφος): hill
lýkeio (λύκειο): high school
lýkos (λύκος): wolf

M

machairopírouna (μαχαιροπίρουνα): cutlery
machaíri (μαχαίρι): knife
machaíri chrisimótitas (μαχαίρι χρησιμότητας): utility knife
Madagaskári (Μαδαγασκάρη): Madagascar
mageireftís ryzioú (μαγειρευτής ρυζιού): rice cooker
mageirévo (μαγειρεύω): to cook
magionéza (μαγιονέζα): mayonnaise
magiá (μαγιά): yeast
magió (μαγιό): swim trunks
magnitikí tomografía (μαγνητική τομογραφία): magnetic resonance imaging
magnísio (μαγνήσιο): magnesium
magnítis (μαγνήτης): magnet
makarónia (μακαρόνια): spaghetti
Makedonía (Μακεδονία): Macedonia
makriá (μακριά): far
makrýs (μακρύς): long
Makáo (Μακάο): Macao
Malaisía (Μαλαισία): Malaysia
malakó paichnídi (μαλακό παιχνίδι): cuddly toy
malakós (μαλακός): soft
Maldíves (Μαλδίβες): Maldives
mallí (μαλλί): wool

mallí tis griás (μαλλί της γριάς): candy floss
Maláoui (Μαλάουι): Malawi
mamá (μαμά): mum
manekén (μανεκέν): mannequin
mangánio (μαγγάνιο): manganese
manikioúr (μανικιούρ): manicure
manitári (μανιτάρι): mushroom
mantaláki (μανταλάκι): peg
mantoláto (μαντολάτο): nougat
mantzouràna (μαντζουράνα): marjoram
maníki (μανίκι): sleeve
marathónios (μαραθώνιος): marathon
margaritarénio peridéraio (μαργαριταρένιο περιδέραιο): pearl necklace
margaríta (μαργαρίτα): daisy
marmeláda (μαρμελάδα): jam
maroúli (μαρούλι): lettuce
marsméloou (μαρσμέλοου): marshmallow
martíni (μαρτίνι): martini
Maróko (Μαρόκο): Morocco
mastígio (μαστίγιο): whip
masáz (μασάζ): massage
masér (μασέρ): masseur
mathimatiká (μαθηματικά): mathematics
mathitevómenos (μαθητευόμενος): apprentice
Mavritanía (Μαυριτανία): Mauritania
mavropínakas (μαυροπίνακας): blackboard
Mavrovoúnio (Μαυροβούνιο): Montenegro
Mavríkios (Μαυρίκιος): Mauritius
maxilári (μαξιλάρι): pillow
mazoréta (μαζορέτα): cheerleader
mazí (μαζί): together
maéstros (μαέστρος): conductor
maía (μαία): midwife
maïmoú (μαϊμού): monkey
maïtnério (μαϊτνέριο): meitnerium
Me agapás? (Με αγαπάς;): Do you love me?
megalóno (μεγαλώνω): to grow
megáli aderfí (μεγάλη αδερφή): big sister
megálo eláfi (μεγάλο ελάφι): elk
megálos (μεγάλος): big
megálos aderfós (μεγάλος αδερφός): big brother
melachrinós (μελαχρινός): brunette
melaniá (μελανιά): bruise
meletáo (μελετάω): to study
melissóchorto (μελισσόχορτο): lemongrass
melitzána (μελιτζάνα): aubergine
melodía (μελωδία): melody
meláni (μελάνι): ink
menoú (μενού): menu
mentelévio (μεντελέβιο): mendelevium
mesaío dáchtylo (μεσαίο δάχτυλο): middle finger
mesimerianó (μεσημεριανό): lunch
mesiméri (μεσημέρι): noon
me synchoreíte (με συγχωρείτε): excuse me
mesánychta (μεσάνυχτα): midnight
mesítis (μεσίτης): real-estate agent
Mesógeios Thálassa (Μεσόγειος Θάλασσα): Mediterranean Sea

metaféro (μεταφέρω): to carry
metalloeidés (μεταλλοειδές): metalloid
metaptychiakó (μεταπτυχιακό): master
meteorítis (μετεωρίτης): meteorite
methysménos (μεθυσμένος): drunk
methánio (μεθάνιο): methane
methávrio (μεθαύριο): the day after tomorrow
metochí (μετοχή): share
metrotainía (μετροταινία): tape measure
metráo (μετράω): to measure, to count
metró (μετρό): subway
metállio (μετάλλιο): medal
metáxi (μετάξι): silk
Mexikó (Μεξικό): Mexico
mezoúra (μεζούρα): tape measure
michanikós (μηχανικός): mechanic, engineer
michanokínito élkithro (μηχανοκίνητο έλκηθρο): snowmobile
michanostásio (μηχανοστάσιο): engine room
michaní (μηχανή): motor
michaní metritón (μηχανή μετρητών): cash machine
michaní nkazón (μηχανή γκαζόν): lawn mower
michaní trénou (μηχανή τρένου): locomotive
michaní yperíchon (μηχανή υπερήχων): ultrasound machine
Mikronisía (Μικρονησία): Micronesia
mikroskópio (μικροσκόπιο): microscope
mikrí aderfí (μικρή αδερφή): little sister
mikró dáchtylo (μικρό δάχτυλο): little finger
mikró mávro fórema (μικρό μαύρο φόρεμα): little black dress
mikrós (μικρός): small
mikrós aderfós (μικρός αδερφός): little brother
milkséik (μιλκσέικ): milkshake
miláo (μιλάω): to talk
milítis (μηλίτης): cider
milópita (μηλόπιτα): apple pie
min anisycheís (μην ανησυχείς): no worries
misthós (μισθός): salary
misí óra (μισή ώρα): half an hour
mitriá (μητριά): stepmother
mitrópoli (μητρόπολη): metropolis
mitéra (μητέρα): mother
mnimeío (μνημείο): monument
mními tychaías prospélasis (μνήμη τυχαίας προσπέλασης): random access memory (RAM)
mochlós tachytíton (μοχλός ταχυτήτων): gear shift, gear lever
moirázomai (μοιράζομαι): to share
Moldavía (Μολδαβία): Moldova
molyvdaínio (μολυβδαίνιο): molybdenum
molývi (μολύβι): pencil
molývi frydión (μολύβι φρυδιών): eyebrow pencil
molývi matión (μολύβι ματιών): eyeliner
monachikós (μοναχικός): lonely
monachí (μοναχή): nun
Monakó (Μονακό): Monaco
Mongolía (Μογγολία): Mongolia
monotikí tainía (μονωτική ταινία): insulating tape
monoxeídio tou ánthraka (μονοξείδιο του άνθρακα): carbon monoxide
Montserrát (Μοντσερράτ): Montserrat
montélo (μοντέλο): model

montérno péntathlo (μοντέρνο πένταθλο): modern pentathlon
monáda entatikís therapeías (μονάδα εντατικής θεραπείας): intensive care unit
monáda epexergasías lymáton (μονάδα επεξεργασίας λυμάτων): sewage plant
monódromos (μονόδρομος): one-way street
monógrammos (μονόγραμμος): monorail
monóklino domátio (μονόκλινο δωμάτιο): single room
Monópoli (Μονόπολη): Monopoly
moró (μωρό): baby
moscharísio (μοσχαρίσιο): veal
moschokárydo (μοσχοκάρυδο): nutmeg
motokrós (μοτοκρός): motocross
motosykléta (μοτοσυκλέτα): motorcycle
motsaréla (μοτσαρέλα): mozzarella
mou arései (μου αρέσει): to like
Mou aréseis (Μου αρέσεις): I like you
mouftís (μουφτής): mufti
mou leípeis (μου λείπεις): I miss you
mouseío (μουσείο): museum
mousikó kleidí (μουσικό κλειδί): clef
mousikós (μουσικός): musician
moustárda (μουστάρδα): mustard
mousónas (μουσώνας): monsoon
mov (μωβ): purple
Mozamvíki (Μοζαμβίκη): Mozambique
moúsli (μούσλι): muesli
myelós ton ostón (μυελός των οστών): bone marrow
myrminkofágos (μυρμηγκοφάγος): ant-eater
myrmínki (μυρμήγκι): ant
myrízo (μυρίζω): to smell
mys (μυς): muscle
mythistórima (μυθιστόρημα): novel
máfin (μάφιν): muffin
mágeiras (μάγειρας): cook
mágma (μάγμα): magma
mágoulo (μάγουλο): cheek
Máios (Μάιος): May
Máli (Μάλι): Mali
Málta (Μάλτα): Malta
mán'nko (μάνγκο): mango
mánatzer (μάνατζερ): manager
mánika (μάνικα): hose
máratho (μάραθο): fennel
márketin'nk (μάρκετινγκ): marketing
Mártios (Μάρτιος): March
mártyras (μάρτυρας): witness
máska katadýseon (μάσκα καταδύσεων): diving mask
máska prosópou (μάσκα προσώπου): face mask
máskara (μάσκαρα): mascara
máska ýpnou (μάσκα ύπνου): sleeping mask
máthima (μάθημα): lesson
máti (μάτι): eye
Mávri Thálassa (Μαύρη Θάλασσα): Black Sea
mávri trýpa (μαύρη τρύπα): black hole
mávro (μαύρο): black
mávro tsái (μαύρο τσάι): black tea
médousa (μέδουσα): jellyfish
mégethos roúchou (μέγεθος ρούχου): dress size

méli (μέλι): honey
mélissa (μέλισσα): bee
mélos (μέλος): member
ménta (μέντα): mint
mérisma (μέρισμα): dividend
mésa (μέσα): inside
mésa koinonikís diktýosis (μέσα κοινωνικής δικτύωσης): social media
mési (μέση): waist
métallo (μέταλλο): metal
métopo (μέτωπο): forehead
métro (μέτρο): meter
mía to proí (μία το πρωί): one o'clock in the morning
míli (μίλι): mile
mílo (μήλο): apple
mínas (μήνας): month
mínas tou mélitos (μήνας του μέλιτος): honeymoon
míni bar (μίνι μπαρ): minibar
míni leoforeío (μίνι λεωφορείο): minibus
mítra (μήτρα): uterus, womb
míxer (μίξερ): mixer
móka (μόκα): mocha
mólynsi (μόλυνση): infection
mólyvdos (μόλυβδος): lead
mório (μόριο): molecule
mýga (μύγα): fly
mýrtilo (μύρτιλο): blueberry
mýti (μύτη): nose

N

naftía (ναυτία): nausea
Namímpia (Ναμίμπια): Namibia
Naouroú (Ναουρού): Nauru
na proshécheis (να προσέχεις): take care
navagosóstis (ναυαγοσώστης): lifeguard
naós (ναός): temple
nefrítis (νεφρίτης): jade
nefrós (νεφρός): kidney
nekrotafeío (νεκροταφείο): cemetery
nenklizé (νεγκλιζέ): negligee
neodýmio (νεοδύμιο): neodymium
Nepál (Νεπάλ): Nepal
nerochýtis (νεροχύτης): sink
nerotsoulíthres (νεροτσουλήθρες): water slide
neró (νερό): water
neró tis vrýsis (νερό της βρύσης): tap water
netrónio (νετρόνιο): neutron
nevrología (νευρολογία): neurology
nifálios (νηφάλιος): sober
Nigiría (Νιγηρία): Nigeria
Nikarágoua (Νικαράγουα): Nicaragua
nikélio (νικέλιο): nickel
Nioúe (Νιούε): Niue
nipiagogeío (νηπιαγωγείο): kindergarten
nipiagogós (νηπιαγωγός): kindergarten teacher
niptíras (νυπτήρας): basin

Nisiá tou Solomónta (Νησιά του Σολομώντα): Solomon Islands
nisí (νησί): island
nióvio (νιόβιο): niobium
nkalerí téchnis (γκαλερί τέχνης): art gallery
Nkampón (Γκαμπόν): Gabon
nkarazóporta (γκαραζόπορτα): garage door
nkaráz (γκαράζ): garage
nklop (γκλοπ): baton
nkolf (γκολφ): golf
nkoúlas (γκούλας): goulash
nkremós (γκρεμός): cliff
nkréipfrout (γκρέιπφρουτ): grapefruit
nkrí (γκρί): grey
Nkámpia (Γκάμπια): The Gambia
Nkána (Γκάνα): Ghana
nkázi (γκάζι): throttle
nomikó tmíma (νομικό τμήμα): legal department
nompélio (νομπέλιο): nobelium
Norvigía (Νορβηγία): Norway
norís to vrády (νωρίς το βράδυ): evening
nosokomeío (νοσοκομείο): hospital
nosokóma (νοσοκόμα): nurse
notiaíos myelós (νωτιαίος μυελός): spinal cord
nountl (νουντλ): noodle
Noémvrios (Νοέμβριος): November
ntarmstántio (νταρμστάντιο): darmstadtium
ntetéktiv (ντετέκτιβ): detective
nti tzei (ντι τζει): DJ
ntosié (ντοσιέ): folder
ntoulápa (ντουλάπα): wardrobe
ntoulápi (ντουλάπι): cupboard
ntous (ντους): shower
ntoúmpnio (ντούμπνιο): dubnium
ntrams (ντραμς): drums
ntropalós (ντροπαλός): shy
ntáma (ντάμα): draughts
ntámplin'nk (ντάμπλινγκ): dumpling
ntéfi (ντέφι): tambourine
ntím sám (ντίμ σάμ): dim sum
ntízel (ντίζελ): diesel
ntómino (ντόμινο): dominoes
ntónat (ντόνατ): doughnut
nychokóptis (νυχοκόπτης): nail clipper
nychterinó kéntro (νυχτερινό κέντρο): night club
nychterída (νυχτερίδα): bat
nychtikó (νυχτικό): nightie
nyfikó (νυφικό): wedding dress
nystéri (νυστέρι): scalpel
náilon (νάιλον): nylon
nátrio (νάτριο): sodium
nátsos (νάτσος): nachos
návlos (ναύλος): fare
néa (νέα): news
Néa Kalidonía (Νέα Καληδονία): New Caledonia
Néa Zilandía (Νέα Ζηλανδία): New Zealand
néktar (νέκταρ): nectar
néon (νέον): neon

néos (νέος): new, young
névro (νεύρο): nerve
Nígiras (Νίγηρας): Niger
Nísoi Feróes (Νήσοι Φερόες): Faroe Islands
Nísoi Fóklant (Νήσοι Φώκλαντ): Falkland Islands
Nísoi Kaíyman (Νήσοι Καίυμαν): Cayman Islands
Nísoi Kouk (Νήσοι Κουκ): Cook Islands
Nísoi Társal (Νήσοι Μάρσαλ): Marshall Islands
nómisma (νόμισμα): coin
nómos (νόμος): law
nóta (νότα): note
nótia (νότια): south
Nótia Afrikí (Νότια Αφρική): South Africa
Nótia Koréa (Νότια Κορέα): South Korea
nótio imisfaírio (νότιο ημισφαίριο): southern hemisphere
Nótio Soudán (Νότιο Σουδάν): South Sudan
nótios pólos (νότιος πόλος): South Pole
nýchi (νύχι): fingernail
nýchta (νύχτα): night
nýfi (νύφη): daughter-in-law, bride

O

O chrysós eínai akrivóteros apó to asími (Ο χρυσός είναι ακριβότερος από το ασήμι): Gold is more expensive than silver
odigós fortigoú (οδηγός φορτηγού): lorry driver
odigós leoforeíou (οδηγός λεωφορείου): bus driver
odigós taxí (οδηγός ταξί): taxi driver
odigós trénou (οδηγός τρένου): train driver
odikós fotismós (οδικός φωτισμός): street light
odontikés prothéseis (οδοντικές προθέσεις): dental prostheses
odontíatros (οδοντίατρος): dentist
odontókrema (οδοντόκρεμα): toothpaste
odontóvourtsa (οδοντόβουρτσα): toothbrush
odostrotíras (οδοστρωτήρας): road roller
oikodómos (οικοδόμος): construction worker
oikogeneiakí fotografía (οικογενειακή φωτογραφία): family picture
oikogeneiakí therapeía (οικογενειακή θεραπεία): family therapy
oikonomiká (οικονομικά): economics
oikonomikí thési (οικονομική θέση): economy class
oisofágos (οισοφάγος): oesophagus
okeanós (ωκεανός): ocean
oktágono (οκτάγωνο): octagon
Októvrios (Οκτώβριος): October
Ollandía (Ολλανδία): Netherlands
olósomo magió (ολόσωμο μαγιό): swimsuit
omadikí therapeía (ομαδική θεραπεία): group therapy
omeléta (ομελέτα): scrambled eggs
omichlódis (ομιχλώδης): foggy
omilitís (ομιλητής): lecturer
omoiopathitikí (ομοιοπαθητική): homoeopathy
omopláti (ωμοπλάτη): shoulder blade
ompréla (ομπρέλα): parasol, umbrella
Omán (Ομάν): Oman
omíchli (ομίχλη): fog
omós (ωμός): raw

Ondoúra (Ονδούρα): Honduras
oneirévomai (ονειρεύομαι): to dream
onkología (ογκολογία): oncology
oothíki (ωοθήκη): ovary
oporopoleío (οπωροπωλείο): fruit merchant
optikós (οπτικός): optician
opálio (οπάλιο): opal
orchístra (ορχήστρα): orchestra
oreiní podilasía (ορεινή ποδηλασία): mountain biking
oreivasía (ορειβασία): climbing
oreivatikés bótes (ορειβατικές μπότες): hiking boots
orektikó (ορεκτικό): starter
orfanó (ορφανό): orphan
orinkámi (οριγκάμι): origami
oroseirá (οροσειρά): mountain range
orthogónio (ορθογώνιο): rectangle
orthopedikí (ορθοπεδική): orthopaedics
orthí gonía (ορθή γωνία): right angle
orós (ορός): infusion
o skýlos mou (ο σκύλος μου): my dog
ostó (οστό): bone
othóni (οθόνη): screen
otoaspída (ωτοασπίδα): earplug
oukouléle (ουκουλέλε): ukulele
Oukranía (Ουκρανία): Ukraine
Oungaría (Ουγγαρία): Hungary
ounkiá (ουγκιά): ounce
Ounkánta (Ουγκάντα): Uganda
ouranoxýstis (ουρανοξύστης): skyscraper
Ouranós (Ουρανός): Uranus
ourodóchos kýsti (ουροδόχος κύστη): bladder
ourología (ουρολογία): urology
Ourougouái (Ουρουγουάη): Uruguay
ouránio (ουράνιο): uranium
ouránio tóxo (ουράνιο τόξο): rainbow
Ouzmpekistán (Ουζμπεκιστάν): Uzbekistan
ouíski (ουίσκι): whiskey
oxiá (οξιά): beech
oxygóno (οξυγόνο): oxygen
oário (ωάριο): ovum

P

pachoulós (παχουλός): chubby
pachýs (παχύς): plump
pachý éntero (παχύ έντερο): colon
pafsípono (παυσίπονο): painkiller
pagetónas (παγετώνας): glacier
pagodromía (παγοδρομία): ice skating
pagodrómio (παγοδρόμιο): ice rink
pagoménos kafés (παγωμένος καφές): iced coffee
pagotó (παγωτό): ice cream
pagoúri neroú (παγούρι νερού): water bottle
pagóni (παγώνι): peacock
paichnídi me kártes (παιχνίδι με κάρτες): card game
paidiatrikí (παιδιατρική): paediatrics

paidikí chará (παιδική χαρά): playground
paidikó káthisma (παιδικό κάθισμα): child seat
paidí (παιδί): child
Pakistán (Πακιστάν): Pakistan
pakéto (πακέτο): parcel, package
Palaistíni (Παλαιστίνη): Palestine
palirroïkó kýma (παλιρροϊκό κύμα): tidal wave
paliós (παλιός): old
palládio (παλλάδιο): palladium
paltó (παλτό): coat
palámi (παλάμη): palm
Paláou (Παλάου): Palau
paléta (παλέτα): palette, pallet
palévo (παλεύω): to fight
pan'k (πανκ): punk
Panamás (Παναμάς): Panama
panepistímio (πανεπιστήμιο): university
panigýri (πανηγύρι): fairground
pankréas (παγκρέας): pancreas
pankáki (παγκάκι): bench
pankósmio rekór (παγκόσμιο ρεκόρ): world record
pantelóni (παντελόνι): trousers
pantrévomai (παντρεύομαι): to marry
pantófles (παντόφλες): slippers
pantófles bániou (παντόφλες μπάνιου): bathroom slippers
papagálos (παπαγάλος): parrot
papigión (παπιγιόν): bow tie
papoutsothíki (παπουτσοθήκη): shoe cabinet
Papoúa Néa Gouinéa (Παπούα Νέα Γουινέα): Papua New Guinea
papoútsia balétou (παπούτσια μπαλέτου): ballet shoes
papoútsia choroú (παπούτσια χορού): dancing shoes
papoútsia podosfaírou (παπούτσια ποδοσφαίρου): football boots
pappoús (παππούς): grandfather
papágia (παπάγια): papaya
papás (παπάς): priest
paradosiakí mousikí (παραδοσιακή μουσική): folk music
paradído (παραδίδω): to deliver
Paragouái (Παραγουάη): Paraguay
parakaló (παρακαλώ): please
parakolouthó (παρακολουθώ): to watch
paralía (παραλία): beach
Paraskeví (Παρασκευή): Friday
parathéto (παραθέτω): to quote
parenérgeia (παρενέργεια): side effect
parkómetro (παρκόμετρο): parking meter
parmezána (παρμεζάνα): parmesan
parmpríz (παρμπρίζ): windscreen
paronomastís (παρονομαστής): denominator
parotítida (παρωτίτιδα): mumps
parousiastís (παρουσιαστής): anchor, host
parousíasi (παρουσίαση): presentation
partéri (παρτέρι): flower bed
parágrafos (παράγραφος): paragraph
parámesos (παράμεσος): ring finger
parástasi (παράσταση): play
paráthyro (παράθυρο): window
paráxenos (παράξενος): strange

paschalítsa (πασχαλίτσα): ladybird
patatosaláta (πατατοσαλάτα): potato salad
patatákia (πατατάκια): chips
paterítsa (πατερίτσα): crutch
pathología (παθολογία): pathology
pathológos (παθολόγος): physician
patináz me patínia (πατινάζ με πατίνια): roller skating
patináz tachýtitas (πατινάζ ταχύτητας): speed skating
patináz tachýtitas mikrís pístas (πατινάζ ταχύτητας μικρής πίστας): short track
patriós (πατριός): stepfather
patáta (πατάτα): potato
patéras (πατέρας): father
patínia (πατίνια): skates
pazl (παζλ): puzzle
paírno (παίρνω): to take
paírno város (παίρνω βάρος): to gain weight
paízo (παίζω): to play
peinasménos (πεινασμένος): hungry
pelargós (πελαργός): stork
pelekános (πελεκάνος): pelican
pelátis (πελάτης): customer
pentikioúr (πεντικιούρ): pedicure
pepóni (πεπόνι): sugar melon
periechómeno (περιεχόμενο): content
perikárpio (περικάρπιο): sweatband
periméno (περιμένω): to wait
perineotomí (περινεοτομή): episiotomy
periochí (περιοχή): region
periodikó (περιοδικό): magazine
periodikós pínakas (περιοδικός πίνακας): periodic table
peripolikó (περιπολικό): police car
perissótero (περισσότερο): more
peristéri (περιστέρι): pigeon
peronofóro óchima (περονοφόρο όχημα): forklift truck
Peroú (Περού): Peru
peroúka (περούκα): wig
perpató (περπατώ): to walk
persídes (περσίδες): blind
perífraxi (περίφραξη): fence
perípatos (περίπατος): promenade
petaloúda (πεταλούδα): butterfly
petháino (πεθαίνω): to die
petheriká (πεθερικά): parents-in-law
petherá (πεθερά): mother-in-law
petherós (πεθερός): father-in-law
petosfaírisi (πετοσφαίριση): volleyball
petséta (πετσέτα): towel
petséta bániou (πετσέτα μπάνιου): bath towel
petáo (πετάω): to fly
pezodrómio (πεζοδρόμιο): pavement
pezogéfyra (πεζογέφυρα): overpass
pezoporía (πεζοπορία): hiking
pezódromos (πεζόδρομος): pedestrian area
pidáo (πηδάω): to jump
pigoúni (πηγούνι): chin
pikník (πικνίκ): picnic
pikralída (πικραλίδα): dandelion

pikáp (πικάπ): record player
pilotírio (πιλοτήριο): cockpit
pilátes (πιλάτες): Pilates
pilós (πηλός): clay
pilótos (πιλότος): pilot
pinakída grafís (πινακίδα γραφής): clipboard
pinkouínos (πιγκουίνος): penguin
pinkál (πιγκάλ): toilet brush
pinélo (πινέλο): brush
piperiá (πιπεριά): pepper
pipéri (πιπέρι): pepper
pipíla (πιπίλα): soother
piroúni (πιρούνι): fork
pisinós (πισινός): bottom
pistoláki mallión (πιστολάκι μαλλιών): hairdryer
pistopoiitikó génnisis (πιστοποιητικό γέννησης): birth certificate
pistotikí kárta (πιστωτική κάρτα): credit card
pisína (πισίνα): swimming pool
pityrída (πιτυρίδα): dandruff
pizámes (πιζάμες): pyjamas
piáno (πιάνο): piano
piáno (πιάνω): to catch
piáto (πιάτο): plate
piéseis pánkou (πιέσεις πάγκου): bench press
piézo (πιέζω): to press
plagiá (πλαγιά): slope
plakáki (πλακάκι): tile
planítis (πλανήτης): planet
plastikí sakoúla (πλαστική σακούλα): plastic bag
plastikó (πλαστικό): plastic
plateía (πλατεία): square
plaïní pórta (πλαϊνή πόρτα): side door
plaïnós kathréptis (πλαϊνός καθρέπτης): wing mirror
plektí zakéta (πλεκτή ζακέτα): cardigan
plektó kapélo (πλεκτό καπέλο): knit cap
plevró (πλευρό): rib
pligí (πληγή): wound
pliktrológio (πληκτρολόγιο): keyboard
plimmýra (πλημμύρα): flood
pliroforikí (πληροφορική): IT
pliróno (πληρώνω): to pay
ploutónio (πλουτώνιο): plutonium
ploío (πλοίο): ship
ploúsios (πλούσιος): rich
Ploútonas (Πλούτωνας): Pluto
plyntírio (πλυντήριο): washing machine
plyntírio aftokiníton (πλυντήριο αυτοκινήτων): car wash
plyntírio piáton (πλυντήριο πιάτων): dishwasher
pláni (πλάνη): smoothing plane
pláti (πλάτη): back
plátos (πλάτος): width
pléno (πλένω): to wash
pléon (πλέον): most
plíktra (πλήκτρα): keyboard
pnévmonas (πνεύμονας): lung
podilasía (ποδηλασία): cycling
podilasía pístas (ποδηλασία πίστας): track cycling

podílato (ποδήλατο): bicycle
podílato gymnastikís (ποδήλατο γυμναστικής): exercise bike
podósfairo (ποδόσφαιρο): football
poio (ποιο): which
poios (ποιος): who
polikí arkoúda (πολική αρκούδα): polar bear
politeía (πολιτεία): state
politikí (πολιτική): politics
politikós (πολιτικός): politician
pollaplasiasmós (πολλαπλασιασμός): multiplication
pollá (πολλά): many
Polonía (Πολωνία): Poland
polyestéras (πολυεστέρας): polyester
políseis (πωλήσεις): sales
polónio (πολώνιο): polonium
polý (πολύ): very
ponokéfalos (πονοκέφαλος): headache
pontíki (ποντίκι): mouse
ponódontos (πονόδοντος): toothache
ponólaimos (πονόλαιμος): sore throat
pop (ποπ): pop
popkórn (ποπκόρν): popcorn
port-bankáz (πορτ-μπαγκάζ): rear trunk
porthmeío (πορθμείο): ferry
portofóli (πορτοφόλι): wallet
Portogalía (Πορτογαλία): Portugal
portokaláda (πορτοκαλάδα): orange juice
portokáli (πορτοκάλι): orange
portraíto (πορτραίτο): portrait
Poseidónas (Ποσειδώνας): Neptune
poseidónio (ποσειδώνιο): neptunium
posó (ποσό): amount
potistíri (ποτιστήρι): water can
potámi (ποτάμι): river
potíri (ποτήρι): glass
poukámiso (πουκάμισο): shirt
pouláo (πουλάω): to sell
pourés patátas (πουρές πατάτας): mashed potatoes
pousáp (πουσάπ): push-up
poutínka (πουτίγκα): pudding
Pouérto Ríko (Πουέρτο Ρίκο): Puerto Rico
poú (πού): where
poúdra prosópou (πούδρα προσώπου): face powder
Poú eínai i toualéta? (Πού είναι η τουαλέτα;): Where is the toilet?
poúro (πούρο): cigar
pragmatiká (πραγματικά): really
praseodýmio (πρασεοδύμιο): praseodymium
presveía (πρεσβεία): embassy
prionízo (πριονίζω): to saw
prióni (πριόνι): saw
prióni cheirós (πριόνι χειρός): handsaw
prochthés (προχθές): the day before yesterday
proeidopoiitikó fos (προειδοποιητικό φως): warning light
proeidopoió (προειδοποιώ): to warn
profylaktikó (προφυλακτικό): condom
profylaktíras (προφυλακτήρας): bumper
programmatistís (προγραμματιστής): programmer

proinó (πρωινό): breakfast
proktós (πρωκτός): anus
promítheio (προμήθειο): promethium
proponitís (προπονητής): coach
prosopikó (προσωπικό): staff
prostateftikó stómatos (προστατευτικό στόματος): mouthguard
prostátis (προστάτης): prostate
proséfchomai (προσεύχομαι): to pray
protaktínio (πρωτακτίνιο): protactinium
prothypourgós (πρωθυπουργός): prime minister
Protochroniá (Πρωτοχρονιά): New Year
protévousa (πρωτεύουσα): capital
protónio (πρωτόνιο): proton
provoléas (προβολέας): projector
proástio (προάστιο): suburb
proí (πρωί): morning
prásino (πράσινο): green
Prásino Akrotírio (Πράσινο Ακρωτήριο): Cape Verde
prásino tsái (πράσινο τσάι): green tea
práso (πράσο): leek
présa podión (πρέσα ποδιών): leg press
príza (πρίζα): power outlet
próedros (πρόεδρος): chairman, president
prógramma periígisis (πρόγραμμα περιήγησης): browser
prólogos (πρόλογος): preface
prósthesi (πρόσθεση): addition
próstimo (πρόστιμο): fine
próti thési (πρώτη θέση): first class
prótos (πρώτος): first
prótos órofos (πρώτος όροφος): first floor
próto ypógeio (πρώτο υπόγειο): first basement floor
próvato (πρόβατο): sheep
psalídi (ψαλίδι): scissors
psalídi nychión (ψαλίδι νυχιών): nail scissors
psaragorá (ψαραγορά): fish market
psarokókalo (ψαροκόκαλο): fishbone
psarás (ψαράς): fisherman
psarévo (ψαρεύω): to fish
psaróvarka (ψαρόβαρκα): fishing boat
psevdárgyros (ψευδάργυρος): zinc
psifiakí kámera (ψηφιακή κάμερα): digital camera
psifízo (ψηφίζω): to vote
psilotákouna (ψηλοτάκουνα): high heels
psilós (ψηλός): high, tall
psiména fasólia (ψημένα φασόλια): baked beans
psithyrízo (ψιθυρίζω): to whisper
psitó choirinó (ψητό χοιρινό): roast pork
psitó kotópoulo (ψητό κοτόπουλο): roast chicken
psomí (ψωμί): bread
psychanálysi (ψυχανάλυση): psychoanalysis
psychiatrikí (ψυχιατρική): psychiatry
psychotherapeía (ψυχοθεραπεία): psychotherapy
psygeío (ψυγείο): fridge
psáchno (ψάχνω): to look for
psári (ψάρι): fish
psári kai patátes (ψάρι και πατάτες): fish and chips
psíno (ψήνω): to bake

ptychiakí ergasía (πτυχιακή εργασία): thesis
ptychío (πτυχίο): bachelor, degree
ptóma (πτώμα): corpse
ptósi me alexíptoto (πτώση με αλεξίπτωτο): parachuting
pygmachía (πυγμαχία): boxing
pyramída (πυραμίδα): pyramid
pyretós (πυρετός): fever
pyrinikós stathmós enérgeias (πυρηνικός σταθμός ενέργειας): nuclear power plant
pyrosvestikí (πυροσβεστική): firefighters
pyrosvestikó tmíma (πυροσβεστικό τμήμα): fire station
pyrosvestikó óchima (πυροσβεστικό όχημα): fire truck
pyrosvestíras (πυροσβεστήρας): fire extinguisher
pyrosvéstis (πυροσβέστης): firefighter
pyrovoló (πυροβολώ): to shoot
pyrína tis gis (πυρήνα της γης): earth's core
pyrítio (πυρίτιο): silicon
pyxída (πυξίδα): compass
págos (πάγος): ice
páli (πάλη): wrestling
páli (πάλι): again
Páme spíti (Πάμε σπίτι): Let's go home
pána (πάνα): diaper
pánta (πάντα): panda, always
pápia (πάπια): duck
pápia Pekínou (πάπια Πεκίνου): Beijing duck
páprika (πάπρικα): paprika
párko (πάρκο): park
párti genethlíon (πάρτι γενεθλίων): birthday party
Páscha (Πάσχα): Easter
pátoma (πάτωμα): floor
pávla (παύλα): hyphen
péfko (πεύκο): pine
péfto (πέφτω): to fall
Pémpti (Πέμπτη): Thursday
pémptos órofos (πέμπτος όροφος): fifth floor
péos (πέος): penis
pérysi (πέρυσι): last year
pétalo (πέταλο): petal
píesi aéra (πίεση αέρα): air pressure
pígaine eftheía (πήγαινε ευθεία): go straight
pínakas anakoinóseon (πίνακας ανακοινώσεων): bulletin board
pínakas parousiáseon (πίνακας παρουσιάσεων): flip chart
pínakas periechoménon (πίνακας περιεχομένων): table of contents
píno (πίνω): to drink
píso (πίσω): back
píso fos (πίσω φως): rear light
píso kathréptis (πίσω καθρέπτης): rear mirror
píso káthisma (πίσω κάθισμα): back seat
píssa (πίσσα): tar
píta (πίτα): pie
pítsa (πίτσα): pizza
pódi (πόδι): leg, foot
póker (πόκερ): poker
pólo (πόλο): polo
pólo bloúza (πόλο μπλούζα): polo shirt
pólos (πόλος): pole
pórni (πόρνη): prostitute

pórta (πόρτα): door
pós (πώς): how
pósa? (πόσα;): how many?
póso? (πόσο;): how much?
Póso kánei aftó? (Πόσο κάνει αυτό;): How much is this?
Pós se léne? (Πώς σε λένε;): What's your name?
póte (πότε): when
pýrgos elénchou (πύργος ελέγχου): control tower

R

raderfórntio (ραδερφόρντιο): rutherfordium
radiófono (ραδιόφωνο): radio
radónio (ραδόνιο): radon
rakoún (ρακούν): raccoon
rakéta ténis (ρακέτα τένις): tennis racket
Ramazáni (Ραμαζάνι): Ramadan
rantevoú (ραντεβού): appointment
rantár (ραντάρ): radar
rap (ραπ): rap
rapanáki (ραπανάκι): radish
raptomichaní (ραπτομηχανή): sewing machine
ravínos (ραβίνος): rabbi
rentnkénio (ρεντγκένιο): roentgenium
richós (ρηχός): shallow
rin'nk pygmachías (ρινγκ πυγμαχίας): boxing ring
rinikó ostó (ρινικό οστό): nasal bone
rinikó spréi (ρινικό σπρέι): nasal spray
rinorragía (ρινορραγία): nosebleed
rinókeros (ρινόκερος): rhino
rodákino (ροδάκινο): peach
rok (ροκ): rock
rok ent rol (ροκ εντ ρολ): rock 'n' roll
roló vapsímatos (ρολό βαψίματος): inking roller
rolói (ρολόι): clock, watch
rompót (ρομπότ): robot
romvoeidís (ρομβοειδής): rhomboid
Rosía (Ρωσία): Russia
rotó (ρωτώ): to ask
roukéta (ρουκέτα): rocket
Roumanía (Ρουμανία): Romania
roumpíni (ρουμπίνι): ruby
routhoúni (ρουθούνι): nostril
routhínio (ρουθήνιο): ruthenium
rouvídio (ρουβίδιο): rubidium
Rouánta (Ρουάντα): Rwanda
roz (ροζ): pink
roúmi (ρούμι): rum
roúmpa (ρούμπα): rumba
rythmikí gymnastikí (ρυθμική γυμναστική): rhythmic gymnastics
rytída (ρυτίδα): wrinkle
ryáki (ρυάκι): stream
rádio (ράδιο): radium
ráfi (ράφι): shelf
ráfi vivliothíkis (ράφι βιβλιοθήκης): bookshelf
ráftin'nk (ράφτινγκ): rafting

ráftis (ράφτης): tailor
ráli (ράλι): rally racing
rámen (ράμεν): ramen
rámma (ράμμα): suture
ránkmpi (ράγκμπι): rugby
rénke (ρέγκε): reggae
révma (ρεύμα): power
ríchno (ρίχνω): to throw
rígani (ρίγανη): oregano
rínio (ρήνιο): rhenium
ríza (ρίζα): root
ríza lotoú (ρίζα λωτού): lotus root
ródio (ρόδιο): rhodium
rómvos (ρόμβος): rhombus
rópalo (ρόπαλο): bat
rýzi (ρύζι): rice

S

Sachára (Σαχάρα): Sahara
sagionáres (σαγιονάρες): flip-flops
sakoúla (σακούλα): bag
sakáki (σακάκι): blazer
sakídio (σακίδιο): backpack
salinkári (σαλιγκάρι): snail
saliára (σαλιάρα): bib
salámi (σαλάμι): salami
saláta (σαλάτα): salad
salóni (σαλόνι): living room
sampouán (σαμπουάν): shampoo
sampánia (σαμπάνια): champagne
samário (σαμάριο): samarium
Samóa (Σαμόα): Samoa
sandália (σανδάλια): sandals
San Maríno (Σαν Μαρίνο): San Marino
santigí (σαντιγί): whipped cream
sanída tou serf (σανίδα του σερφ): surfboard
Saoudikí Aravía (Σαουδική Αραβία): Saudi Arabia
sapoúni (σαπούνι): soap
sardéla (σαρδέλα): sardine
sarotís (σαρωτής): scanner
sarotís grammotoú kódika (σαρωτής γραμμωτού κώδικα): bar code scanner
saróno (σαρώνω): to scan
saxófono (σαξόφωνο): saxophone
schediastís (σχεδιαστής): designer
schoinópraso (σχοινόπρασο): chive
scholeío (σχολείο): school
scholiastís (σχολιαστής): commentator
scholikí avlí (σχολική αυλή): schoolyard
scholikí stolí (σχολική στολή): school uniform
scholikí tsánta (σχολική τσάντα): schoolbag
scholikó leoforeío (σχολικό λεωφορείο): school bus
scholí epicheiríseon (σχολή επιχειρήσεων): business school
schédio (σχέδιο): drawing
Se agapó (Σε αγαπώ): I love you
Sefchélles (Σεϋχέλλες): Seychelles

seirá (σειρά): row, TV series
seirína (σειρήνα): siren
seismós (σεισμός): earthquake
selínio (σελήνιο): selenium
Senegáli (Σενεγάλη): Senegal
senário (σενάριο): script
Septémvrios (Σεπτέμβριος): September
servietáki (σερβιετάκι): panty liner
servitóros (σερβιτόρος): waiter
serviéta (σερβιέτα): sanitary towel
Servía (Σερβία): Serbia
sex (σεξ): sex
sfairovolía (σφαιροβολία): shot put
sfaíra (σφαίρα): sphere
sfoungaráki poúdras (σφουγγαράκι πούδρας): powder puff
sfoungári (σφουγγάρι): sponge
sfrágisma (σφράγισμα): dental filling
sfygmós (σφυγμός): pulse
sfyrilató (σφυρηλατώ): to hammer
sfyrovolía (σφυροβολία): hammer throw
sfyrí (σφυρί): hammer
sféndamnos (σφένδαμνος): maple
sfíka (σφήκα): wasp
siderákia (σιδεράκια): dental brace
sideróno (σιδερώνω): to iron
sideróstra (σιδερώστρα): ironing table
sidirodromikós stathmós (σιδηροδρομικός σταθμός): train station
sikóno (σηκώνω): to lift
simeiomatário (σημειωματάριο): notebook
simeíosi (σημείωση): note
simpórnkio (σιμπόργκιο): seaborgium
simýda (σημύδα): birch
Sinkapoúri (Σιγκαπούρη): Singapore
sintriváni (σιντριβάνι): fountain
siopilós (σιωπηλός): silent
sirópi gia to vícha (σιρόπι για το βήχα): cough syrup
sirópi sfendámou (σιρόπι σφενδάμου): maple syrup
sitári (σιτάρι): wheat
Siéra Leóne (Σιέρα Λεόνε): Sierra Leone
skalosiá (σκαλωσιά): scaffolding
skampó (σκαμπό): stool
skantzóchoiros (σκαντζόχοιρος): hedgehog
skarfalóno (σκαρφαλώνω): to climb
skeletós (σκελετός): skeleton
ski (σκι): skiing, ski
ski antochís (σκι αντοχής): cross-country skiing
skinothétis (σκηνοθέτης): director
skiní (σκηνή): tent, stage
skiá matión (σκιά ματιών): eye shadow
sklirós (σκληρός): hard
sklirós dískos (σκληρός δίσκος): hard drive
skolikoeidís apófysi (σκωληκοειδής απόφυση): appendix
skopovolí (σκοποβολή): shooting
skorpiós (σκορπιός): scorpion
skoteinós (σκοτεινός): dark
skotóno (σκοτώνω): to kill
skoufáki gia ntous (σκουφάκι για ντους): shower cap

skoufáki kolýmvisis (σκουφάκι κολύμβησης): swim cap
skoularíki (σκουλαρίκι): earring
skoupízo (σκουπίζω): to vacuum
skoúpa (σκούπα): broom
skoúter (σκούτερ): motor scooter
skylóspito (σκυλόσπιτο): kennel
skyródema (σκυρόδεμα): concrete
skáki (σκάκι): chess
skála (σκάλα): ladder
skáles (σκάλες): stairs
skándio (σκάνδιο): scandium
skávo (σκάβω): to dig
skéftomai (σκέφτομαι): to think
skéitmporntin'nk (σκέιτμπορντινγκ): skateboarding
skéleton (σκέλετον): skeleton
skíouros (σκίουρος): squirrel
skóni (σκόνη): powder
skóni gálaktos (σκόνη γάλακτος): milk powder
skórdo (σκόρδο): garlic
skóros (σκώρος): moth
skýlos (σκύλος): dog
Slovakía (Σλοβακία): Slovakia
Slovenía (Σλοβενία): Slovenia
smoúthi (σμούθι): smoothie
sméouro (σμέουρο): raspberry
snak (σνακ): snack
snoúker (σνούκερ): snooker
sofíta (σοφίτα): attic
sokoláta (σοκολάτα): chocolate
solomós (σολομός): salmon
Somalía (Σομαλία): Somalia
somatofýlakas (σωματοφύλακας): bodyguard
sorts (σορτς): shorts
sostós (σωστός): correct
sosívia lémvos (σωσίβια λέμβος): lifeboat
sosívio (σωσίβιο): life buoy
sosívio giléko (σωσίβιο γιλέκο): life jacket
Souazilándi (Σουαζιλάνδη): Swaziland
Soudán (Σουδάν): Sudan
Souidía (Σουηδία): Sweden
sountókou (σουντόκου): Sudoku
sourikáta (σουρικάτα): meerkat
Sourinám (Σουρινάμ): Suriname
soutién (σουτιέν): bra
souvenír (σουβενίρ): souvenir
souvláki (σουβλάκι): skewer
soúpa (σούπα): soup
soúper márket (σούπερ μάρκετ): supermarket
soúsi (σούσι): sushi
spanáki (σπανάκι): spinach
spitonoikokýris (σπιτονοικοκύρης): landlord
splína (σπλήνα): spleen
spondylikí stíli (σπονδυλική στήλη): spine
sprin'nk rol (σπρινγκ ρολ): spring roll
sprint (σπριντ): sprint
spréi (σπρέι): spray
spróchno (σπρώχνω): to push

spérma (σπέρμα): sperm
spílaio (σπήλαιο): cave
spírto (σπίρτο): match
spíti (σπίτι): house
spóndylos (σπόνδυλος): vertebra
spóros (σπόρος): seed
Sri Lán'ka (Σρι Λάνκα): Sri Lanka
stafída (σταφίδα): raisin
stafýli (σταφύλι): grape
stagonómetro (σταγονόμετρο): pipette
stathmós ydroilektrikís enérgeias (σταθμός υδροηλεκτρικής ενέργειας): hydroelectric power station
stavrólexa (σταυρόλεξα): crosswords
stegnóno (στεγνώνω): to dry
stegnós (στεγνός): dry
stenós (στενός): narrow
stereó (στερεό): solid
stigmiaía kámera (στιγμιαία κάμερα): instant camera
stigmiaía nountls (στιγμιαία νουντλς): instant noodles
stikáki USB (στικάκι USB): USB stick
stithoskópio (στηθοσκόπιο): stethoscope
stoichimatízo (στοιχηματίζω): to gamble, to bet
stolí (στολή): uniform
stolí astronáfti (στολή αστροναύτη): space suit
stolí kolýmvisis (στολή κολύμβησης): wetsuit
stolí ski (στολή σκι): ski suit
stomachóponos (στομαχόπονος): stomach ache
stomáchi (στομάχι): stomach
stratiótis (στρατιώτης): soldier
strifogyristós (στριφογυριστός): twisting
strin'nk (στρινγκ): thong
strongylós (στρογγυλός): round
strouthokámilos (στρουθοκάμηλος): ostrich
strípse aristerá (στρίψε αριστερά): turn left
strípse dexiá (στρίψε δεξιά): turn right
stróma (στρώμα): mattress
stróma aéros (στρώμα αέρος): air mattress
stróntio (στρόντιο): strontium
styló (στυλό): pen
styló diárkeias (στυλό διάρκειας): ball pen
stási leoforeíou (στάση λεωφορείου): bus stop
stégi (στέγη): roof
stéka (στέκα): cue
stékomai (στέκομαι): to stand
stémma (στέμμα): crown
stérno (στέρνο): breastbone
stíchoi (στίχοι): lyrics
stíthos (στήθος): bosom
stókos (στόκος): putty
stóma (στόμα): mouth
svíno (σβήνω): to turn off
svístra (σβήστρα): rubber
sychná (συχνά): often
sykóti (συκώτι): liver
symfonía (συμφωνία): symphony
symfonó (συμφωνώ): I agree
symperiforikí therapeía (συμπεριφορική θεραπεία): behaviour therapy
sympléktis (συμπλέκτης): clutch

synagermós pyrkagiás (συναγερμός πυρκαγιάς): fire alarm
synagogí (συναγωγή): synagogue
synantáo (συναντάω): to meet
synavlía (συναυλία): concert
synchronisméni kolýmvisi (συγχρονισμένη κολύμβηση): synchronized swimming
syndetíras (συνδετήρας): paperclip
syngnómi (συγγνώμη): sorry
syngraféas (συγγραφέας): author
synnefiasménos (συννεφιασμένος): cloudy
synodeftikó (συνοδευτικό): side dish
synoikía (συνοικία): district
synomilía (συνομιλία): chat
syntaxiodótisi (συνταξιοδότηση): retirement
synádelfos (συνάδελφος): colleague
syrraptikó (συρραπτικό): stapler
syrriknónomai (συρρικνώνομαι): to shrink
syrtári (συρτάρι): drawer
Syría (Συρία): Syria
syskeví anaparagogís MP3 (συσκευή αναπαραγωγής MP3): MP3 player
syskeví CD (συσκευή CD): CD player
syskeví DVD (συσκευή DVD): DVD player
sáke (σάκε): sake
sálpinga (σάλπιγγα): oviduct
sálsa (σάλσα): salsa
sáltsa ntomátas (σάλτσα ντομάτας): tomato sauce
sámpa (σάμπα): samba
sántouits (σάντουιτς): sandwich
São Tomé kai Prínsipe (Σάο Τομέ και Πρίνσιπε): São Tomé and Príncipe
sáouna (σάουνα): sauna
sávra (σαύρα): lizard
sávra nkéko (σαύρα γκέκο): gecko
Sávvato (Σάββατο): Saturday
séla (σέλα): saddle
sélino (σέλινο): celery
sérfin'nk (σέρφινγκ): surfing
séxi (σέξι): sexy
sídero (σίδερο): electric iron
sídero gia boúkles (σίδερο για μπούκλες): curling iron
sídiros (σίδηρος): iron
síma (σήμα): signal
símera (σήμερα): today
sóda (σόδα): soda
sógia (σόγια): soy
sóla (σόλα): sole
sóvrako (σώβρακο): underpants
sózo (σώζω): to rescue
sýko (σύκο): fig
sýmvoulos (σύμβουλος): consultant
sýnnefo (σύννεφο): cloud
sýringa (σύριγγα): syringe
sýrma (σύρμα): wire
sýzygos (σύζυγος): wife, husband

T

tachydromeío (ταχυδρομείο): post office

tachydromikós kódikas (ταχυδρομικός κώδικας): zip code
tachydrómos (ταχυδρόμος): postman
tachýmetro (ταχύμετρο): speedometer
tae kvon nto (ταε κβον ντο): taekwondo
tainía gouéstern (ταινία γουέστερν): western film
tainía trómou (ταινία τρόμου): horror movie
takoúni (τακούνι): heel
ta léme argótera (τα λέμε αργότερα): see you later
tameiakí michaní (ταμειακή μηχανή): cash register
tampló (ταμπλό): dashboard
tampoúro (ταμπούρο): snare drum
tampón (ταμπόν): tampon
tamías (ταμίας): cashier
tankó (ταγκό): tango
tantálio (ταντάλιο): tantalum
Tanzanía (Τανζανία): Tanzania
tanália (τανάλια): pincers
tarantoúla (ταραντούλα): tarantula
tarátsa (ταράτσα): terrace
tatouáz (τατουάζ): tattoo
Tatzikistán (Τατζικιστάν): Tajikistan
taváni (ταβάνι): ceiling
taxidiotikós práktoras (ταξιδιωτικός πράκτορας): travel agent
taxidévo (ταξιδεύω): to travel
taxí (ταξί): taxi
taízo (ταΐζω): to feed
Taïlándi (Ταϊλάνδη): Thailand
Taïván (Ταϊβάν): Taiwan
technítio (τεχνήτιο): technetium
tefrodóchos (τεφροδόχος): urn
tekíla (τεκίλα): tequila
teleferík (τελεφερίκ): cable car
teletí apofoítisis (τελετή αποφοίτησης): graduation ceremony
teleía (τελεία): full stop
telloúrio (τελλούριο): tellurium
teloneío (τελωνείο): customs
tempélis (τεμπέλης): lazy
tenekedáki (τενεκεδάκι): tin
teridóna (τερηδόνα): caries
termítis (τερμίτης): termite
terástios (τεράστιος): huge
test enkymosýnis (τεστ εγκυμοσύνης): pregnancy test
tetragonikó métro (τετραγωνικό μέτρο): square meter
tetrágono (τετράγωνο): square
tetrágonos (τετράγωνος): square
Tetárti (Τετάρτη): Wednesday
thalassiná (θαλασσινά): seafood
thalássio liontári (θαλάσσιο λιοντάρι): sea lion
thalássio ski (θαλάσσιο σκι): waterskiing
thalássios íppos (θαλάσσιος ίππος): walrus
thavmastikó (θαυμαστικό): exclamation mark
theoría tis schetikótitas (θεωρία της σχετικότητας): theory of relativity
therizoalonistikí michaní (θεριζοαλωνιστική μηχανή): combine harvester
thermofóra (θερμοφόρα): hot-water bottle
thermokrasía (θερμοκρασία): temperature
thermokípio (θερμοκήπιο): greenhouse
thermopídakas (θερμοπίδακας): geyser

thermómetro (θερμόμετρο): fever thermometer
thermós (θερμός): warm, thermos jug
thetí kóri (θετή κόρη): stepdaughter
thetós giós (θετός γιός): stepson
theía (θεία): aunt
theío (θείο): sulphur
theíos (θείος): uncle
thilí (θηλή): nipple
thoryvódis (θορυβώδης): loud
thoúlio (θούλιο): thulium
thríler (θρίλερ): thriller
thymoménos (θυμωμένος): angry
thymári (θυμάρι): thyme
thálassa (θάλασσα): sea
thállio (θάλλιο): thallium
thámnos (θάμνος): bush
thánatos (θάνατος): death
théatro (θέατρο): theatre
thélo aftó (θέλω αυτό): I want this
Thélo ki állo (Θέλω κι άλλο): I want more
thérmansi (θέρμανση): heating
thési (θέση): seat
thórakas (θώρακας): chest
thório (θόριο): thorium
tiganitá noúntls (τηγανητά νούντλς): fried noodles
tiganités patátes (τηγανητές πατάτες): French fries
tiganitó loukániko (τηγανητό λουκάνικο): fried sausage
tiganitó rýzi (τηγανητό ρύζι): fried rice
tiganíta (τηγανίτα): pancake
tiganízo (τηγανίζω): to fry
tigáni (τηγάνι): pan
tilecheiristírio (τηλεχειριστήριο): remote control
tileskópio (τηλεσκόπιο): telescope
tileórasi (τηλεόραση): TV set, TV
tiléfono (τηλέφωνο): telephone
timí metochís (τιμή μετοχής): share price
timóni (τιμόνι): steering wheel
tin epómeni evdomáda (την επόμενη εβδομάδα): next week
tin proigoúmeni evdomáda (την προηγούμενη εβδομάδα): last week
tirmpousón (τιρμπουσόν): corkscrew
titánio (τιτάνιο): titanium
tmíma (τμήμα): department
to aftokínitó tou (το αυτοκίνητό του): his car
To chreiázomai (Το χρειάζομαι): I need this
to foremá tis (το φόρεμά της): her dress
toketós (τοκετός): delivery
tomáta (τομάτα): tomato
ton epómeno mína (τον επόμενο μήνα): next month
ton proigoúmeno mína (τον προηγούμενο μήνα): last month
to spíti mas (το σπίτι μας): our home
toualéta (τουαλέτα): toilet
tou chrónou (του χρόνου): next year
toulípa (τουλίπα): tulip
touristikés pliroforíes (τουριστικές πληροφορίες): tourist information
touristikó axiothéato (τουριστικό αξιοθέατο): tourist attraction
touristikós odigós (τουριστικός οδηγός): tourist guide
Tourkmenistán (Τουρκμενιστάν): Turkmenistan

Tourkía (Τουρκία): Turkey
Touvaloú (Τουβαλού): Tuvalu
toxovolía (τοξοβολία): archery
toíchos (τοίχος): wall
toúmpa (τούμπα): tuba
toúrta genethlíon (τούρτα γενεθλίων): birthday cake
toúvlo (τούβλο): brick
tracheía (τραχεία): windpipe
tragoudistís (τραγουδιστής): singer
tragoudáo (τραγουδάω): to sing
traktér (τρακτέρ): tractor
tram (τραμ): tram
trampolíno (τραμπολίνο): trampoline
trapezikí metaforá (τραπεζική μεταφορά): bank transfer
trapezikós logariasmós (τραπεζικός λογαριασμός): bank account
trapezoeidés (τραπεζοειδές): trapezoid
trapezomántilo (τραπεζομάντηλο): tablecloth
trapezáki salonioú (τραπεζάκι σαλονιού): coffee table
trapézi (τραπέζι): table
trapézi biliárdou (τραπέζι μπιλιάρδου): snooker table
trapézi pin'nk pon'nk (τραπέζι πινγκ πονγκ): table tennis table
travmatismós (τραυματισμός): injury
travmatízo (τραυματίζω): to injure
traváo (τραβάω): to pull
trelós (τρελός): crazy
trenáki tou loúna park (τρενάκι του λούνα παρκ): roller coaster
triantáfyllo (τριαντάφυλλο): rose
trifýlli (τριφύλλι): clover
Trinintánt kai Tompánko (Τρινιντάντ και Τομπάγκο): Trinidad and Tobago
trochóspito (τροχόσπιτο): caravan
trompéta (τρομπέτα): trumpet
trompóni (τρομπόνι): trombone
tropikoí (τροπικοί): tropics
tropikó dásos (τροπικό δάσος): rainforest
troúfa (τρούφα): truffle
trypáni (τρυπάνι): drilling machine
trypáo (τρυπάω): to drill
tryvlío Pétri (τρυβλίο Πέτρι): Petri dish
trávma sto kefáli (τραύμα στο κεφάλι): head injury
trécho (τρέχω): to run
tréiler (τρέιλερ): trailer
trémo (τρέμω): to shiver
tréno (τρένο): train
tréno atmoú (τρένο ατμού): steam train
tréno ypsilís tachýtitas (τρένο υψηλής ταχύτητας): high-speed train
tréximo (τρέξιμο): running
tríathlo (τρίαθλο): triathlon
tría tétarta tis óras (τρία τέταρτα της ώρας): three quarters of an hour
trícha (τρίχα): hair
trídyma (τρίδυμα): triplets
tríftis (τρίφτης): grater
trígono (τρίγωνο): triangle
trípodo (τρίποδο): tripod
Tríti (Τρίτη): Tuesday
trítos (τρίτος): third
trómpa (τρόμπα): air pump
tróo (τρώω): to eat

trópaio (τρόπαιο): cup
tsa-tsa (τσα-τσα): cha-cha
tsagiéra (τσαγιέρα): teapot
Tsant (Τσαντ): Chad
tsantáki (τσαντάκι): purse
Tsechía (Τσεχία): Czech Republic
tsekoúri (τσεκούρι): axe
tsigáro (τσιγάρο): cigarette
tsimpidáki (τσιμπιδάκι): tweezers
tsiménto (τσιμέντο): cement
tsoulíthra (τσουλήθρα): slide
tsounkrána (τσουγκράνα): rake
tsái (τσάι): tea
tsái me gála (τσάι με γάλα): milk tea
tsánta (τσάντα): handbag
tsápa (τσάπα): hoe
tsélo (τσέλο): cello
tsépi (τσέπη): pocket
tsíchla (τσίχλα): chewing gum
tsíchla froúton (τσίχλα φρούτων): fruit gum
tsíli (τσίλι): chili
tsízkeïk (τσίζκεϊκ): cheesecake
tsízmpernker (τσίζμπεργκερ): cheeseburger
tyflós (τυφλός): blind
tyfónas (τυφώνας): hurricane, typhoon
Tynisía (Τυνησία): Tunisia
tyrí (τυρί): cheese
Tzamáika (Τζαμάικα): Jamaica
tzamí (τζαμί): mosque
tzaz (τζαζ): jazz
tzet ski (τζετ σκι): jet ski
Tzimpoutí (Τζμπουτί): Djibouti
tzin (τζιν): gin
tzin panteloni (τζιν παντελονι): jeans
tzoúnto (τζούντο): judo
tzáiv (τζάιβ): jive
tzáket (τζάκετ): jacket
tzákfrout (τζάκφρουτ): jackfruit
tzíntzer (τζίντζερ): ginger
tzíves (τζίβες): dreadlocks
táfos (τάφος): grave
tápiros (τάπιρος): tapir
távli (τάβλι): backgammon
távros (ταύρος): bull
téchni (τέχνη): art
téfra (τέφρα): ash
ténontas (τένοντας): tendon
térma (τέρμα): goal
térvio (τέρβιο): terbium
tétartos (τέταρτος): fourth
tétarto tis óras (τέταρτο της ώρας): quarter of an hour
tétris (τέτρις): Tetris
tí (τί): what
tígri (τίγρη): tiger
Tí káneis? (Τί κάνεις;): How are you?
tófou (τόφου): tofu
tókos (τόκος): interest

Tón'nka (Τόνγκα): Tonga
tóner prosópou (τόνερ προσώπου): facial toner
Tónko (Τόγκο): Togo
tónos (τόνος): tuna, ton
tóra (τώρα): now
tóte (τότε): then
týmpano (τύμπανο): kettledrum

V

vaktírio (βακτήριο): bacterium
vals (βαλς): waltz
vamména (βαμμένα): dyed
vamváki (βαμβάκι): cotton
Vanouátou (Βανουάτου): Vanuatu
vanádio (βανάδιο): vanadium
vanília (βανίλια): vanilla
varetós (βαρετός): boring
varýs (βαρύς): heavy
varýtita (βαρύτητα): gravity
vasiká (βασικά): actually
vasilikós (βασιλικός): basil
vat (βατ): watt
vathmós Farenáit (βαθμός Φαρενάιτ): Fahrenheit
vathmós kelsíou (βαθμός κελσίου): centigrade
vathý káthisma (βαθύ κάθισμα): squat
vathýs (βαθύς): deep
Vatikanó (Βατικανό): Vatican City
vatrachopédilo (βατραχοπέδιλο): fin
vatráchio (βατράχιο): buttercup
vatómouro (βατόμουρο): blackberry
vazáki (βαζάκι): jar
velonismós (βελονισμός): acupuncture
velákia (βελάκια): darts
velóna (βελόνα): needle
Venezouéla (Βενεζουέλα): Venezuela
venzinádiko (βενζινάδικο): petrol station
venzíni (βενζίνη): petrol
verníki (βερνίκι): varnish
verníki nychión (βερνίκι νυχιών): nail polish
veríkoko (βερίκοκο): apricot
vidotó kleidí (βιδωτό κλειδί): screw wrench
Viennéziko vals (Βιεννέζικο βαλς): Viennese waltz
Vietnám (Βιετνάμ): Vietnam
vinteokámera (βιντεοκάμερα): camcorder
viología (βιολογία): biology
violí (βιολί): violin
viomichanikí periochí (βιομηχανική περιοχή): industrial district
Virmanía (Βιρμανία): Burma
virýllio (βηρύλλιο): beryllium
vismoúthio (βισμούθιο): bismuth
vitamíni (βιταμίνη): vitamin
vivliopoleío (βιβλιοπωλείο): bookshop
vivliothikários (βιβλιοθηκάριος): librarian
vivliothíki (βιβλιοθήκη): library
vivlío (βιβλίο): book

vivlío kómik (βιβλίο κόμικ): comic book
vióla (βιόλα): viola
vlefarídes (βλεφαρίδες): eyelashes
vodinó (βοδινό): beef
voithó (βοηθώ): to help
voithós (βοηθός): assistant
volfrámio (βολφράμιο): tungsten
Volivía (Βολιβία): Bolivia
volt (βολτ): volt
Vosnía (Βοσνία): Bosnia
votanikós kípos (βοτανικός κήπος): botanic garden
Voulgaría (Βουλγαρία): Bulgaria
vounó (βουνό): mountain
voutyrógala (βουτυρόγαλα): buttermilk
vouváli (βουβάλι): buffalo
vouvós (βουβός): mute
voúrtsa (βούρτσα): brush
voútyro (βούτυρο): butter
vrachióli (βραχιόλι): bracelet
vradinó fórema (βραδινό φόρεμα): evening dress
vrasménos (βρασμένος): boiled
vrastíras (βραστήρας): kettle
vrastó avgó (βραστό αυγό): boiled egg
Vrazilía (Βραζιλία): Brazil
vrefikó domátio (βρεφικό δωμάτιο): nursery
vrefonipiakós stathmós (βρεφονηπιακός σταθμός): nursery
vregménos (βρεγμένος): wet
vrocherós (βροχερός): rainy
vrochí (βροχή): rain
vrontí (βροντή): thunder
vráchos (βράχος): rock
vrázo (βράζω): to boil
vréfos (βρέφος): infant
vrísko (βρίσκω): to find
vrómi (βρώμη): oat, oatmeal
vrómikos (βρώμικος): dirty
vrómio (βρώμιο): bromine
vrýsi (βρύση): tap
váfla (βάφλα): waffle
vário (βάριο): barium
várka kopilasías (βάρκα κωπηλασίας): rowing boat
vási dedoménon (βάση δεδομένων): database
vási méikap (βάση μέικαπ): foundation
vátrachos (βάτραχος): frog
vázo (βάζο): vase
vázo (βάζω): to put
Vélgio (Βέλγιο): Belgium
véra (βέρα): wedding ring
víchas (βήχας): cough
vísonas (βίσονας): bison
víza (βίζα): visa
vóreia (βόρεια): north
Vóreia Koréa (Βόρεια Κορέα): North Korea
vóreio imisfaírio (βόρειο ημισφαίριο): northern hemisphere
vóreios pólos (βόρειος πόλος): North Pole
vóreio sélas (βόρειο σέλας): aurora
vóreio sýntheto (βόρειο σύνθετο): Nordic combined

vório (βόριο): boron
vótka (βότκα): vodka
výsma (βύσμα): plug

X

xadérfi (ξαδέρφη): cousin
xafniká (ξαφνικά): suddenly
xanthós (ξανθός): blond
xaplóno (ξαπλώνω): to lie
xaplóstra (ξαπλώστρα): deck chair
xekourázomai (ξεκουράζομαι): to rest
xenagós (ξεναγός): tour guide
xenodocheío (ξενοδοχείο): hotel
xenónas (ξενώνας): hostel
xifaskía (ξιφασκία): fencing
xinós (ξινός): sour
xirós karpós (ξηρός καρπός): nut
xylompogiá (ξυλομπογιά): coloured pencil
xylourgikí (ξυλουργική): woodwork
xylourgós (ξυλουργός): carpenter
xyláki (ξυλάκι): chopstick
xylófono (ξυλόφωνο): xylophone
xypnitíri (ξυπνητήρι): alarm clock
xyristikí michaní (ξυριστική μηχανή): shaver
xyráfi (ξυράφι): razor
xáderfos (ξάδερφος): cousin
xéno (ξένο): xenon
Xéro (Ξέρω): I know
xéro (ξέρω): to know
xýdi (ξύδι): vinegar
xýlini dokós (ξύλινη δοκός): wooden beam
xýlini koutála (ξύλινη κουτάλα): wooden spoon
xýlo kopís (ξύλο κοπής): chopping board
xýstra (ξύστρα): pencil sharpener

Y

yalokatharistíras (υαλοκαθαριστήρας): windscreen wiper
ydatosfaírisi (υδατοσφαίριση): water polo
ydravlikós (υδραυλικός): plumber
ydrogóno (υδρογόνο): hydrogen
ydrotherapeía (υδροθεραπεία): hydrotherapy
ydrárgyros (υδράργυρος): mercury
ydátino párko (υδάτινο πάρκο): water park
Yeméni (Υεμένη): Yemen
ygiís (υγιής): healthy
ygrasía (υγρασία): humidity
ygró (υγρό): fluid
ypaíthria fotiá (υπαίθρια φωτιά): campfire
yperpídisi empodíon (υπερπήδηση εμποδίων): show jumping
yperífanos (υπερήφανος): proud
ypiresía domatíou (υπηρεσία δωματίου): room service
ypnotikó chápi (υπνωτικό χάπι): sleeping pill
ypnósakos (υπνόσακος): sleeping bag
ypografí (υπογραφή): signature

ypologízo (υπολογίζω): to calculate
ypotrofía (υποτροφία): scholarship
ypourgós (υπουργός): minister
ypovrýchio (υποβρύχιο): submarine
ypsilí píesi tou aímatos (υψηλή πίεση του αίματος): high blood pressure
ypállilos (υπάλληλος): employee
ypállilos katastímatos (υπάλληλος καταστήματος): shop assistant
ypéfthynos ypodochís (υπεύθυνος υποδοχής): receptionist
ypógeia diávasi (υπόγεια διάβαση): underpass
ypógeio (υπόγειο): basement
ypóstego (υπόστεγο): shed
ypóthesi (υπόθεση): case
yttérvio (υττέρβιο): ytterbium

Z

zacharokálamo (ζαχαροκάλαμο): sugar cane
zacharóteftlo (ζαχαρότευτλο): sugar beet
zafeíri (ζαφείρι): sapphire
zampón (ζαμπόν): ham
zelé mallión (ζελέ μαλλιών): hair gel
zestí sokoláta (ζεστή σοκολάτα): hot chocolate
zestós (ζεστός): hot
Zimpámpoue (Ζιμπάμπουε): Zimbabwe
zirkónio (ζιρκόνιο): zirconium
zo (ζω): to live
zografikí (ζωγραφική): painting
zografízo (ζωγραφίζω): to paint
zoologikós kípos (ζωολογικός κήπος): zoo
zouzoúni (ζουζούνι): bug
zygariá (ζυγαριά): scale
záchari (ζάχαρη): sugar
záchari vanílias (ζάχαρη βανίλιας): vanilla sugar
záchari áchni (ζάχαρη άχνη): icing sugar
Zámpia (Ζάμπια): Zambia
zéstama (ζέσταμα): warm-up
zévra (ζέβρα): zebra
zóni (ζώνη): belt
zóni asfaleías (ζώνη ασφαλείας): seatbelt

@

Ágios Christóforos kai Névis (Άγιος Χριστόφορος και Νέβις): Saint Kitts and Nevis
Ágios Vikéntios kai Grenadínes (Άγιος Βικέντιος και Γρεναδίνες): Saint Vincent and the Grenadines
Ándeis (Άνδεις): Andes
Áris (Άρης): Mars
Ávgoustos (Αύγουστος): August
Écho éna skýlo (Έχω ένα σκύλο): I have a dog
ádeios (άδειος): empty
ádikos (άδικος): unfair
áfixi (άφιξη): arrival
áfnio (άφνιο): hafnium
áfter séiv (άφτερ σέιβ): aftershave
ágios (άγιος): holy
álla (άλλα): other
álma eis míkos (άλμα εις μήκος): long jump

álma eis triploún (άλμα εις τριπλούν): triple jump
álma eis ýpsos (άλμα εις ύψος): high jump
álma epí kontó (άλμα επί κοντώ): pole vault
álma me ski (άλμα με σκι): ski jumping
álmpoum fotografión (άλμπουμ φωτογραφιών): photo album
álogo (άλογο): horse
ámmos (άμμος): sand
ánchos (άγχος): stress
ándras (άνδρας): man
ánemos (άνεμος): wind
ánetos (άνετος): cool
ángelos (άγγελος): angel
ánithos (άνηθος): dill
ánkyra (άγκυρα): anchor
ánoixi (άνοιξη): spring
áno káto teleía (άνω κάτω τελεία): colon
ánorak (άνορακ): anorak
áno teleía (άνω τελεία): semicolon
ánthos (άνθος): blossom
ánthrakas (άνθρακας): carbon
ápacho kréas (άπαχο κρέας): lean meat
áplistos (άπληστος): greedy
áplyta (άπλυτα): laundry
árma máchis (άρμα μάχης): tank
ároma (άρωμα): perfume
árpa (άρπα): harp
árrostos (άρρωστος): sick
ársi varón (άρση βαρών): weightlifting
árthro (άρθρο): article
áschimos (άσχημος): ugly
ásfaltos (άσφαλτος): asphalt
ásthma (άσθμα): asthma
átomo (άτομο): atom
ávrio (αύριο): tomorrow
ázoto (άζωτο): nitrogen
édafos (έδαφος): territory
éfkolos (εύκολος): easy
ékleipsi selínis (έκλειψη σελήνης): lunar eclipse
ékpliktos (έκπληκτος): surprised
éktakti anánki (έκτακτη ανάγκη): emergency
ékthesi (έκθεση): essay
ékzema (έκζεμα): eczema
éla mazí mou (έλα μαζί μου): Come with me
élkithro (έλκηθρο): sledge
élleipsi (έλλειψη): ellipse
élos (έλος): marsh
émfragma (έμφραγμα): heart attack
émvryo (έμβρυο): foetus, embryo
énkavma (έγκαυμα): burn
énochos (ένοχος): guilty
énorkoi (ένορκοι): jury
éntero (έντερο): intestine
érchomai (έρχομαι): to come
érevna (έρευνα): research
érimos (έρημος): desert
érvio (έρβιο): erbium
étos (έτος): year

éxo (έξω): outside
éxodos kindýnou (έξοδος κινδύνου): emergency exit
éxypno kinitó (έξυπνο κινητό): smartphone
éxypnos (έξυπνος): clever
í (ή): or
ídi (ήδη): already
ílio (ήλιο): helium
ílios (ήλιος): sun
índio (ίνδιο): indium
íntsa (ίντσα): inch
ípeiros (ήπειρος): continent
íris (ίρις): iris
ísia (ίσια): straight
ísychos (ήσυχος): quiet
óla (όλα): all
ólmio (όλμιο): holmium
óloi (όλοι): everybody
ómorfos (όμορφος): beautiful, handsome
ómos (ώμος): shoulder
ómpoe (όμποε): oboe
ónkos (όγκος): volume
ópera (όπερα): opera
óplo (όπλο): gun
óra (ώρα): hour
óra aichmís (ώρα αιχμής): rush hour
órchis (όρχις): testicle
óres episkeptiríou (ώρες επισκεπτηρίου): visiting hours
ório tachýtitas (όριο ταχύτητας): speed limit
órka (όρκα): killer whale
óscheo (όσχεο): scrotum
ósmio (όσμιο): osmium
óti (ότι): that
ýfasma (ύφασμα): fabric
ýpnosi (ύπνωση): hypnosis
ýpoptos (ύποπτος): suspect
ýpsos (ύψος): height
ýttrio (ύττριο): yttrium

Made in the USA
Middletown, DE
24 August 2020